思想的・睿智的・獨見的

經典名著文庫

學術評議

丘為君　吳惠林　宋鎮照　林玉体　邱燮友
洪漢鼎　孫效智　秦夢群　高明士　高宣揚
張光宇　陳秀蓉　陳思賢　陳清秀　陳愛娥
曾永義　黃光國　黃光雄　黃昆輝　黃政傑
楊維哲　葉海煙　葉國良　廖達琪　劉滄龍
黎建球　盧美貴　薛化元　謝宗林　簡成熙
顏厥安（以姓氏筆畫排序）

策劃　楊榮川

五南圖書出版公司 印行

經典名著文庫

學術評議者簡介（依姓氏筆畫排序）

- 丘為君　美國俄亥俄州立大學歷史研究所博士
- 吳惠林　美國芝加哥大學經濟系訪問研究、臺灣大學經濟系博士
- 宋鎮照　美國佛羅里達大學社會學博士
- 林玉体　美國愛荷華大學哲學博士
- 邱燮友　國立臺灣師範大學國文研究所文學碩士
- 洪漢鼎　德國杜塞爾多夫大學榮譽博士
- 孫效智　德國慕尼黑哲學院哲學博士
- 秦夢群　美國麥迪遜威斯康辛大學博士
- 高明士　日本東京大學歷史學博士
- 高宣揚　巴黎第一大學哲學系博士
- 張光宇　美國加州大學柏克萊校區語言學博士
- 張炳陽　國立臺灣大學哲學研究所博士
- 陳秀蓉　國立臺灣大學理學院心理學研究所臨床心理學組博士
- 陳思賢　美國約翰霍普金斯大學政治學博士
- 陳清秀　美國喬治城大學訪問研究、臺灣大學法學博士
- 陳鼓應　國立臺灣大學哲學研究所
- 曾永義　國家文學博士、中央研究院院士
- 黃光國　美國夏威夷大學社會心理學博士
- 黃光雄　國家教育學博士
- 黃昆輝　美國北科羅拉多州立大學博士
- 黃政傑　美國麥迪遜威斯康辛大學博士
- 楊維哲　美國普林斯頓大學數學博士
- 葉海煙　私立輔仁大學哲學研究所博士
- 葉國良　國立臺灣大學中文所博士
- 廖達琪　美國密西根大學政治學博士
- 劉滄龍　德國柏林洪堡大學哲學博士
- 黎建球　私立輔仁大學哲學研究所博士
- 盧美貴　國立臺灣師範大學教育學博士
- 薛化元　國立臺灣大學歷史學系博士
- 謝宗林　美國聖路易華盛頓大學經濟研究所博士候選人
- 簡成熙　國立高雄師範大學教育研究所博士
- 顏厥安　德國慕尼黑大學法學博士

經典名著文庫177

邏輯研究　第二卷

現象學與認識論研究　第二部分

Logische Untersuchungen
Zweiter Band, Zweiter Teil

Untersuchungen zur Phänomenologie und Theorie der Erkenntnis

埃德蒙德・胡塞爾(Edmund Gustav Albrecht Husserl)著
倪梁康 譯、導讀

經典永恆・名著常在

五十週年的獻禮・「經典名著文庫」出版緣起

總策劃 楊榮川

五南，五十年了。半個世紀，人生旅程的一大半，我們走過來了。不敢說有多大成就，至少沒有凋零。

五南忝爲學術出版的一員，在大專教材、學術專著、知識讀本出版已逾壹萬參仟種之後，面對著當今圖書界媚俗的追逐、淺碟化的內容以及碎片化的資訊圖景當中，我們思索著：邁向百年的未來歷程裡，我們能爲知識界、文化學術界做些什麼？在速食文化的生態下，有什麼值得讓人雋永品味的？

歷代經典・當今名著，經過時間的洗禮，千錘百鍊，流傳至今，光芒耀人；不僅使我們能領悟前人的智慧，同時也增深加廣我們思考的深度與視野。十九世紀唯意志論開創者叔本華，在其〈論閱讀和書籍〉文中指出：「對任何時代所謂的暢銷書要持謹慎的態度。」他覺得讀書應該精挑細選，把時間用來閱讀那些「古今中外的偉大人物的著作」，閱讀那些「站在人類之巔的著作及享受不朽聲譽的人們的作品」。閱讀就要「讀原著」，是他的體悟。他甚至認爲，閱讀經典原著，勝過於親炙教誨。他說：

「一個人的著作是這個人的思想菁華。所以，儘管一個人具有偉大的思想能力，但閱讀這個人的著作總會比與這個人的交往獲得更多的內容。就最重要的方面而言，閱讀這些著作的確可以取代，甚至遠遠超過與這個人的近身交往。」

爲什麼？原因正在於這些著作正是他思想的完整呈現，是他所有的思考、研究和學習的結果；而與這個人的交往卻是片斷的、支離的、隨機的。何況，想與之交談，如今時空，只能徒呼負負，空留神往而已。

三十歲就當芝加哥大學校長、四十六歲榮任名譽校長的赫欽斯（Robert M. Hutchins, 1899-1977），是力倡人文教育的大師。「教育要教眞理」，是其名言，強調「經典就是人文教育最佳的方式」。他認爲：

「西方學術思想傳遞下來的永恆學識，即那些不因時代變遷而有所減損其價值的古代經典及現代名著，乃是眞正的文化菁華所在。」

這些經典在一定程度上代表西方文明發展的軌跡，故而他爲大學擬訂了從柏拉圖的《理想國》，以至愛因斯坦的《相對論》，構成著名的「大學百本經典名著課程」。成爲大學通識教育課程的典範。

歷代經典．當今名著，超越了時空，價值永恆。五南跟業界一樣，過去已偶有引進，但都未系統化的完整舖陳。我們決心投入巨資，有計畫的系統梳選，成立「經典名著文庫」，希望收入古今中外思想性的、充滿睿智與獨見的經典、名著，包括：

- 歷經千百年的時間洗禮，依然耀明的著作。遠溯二千三百年前，亞里斯多德的《尼各馬科倫理學》、柏拉圖的《理想國》，還有奧古斯丁的《懺悔錄》。
- 聲震寰宇、澤流遐裔的著作。西方哲學不用說，東方哲學中，我國的孔孟、老莊哲學，古印度毗耶娑（Vyāsa）的《薄伽梵歌》、日本鈴木大拙的《禪與心理分析》，都不缺漏。
- 成就一家之言，獨領風騷之名著。諸如伽森狄（Pierre Gassendi）與笛卡兒論戰的《對笛卡兒沉思錄的詰難》、達爾文（Darwin）的《物種起源》、米塞斯（Mises）的《人的行爲》，以至當今印度獲得諾貝爾經濟學獎阿馬蒂亞．

森（Amartya Sen）的《貧困與饑荒》，及法國當代的哲學家及漢學家余蓮（François Jullien）的《功效論》。

梳選的書目已超過七百種，初期計劃首爲三百種。先從思想性的經典開始，漸次及於專業性的論著。「江山代有才人出，各領風騷數百年」，這是一項理想性的、永續性的巨大出版工程。不在意讀者的眾寡，只考慮它的學術價值，力求完整展現先哲思想的軌跡。雖然不符合商業經營模式的考量，但只要能爲知識界開啓一片智慧之窗，營造一座百花綻放的世界文明公園，任君遨遊、取菁吸蜜、嘉惠學子，於願足矣！

最後，要感謝學界的支持與熱心參與。擔任「學術評議」的專家，義務的提供建言；各書「導讀」的撰寫者，不計代價地導引讀者進入堂奧；而著譯者日以繼夜，伏案疾書，更是辛苦，感謝你們。也期待熱心文化傳承的智者參與耕耘，共同經營這座「世界文明公園」。如能得到廣大讀者的共鳴與滋潤，那麼經典永恆，名著常在。就不是夢想了！

二〇一七年八月一日 於

五南圖書出版公司

目次

《邏輯研究》第二卷　《現象學與認識論研究》第二部分

《邏輯研究》

第二卷

《現象學與認識論研究》

第二部分

第二版前言

我很抱歉，擺在讀者面前的這個新版《邏輯研究》之結尾部分，與我在一九一三年為本書第一卷第二版所作序言中的預告並不相符。我不得不做出決定：不再發表已澈底修改過的文本——這個修改過的文本的相當大部分在當時已付印——，而是發表原先的、只是在幾個篇章中修正的文字。書各有其命運，這句老話在這裡再次得到了驗證。首先迫使我中斷印刷的原因在於，一段時間的超量工作自然而然地導致了我的疲憊。而我在付印期間所感受到的理論困難迫使我對新構思的文字進行切入性的重構，為此需要付出更新的力量。但在接下來的戰爭年代[1]中，我無法為邏輯現象學（Phänomenologie des Logischen）付諸那種激情般的參與，而沒有這種參與，在我這裡也就不可能產生成熟的工作。我只能在最普遍的哲學沉思以及一些重新著手的工作中去承受戰爭和接踵而來的「和平」，這裡所說的重新著手之工作是指在方法上和實事上制定現象學哲學的觀念，系統地構設這門哲學的基本路線，整理它的工作問題並且將這些在此關係中不可或缺的具體研究繼續進行下去。而我在弗萊堡的新教學工作也要求我將我的興趣朝向主導的普遍性和體系。只是在近期裡，這種系統性的研究才又將我引回到我現象學研究的起源區，並且使我回憶起這項原先的、尚待完成和發表的純粹邏輯學基礎工作。此外，懸而未決的問題還有，被緊張的教學與緊張的研究所占據的我，究竟何時才能使這裡的工作與在此期間已經獲得的進展相應合、何時才能對這項工作進行文字

1　這裡的「戰爭年代」是指一九一三—一九一九年的第一次世界大戰。——中譯注

上的重新加工；我在加工時究竟是繼續利用第六研究的文字，還是賦予我的那些在內容上已遠遠超出第六研究的構想一部全新著述的形態。

根據這些情況，我屈從了本書的朋友們的急迫願望，不得不決定：至少是以原初的形態將此書的結尾部分再次交付給公眾。

第一篇「客體化的意向與充實。認識作為充實的綜合以及綜合的各個階段」幾乎是得到了逐字逐句的重印。我無法在不危及整體風格的情況下對它進行個別的加工。與此相反，對我尤為看重的第二篇「感性與知性」，我卻進行了深入的加工，它在文字結構上得到了多重的改善。我始終還堅信，關於「感性直觀與範疇直觀」的一章連同前一章準備性的闡述為從現象學上澄清邏輯明見性（當然隨之還包括對它在價值論領域和實踐領域的平行項的澄清）開闢了道路。如果人們關注了這一章，那麼某些對我《純粹現象學的觀念》[2]的誤解就會是不可能的。不言而喻，在《觀念》中所說的對最一般本質之觀視的直接性據此也就像其他範疇直觀的直接性一樣，意味著非直觀思維之間接性的對立面，例如：意味著象徵—空乏思維之間接性的對立面。與之相反，人們以往之所以將這種直接性歸諸於通常意義上的直觀直接性，恰恰是因為人們沒有認識到在感性直觀與範疇直觀之間的區別，這個區別對於任何一門

2 即發表於一九一三年的《純粹現象學與現象學哲學的觀念》第一卷。胡塞爾以下也將此書簡稱為《觀念》。——中譯注

B_3V

理性理論來說都是根本性的區別。這樣一些具有深切意義的、在一部近二十年來受到諸多敵視、但也受到諸多引用的著述中得到闡述的素樸確定，始終沒有能夠產生特別的文獻影響，在我看來，由此便可見哲學科學目前的狀況究竟如何了。

關於「本眞思維與非本眞思維的先天規律」那一章（在文字上同樣受到修改）的狀況也是如此。這一章為在理性理論中首先澈底克服心理主義至少提供了一個類型；這個類型已經突破了此項研究的框架：此項研究僅僅關注了形式邏輯並局限在形式邏輯理性上。這一章沒有得到過深入的閱讀，這也表現在我常常聽到的一些在我看來是怪誕無稽的指責上，即：我在本書的第一卷中尖銳地駁斥了心理主義，而在第二卷中又回落到心理主義之中。——即使我在這裡補充說，今天，在二十年的繼續工作之後，我對許多事情已經不再會那樣寫，我已經不再贊同某一些說法，例如：不再贊同範疇代現（kategoriale Repräsentation）[3]的學

---

3 「Repräsentation」這一概念在胡塞爾那裡是多義的。他在此處是在廣義上運用這個概念，即相當於一般意義上的「顯現」。我在這裡譯作「代現」。但胡塞爾常常也在狹義上使用「Repräsentation」，即以「Re-präsentation」的方式，特別突出首碼「Re-」，強調它是特指在當下化（Vergegenwärtigung）行為中進行的、非原本的或再造性的「顯現」（例如可以參閱 LU II/2, A 551/B_2 79）。它是以想像方式進行的「顯現」。我在這種情況下將其譯作「再現」。在這個意義上，它明確地區別於在原本的感知行為中進行的「顯現」（Präsentation，我譯作「體現」）和帶有混合性質的「顯現」（Appräsentation，我譯作「共現」）。以下均同，包括對「Repräsentant」（被代現者）的翻譯。此外還可以參閱我在《邏輯研究》中譯本第二卷，第一部分，第二研究，第四章「抽象與代現」對「代現」概念的說明。——中譯注

說，這也不會使人們改變以上的說法。儘管如此，我相信可以說，此書中的那些縱然不盡成熟，甚至帶有失誤的東西也是值得深思熟慮一番的。因為這裡面的所有一切，都產生於那種真正切近實事本身、純粹朝向其直觀自身被給予性的研究之中，尤其是產生於那種朝向純粹意識的本質現象學之觀點的研究之中，而唯有這種研究才能為一門理性理論帶來成效。當然，誰要想理解我在這裡以及在《觀念》中所做闡述的**意**義，他就必須不畏懼巨大的艱難，這裡也包括將他自己的概念以及關於相同的或貌似相同的命題之信念「加括弧」的艱難。但這種艱難是實事本身之本性所要求的。誰無懼於這種艱難，他才會找到足夠的機會來改進我的主張，而且如果他樂意的話，他也可以來指責我的主張不完善。但這類嘗試是不能在膚淺閱讀的基礎上以及從一個非現象學的思維圈為出發而進行的，這樣做的結果只會使他受到每一個真正理解者的摒棄。莫里茲．石里克（Moritz Schlick）的《普通認識論》表明，某些作者做起拒斥性的批評是多麼舒適隨意，他們的閱讀是多麼的仔細認真，他們會果敢地將什麼樣的荒謬歸屬於我和現象學；我們吃驚地讀道（第一二一頁）：「在這裡［在我的《觀念》中］聲言有一種特殊的直觀存在，據說它**不是心理實在**的行為；如果有人無法找到**這樣一種並不包含在心理學領域中的『體驗』**，那麼他便會被告知，他沒有理解這門學說的意義，他沒有深入到正確的經驗觀點和思維觀點之中，因為據說這需要付出『專門的和艱苦的研究』」。[4]熟悉現象學的人一眼便可以看出，我絕不可能說出上面這段加了重點號、由石里克強加於我的出色聲言；同樣可以看出，他對現象學意義所做的其他論述同樣是不眞實的。固然，我曾一再要求付出「艱苦的研究」。但這並不有別於例如數學家對任何一個想參與對數學事物的談論，甚至敢於對數學科學的價值提出批評的人所提的要求。無論如何，對一門學說不付出為把握其意義所必需的研究，卻已經對它進行批評，這就違背了文獻著述之嚴肅性的永恆規律。要想深入到現象學之中，必須付出辛勞；憑藉自然科學或心理學的學識以及任何歷史哲學的學識是無法免除這種辛勞的，它們只能減輕這種辛勞。但是，每一個承受這種辛勞並且奮起而達到那種罕為人所施行的無成見性的人，都會獲得對這個科學基礎之存有的無疑確然性，同樣也獲得為此基礎所要求的方法之特權的無疑確然性，正是這種方法，在這裡與在其他科學中一樣，才使得概念上確定的工作問題有可能具有共性，才使得我們有可能對眞與假做出確然的決斷。我必須再次強調，石里克的案例所涉及的並不僅僅是一些無關緊要的偏離，而是他的整個批評都建立在一些歪曲意義的偷梁換柱做法之基礎上。

4 胡塞爾在這裡所引的是石里克的《普通認識論：自然科學的專論與教程》第一卷（柏林，一九一八年第一版）。石里克在其中所引的「專門的和艱苦的研究」一句則可以參閱胡塞爾：《純粹現象學與現象學哲學的觀念》第一卷（《胡塞爾全集》第三卷，第一冊，海牙，一九七六年），第五頁。——中譯注

在說完這些抵禦性的話語之後，我對第三篇「對引導性問題的澄清」還要做如下說明：在這部著作的第一版發表之後不久，我就已經改變了我對疑問句和願望句之現象學闡述問題的態度，對此，僅靠目前唯一可能進行的小加工是不夠的。因而這裡的文字未受到改動。對於常常被引用的關於「外感知與內感知」之附錄，我的做法則較少保守。現在，在保留了基本文字內涵的情況下，它的結構得到了相當大的改善。

很遺憾全書索引的缺少，無法得到彌補，因為承擔這項工作的是我的極有前途的學生魯道爾夫・克萊門斯（Rudolf Clemens），他已為祖國捐軀。

胡塞爾

一九二〇年十月於弗萊堡（布萊斯高地區）

第六研究　現象學的認識啟蒙之要素

A473
$B_2$1

引論

初看起來，前一項研究似乎已經迷失在描述心理學的冷僻問題之中，但它對我們澄清認識之興趣卻有相當大的促進。所有的思維，尤其是理論思維和認識都是在某些「行為」中進行的，這些行為出現在與表達的話語的聯繫之中。所有有效性統一的源泉就處在這些行為之中，這些有效性統一作為思維客體和認識客體、或者作為它們的解釋性根據與規律、作為它們的理論與科學而與思維者相對立。因而在這些行為之中，也包含著相屬的普遍、純粹之觀念的源泉，這些觀念之間的觀念規律性聯繫就是純粹邏輯學所要獲取的東西，而對這些觀念的澄清則是認識批判所要從事的工作。顯然，透過對這些行為本身、這個受到諸多爭議和諸多誤解的體驗種類的所具有的現象學特性的確定，在澄清認識的工作方面已經有了許多收益。將邏輯體驗納入到這個體驗種類之中的做法是我們在對邏輯領域以及基本認識概念進行劃界和分析說明[1]的工作中所邁出的第一個重要步驟。但我們的研究也會進一步導致對各種不同的「**內容**」概念的劃分，每當行為以及屬於行為的觀念統一成為問題時，這些概念常常就會相互混雜地交織在一起。我們在第一研究中已經注意到，在含義和賦予含義之行為的較小範圍內的一些區別，在這裡，這些區別又在一個較廣的領域中，並且以最一般的形式重新出現。即使是在前面第五研究中最新獲得的、尤為值得注意的「內容」概念，亦即意向本質的「內容」概念，也不缺乏這種與邏輯領域的聯繫；因為，只要將在前面曾被我們用來說明

A474
$B_2$2

[1] 在A版中為：的分析說明進行劃界。

含義統一的那個同一性系列加以適當的普及，這個同一性系列也就可以提供一種與任意行為有關的同一性，即作為「意向本質」的同一性。透過這種連結，或者說，由於我們將現象學的特徵以及邏輯領域的觀念統一歸屬於那些包含在行為領域一般之中的完全普遍的特徵和統一，現象學的特徵以及邏輯領域的觀念統一便在很大程度上得到了現象學的和批判的理解。

在最後幾章中所進行的研究與對在統一的意向本質內的行為質性和行為質料之區分相銜接，它們又深深地進入到邏輯的興趣領域之中。這裡產生出一個急待解決的問題，即關於意向質料與對每個行為來說本質性的表象基礎之間關係的問題，這個問題迫使我們對許多重要的，但始終被混淆的「表象」概念做出劃分，在此同時我們還可以獲取「判斷理論」的一個基礎部分。當然，表象所具有的各個特殊邏輯概念以及判斷概念仍然沒有得到最終的澄清。在這裡與在其他地方一樣，我們還有長長的一段路要走。我們始終還處在開端上。

A475 我們甚至連較近的一個目標還無法達到，即闡明**含義**這個觀念的起源。無可置疑的是，各個表達所具有的含義就包含在有關行為的意向本質之中，這是一個極有價值的明察；但是，哪一類的行為可以行使意指的作用，或者毋寧說，是否每一種行為在這一點上都是平等的，這個問題還根本沒有被考慮過。但只要我們想研究這個問題，我們就會遇到（這一點在下面幾個段落中將會得到表明）**含義意向與含義充實之間**的關係問題，或者用傳統的、但顯然帶有歧義的說法來表達：「**概念**」或「**思想**」（在這裡恰恰被理解為在直觀上未被充實的意指）與「**一致性直觀**」之間的關係問題。

$B_2 3$

對這個在第一研究中已經得到展示的區別所進行的最仔細的探討具有特別重要的意義。在進行相屬的、首先是與最簡單的稱謂意向相連結的分析過程中，我們很快便會注意到，這整個考察要求對考察的範圍做出合乎本性的擴展與劃界。我們所發現的那些帶有含義意向與意向充實或意向失實之區別的行為種類是最為廣泛的行為種類，它已遠遠超出了邏輯領域。這個領域本身的範圍是透過充實狀況的特殊性而得到劃定的。即是說，有一種行為——客體化行為——具有相對於所有其他行為而言的一個顯著的特徵，即：包含在客體化行為領域中的充實綜合具有認識的特徵，具有認同以及「相互一致之物」的「合一」的特徵，而與此相符，失實綜合則具有「矛盾之物」的「分離」的相關特徵。在客體化行為的這個最廣泛領域內，我們現在將要研究所有那些與認識統一有關的關係，而且這些研究不只是涉及那些依附於作為含義意向之表達的特殊意向的充實。類似的意向也可以在獨立於語法連結的情況下出現。此外，直觀也具有，甚至通常都會具有意向的特徵，這些意向還會要求得到進一步的充實，而且常常也會經歷這種充實。

我們將會對「符號行為」與「直觀行為」這兩個完全一般的概念進行現象學的描述，而且這種描述是在向充實現象的回溯中進行的；我們將研究那些對各種直觀、首先是感性直觀的分析，這些分析對於澄清認識來說具有基礎性的意義。然後我們將進入到認識層次的現象學之中，並賦予一系列與這門現象學有關的基本認識概念以清晰性和確定性。在這裡還會出現一些新的、在前面的分析中只是順帶涉及的「內容」概念：直觀性內容的概念與代現性（被立義）內容的概念。與意向本質至此為止所具有的概念相連接的是認識本質，而在

A476
B$_2$4

認識本質之中，我們區分意向質性、作為立義意義的意向質料、立義形式和被立義的（被統攝的，或者說，代現性的）內容。在這裡，「立義」或「代現」的概念被定義為貫穿在立義形式中的質料與代現內容的統一。

在意向與充實的層次序列方面，我們將會認識在這樣一種意向本身之中所含有的或大或小的間接性，這種意向不可能得到素樸的充實，毋寧說它要求有一系列分階段的充實；隨之我們也就會理解間接表象這個說法的最重要的、然而尚未得到澄清的意義。然後我們將關注意向與作為充實而在認識中與它逐漸相融會的直觀體驗的或大或小的相合性的區別，並且我們將確定，客觀完整的相即性的情況是怎樣的。與此相關，我們力求對可能性和不可能性（一致、相容性－爭執、不相容性）的概念以及對與此相關的觀念公理做出最終的現象學澄清。然後，在對迄今為止始終未受到注意的行為質性一同進行考察的同時，我們將探討與設定性行為有關的、暫時的和最終的充實區別。最終充實代表著一個完善性的理想。它永遠處在一個相應的「感知」之中（當然，這裡的前提在於，感知概念必須得到擴展，使它超出感性的限制）。這種情況的充實綜合就是在確切詞義上的明見性或認識。這就是在眞理意義上的存在，在正確地被理解的「一致性」意義上的存在，它所實現的就是「事物與智性的相即」（adaequatio rei ac intellectus），眞理本身在這裡被給予、被直接地把握到和直觀到。在同一個現象學事態的基礎上構建起來的各種不同的「眞理」概念在這裡得到了完整的澄清。與此相似的是不完善性的相關理想，即是說，悖謬性的情況，而就「爭執」方面、就在其中被體驗到的虛無方面來看，這也就是指非眞理的情況。

A477
$B_2$5

我們所做的這些研究，起初只對含義意向感興趣，這些研究循自然的進程進行：所有這些考察首先以最簡單的含義為出發點，並且因此而從含義的形式區別中抽象出來。在第二篇中進行的補充研究將會考慮含義的形式區別，它將我們引向一個嶄新的「質料」概念，即引向感性材料和範疇形式的基本對立，或者，如果我們將客觀的態度與現象學的態度調換一下，那麼我們也可以說，感性行為和範疇行為之間的對立。與此明確相關的是感性（實在）的對象、規定性、連結與範疇的對象、規定性、連結之間的重要區別；在這裡，範疇的對象、規定性、連結的特徵表現為：它們以「感知」的方式只能在這樣一些行為中「被給予」，這些行為奠基於另一些行為之中，而且最終是奠基於感性行為之中的。所有範疇行為的直觀性充實，因而也包括想像性的充實，都是奠基於感性行為之中的。然而單純的感性永遠無法為範疇意向提供充實，更確切地說，永遠無法為含有範疇形式的意向提供充實；毋寧說，充實隨時都包含在一個具有範疇行為形式的感性之中。與此相關的是對原初的感性概念，即對直觀和感知這兩個概念的不可或缺的擴展，這種擴展使得我們有權探討範疇直觀，特別是有權談論普遍直觀。然後，對感性抽象和純粹[2]範疇抽象所做的劃分決定了對普遍概念的劃分，即普遍概念被區分為感性概念和範疇。對素樸直觀或感性直觀與被奠基的直觀或範疇直觀的劃分使感性與知性之間的古老認識論對立獲得了我們所期待的最終澄清。

A478
$B_2$6

[2] 在A版中加有重點號。

同樣得到澄清的是思維與直觀之間的對立，這個對立在哲學用語中將符號行為與充實意向的關係混同於感性行為與範疇行為的關係。所有關於邏輯形式的說法都涉及有關的含義和含義充實的純粹範疇。但由於各個範疇意向層層相疊，因而對邏輯「質料」本身，即「項」（Termini）的總和，也應做出材料和形式的區分，這樣，材料和形式的邏輯對立便指明了一種確定的和易於理解的相對化，即對我們所提出的這些絕對區別的相對化。

在這項研究的主要部分結束時，我們還要考慮到一個限制，這個限制是指對一個材料進行現時的範疇構形之自由的限制。我們將會注意本真思維的分析規律，這些規律建立在純粹範疇的基礎上，它們獨立於材料所具有的任何特性。非本真的思維，即符號行為，也會受到同樣的限制，因為它應當有能力在本真的意義上以先天的、獨立於被表達之材料的方式進行表達[3]。從這一要求中產生出作為單純符號行為之規範[4]的本真思維規律的作用。

我們將意義給予的行為和意義充實的行為納入到客體化的行為之中，並且將客體化行為劃分為符號性的行為和直觀性的行為，於是在這項研究的開端上所提出的關於意義給予行為

[3] 根據「A本的附加與修改」還應補加：，就像各種範疇層次的混合性的、部分是直觀性、部分是符號性的表象的相合性。（胡塞爾在他自己的《邏輯研究》第一版和第二版藏本中曾寫有一些重要的「附加與修改」。《胡塞爾全集》第十九卷的編者將它們列入到版本注中。這裡便是這樣的一個例子。中譯本以「A本的附加與修改」或「B本的附加與修改」為題將它們譯出，也列在版本注中。以下均同。——中譯注）

[4] 根據「A本的附加與修改」還應補加：或者說，符號含糊的表象一般的規範。

和意義充實行為的自然劃界問題也就得到了解決。唯有在整個研究中進行的對與充實有關的現象學關係的澄清才使我們有能力對那些贊成或反對亞里斯多德將願望句、命令句等等理解為謂語陳述之做法的論據做出批評性的估價。這個有爭議的問題在此項研究的最後一章中會得到完滿的澄清。

在這裡所描述的我們的努力目標並不是全部現象學認識啟蒙的最終目標和最高目標。無論我們在這裡的分析有多麼全面，它仍然幾乎還沒有對間接思維與間接認識的廣泛領域做出絲毫的探討；間接明見性的本質以及它的觀念相關項的本質還沒有得到充分的澄清。但我們仍然相信，在這裡所獲取的東西已經不少；並希望，我們已經揭示出認識批判的最底層的、而且從其本性來看也是第一性的基礎。即使在認識批判中也要做到謙卑，這正是所有嚴格的科學研究的本質所在。如果認識批判的目的在於現實地和澈底地解決實事問題，如果它不會再佯裝自己能夠透過對傳統哲學教義的單純批判以及透過或然的理智思考來解決重大的認識問題；如果認識批判終於意識到了這一點，即：只有透過具體切實的工作，實事才能夠得到推動並且得以展開，那麼，認識批判便不會在一開始就去接觸我們最感興趣的認識問題之較高形態和最高形態，而是首先去把握它所能達到的認識問題的相對而言最簡單的形式、把握它們的最低級的構造層次。下面進行的分析將會表明，即使是如此謙卑的認識論工作也還需要克服大量的困難，甚至需要付出所有可能的努力。

A479
$B_2$7

第一篇

客體化的意向與充實。認識作為充實的綜合以及綜合的各個階段

A480
$B_2 8$

第一章　含義意向與含義充實

第1節　究竟是所有行為種類都能夠作為含義載者起作用，還是只有某些行為種類可以作為發揮含義載者的作用

我們接著在〈引論〉中已引發的問題談下去，這個問題就是：意指活動是否僅僅在某些有限的行為屬中進行。初看起來似乎不言自明：這類限制是不存在的，任何行為都可以作為意義給予的行為起作用。我們確實可以將**任何一種**行為——表象、判斷、猜測、提問、願望等等——**表達出來**，在我們表達的同時，它們便為我們提供了有關的話語形式、名稱、陳述、疑問句—願望句等等的含義。

但是，人們也可以認為，相反的見解同樣具有不言自明性，尤其是這樣的見解，即所有含義都局限在一個極為有限的行為類別上。現在人們會說，每一個行為當然都可以被表達；但對它的任何表達都包含在一個（在一門已經充分發展了的語言中）與它特別相符合的話語形式中；例如：我們在**語句**上具有陳述句、疑問句、命令句等等區別。在陳述句上又可以區分直言句、假言句、選言句等等。無論如何，只要一個行為在某個話語形式中得到**表達**，它就必然會在其種類規定性中被認識，疑問被認識為疑問、願望被認識為願望、判斷被認識為判斷，如此等等。這個情況一直延展到建構性的部分行為上，只要表達與這些部分行為相合。倘若行為沒有在形式和內容上受到統攝、沒有得到認識，那麼它就無法找到與它相配的形式。話語中的表達因而並不在於單純的語詞，而在於**表達性的行為**；這種行為在**新的**

A481
$B_2$9

材料中將那些由它們所表達的相關行為表現出來，前者對後者做出思想性的表達，這種表達的最普遍本質便構成了有關話語的含義。

對此見解的切實印證似乎就在於，表達可能具有純粹象徵的作用。精神的表達，亦即須表達的行為的思想對應圖像（Gegenbild），就附著在語言表達上，並且與它一同復活，即使那個行為本身並未由理解者進行。我們無須自己進行感知就可以理解一個對感知的表達，無須自己詢問就可以理解一個對問題的表達，如此等等。我們不只是具有語詞，而且也具有思想的形式或表達。在相反的情況下，也就是在那些被意指的行為確實是當下的情況下，表達便與須被表達的東西達到相合，附著在語詞上的含義與它所意指的東西相符合，它的思想意向在其中得到了充實的直觀。

顯而易見，與這兩個相互對立的見解密切相關的是一個古老的爭論：疑問句、願望句、命令句等等的特殊形式是否可以被視為是陳述，以及它們的含義是否可以因此被視為是判斷。根據亞里斯多德的學說，所有獨立完整語句的含義都包含在各種不同的心理體驗之中、包含在判斷、願望、命令等等行為的心理體驗之中。而在另一種自近代以來日趨普及的學說來看，意指僅僅是在判斷行為或其表象性變異中進行。在疑問句中雖然有一個問題在某種意義上被表達出來，但只是透過這樣一種方式，即：這個問題被理解為問題，它在這個思想理解中作為說者的體驗被提出，並因此被判斷為他的體驗，如此推而廣之。根據這個學說，每一個含義要麼是稱謂性的（nominal），要麼是論題性的（propositional），或者我們毋寧說，每一個含義要麼是一個完整的陳述句的含義，要麼就是一個這樣的含義可能部

A482
$B_2$10

分。陳述句在這裡就是述謂句。因為在這方面一般是將判斷理解為述謂的（prädizierend）行為，而如果判斷被理解為設定性行為一般，就像我們還會聽到的那樣，那麼這個爭論當然就保留有它的意義。

為了找到對上述問題的正確態度，這裡需要進行比上面初步進行的論證更為仔細的思考。這裡將會表明，這一方和另一方所說的自明性在進一步的考察中被證明為是不清晰的，甚至是錯誤的。

第2節　所有行為的可被表達性並不是決定性的。關於一個行為的表達之說法的兩種含義

前面曾提到一種說法，有人認為，所有行為都是可以被表達的。這當然是毫無疑義的，但這並不意味著所有行為因此也都發揮著含義載者的作用。如前所述，[1]關於表達的說法是多義的，而且即使我們將它與須表達的行為聯繫在一起，它也仍然是多義的。我們可以將那些賦予含義的行為、那些在狹窄的意義上「被傳訴的」的行為稱作被表達的行為。但還有其他的行為也可以被稱為被表達的行為，當然是在另一種意義上。我在這裡指的是那些極為一般的情況，即我們指稱那些我們正在體驗的行為，並借助於這種指稱來陳述我們對這些行

1　參閱本書第二卷，第一部分，第一研究，第四十六頁〔邊碼 A 46/B 46〕。

為的體驗。在這個意義上，我以此方式表達一個願望：「我期望……」，以此方式表達一個問題：「我提問……」，以此方式表達一個判斷：「我判斷……」，如此等等。顯而易見，我們既可以對外部的事物，也可以對內心的體驗進行判斷。倘若我們如此判斷，那麼有關語句的含義便包含在對這些體驗的判斷之中，而不是包含在這些體驗本身之中，不是包含在願望、問題等等之中。與此相同，關於外部事物之陳述的含義並不包含在這些事物（馬、房屋等等）之中，而是包含在我們內心對它們所做的那些判斷之中，或者說，包含在那些協助構成這些判斷的表象之中。被判斷的客體在一種情況下超越了意識（或者願意被視作是超越了意識的），在另一種情況下則又內在於意識，這在此並不構成任何本質性的區別。誠然，充實著我的這個願望一旦被陳說出來，它就與判斷行為具體化而為一。但它並不實際地有助於判斷。這個願望在一個反思性感知的行為中被立義，被納入到願望的概念之下，並借助於這個概念以及對願望內容的規定性**表象**而被指稱；這樣，對願望的概念表象便直接有助於關於願望的判斷，而相應的願望**名稱**則從它這方面有助於願望陳述，就像對人的表象也有助於關於人的判斷一樣（或者說，人的名稱有助於關於人的陳述）。如果我們設想在「我期望……」這個語句中用一個專有名稱來替代主語「我」，那麼這個語句的意義就其未變化的部分來看肯定不會受到影響。但確定無疑的是，這個願望陳述現在能夠為一個自己**根本未做**出此願望的聽者在同一個意義上所理解，並且能夠以判斷的方式被追復體驗（nacherlebt）。由此可以看出，願望的確不屬於判斷含義，即使在它有時與朝向它的判斷行為相合為一的情況下，它也不屬於判斷含義。倘若像人們所說的那樣，表達的生動意義是

A483
$B_2$11

保持不變的，那麼一個眞實地給予意義的體驗就永遠不會消失。

據此也就很明顯，對於所有行為是否能夠以表達的方式而起到意義給予行為的作用這樣一個問題來說，它們的可被表達性是無關緊要的，因為這種可被表達性無非只能被理解為對行為做出某些陳述的可能性。而恰恰在這時，行為根本不發揮含義載者的作用。

第3節　關於對一個行為的表達之話語的第三種意義。對我們的課題的闡述

我們剛才區分了關於被表達行為之說法的雙重概念。它要麼是指那些在其中構造出有關的表達之意義、含義的行為，要麼是指說者以述謂的方式作為剛剛體驗過的行為而擺出來的那些行為。我們可以考慮對後面這個概念進行適當的擴展。根據這裡所做的基本考察，如果被表達的行為並不述謂地涉及體驗著的自我，而是涉及其他的客體，那麼說者所理解的事態就不言而喻地是同一個；而且對於所有那些可假設的表達形式（這些表達形式將這個行為實項地指稱為被體驗的行為，但並非以一種將它明確標示為一個謂語判斷之主體項或客體項的方式來指稱它）而言，它也始終是同一個。這裡的主要問題在於，在行為被指稱或以其他方式「被表達」的同時，它便會顯現為現時的、當下的話語對象，或者說，顯現為話語之基礎的客體化設定之對象；而在意義給予的行為那裡卻不是這種情況。

這同樣話語的第三個意義與它的第二個意義一樣，它關係到一個從屬於相關行為的判斷活動或客體化活動；但這並不關係到一個關於這些行為的判斷活動——即並不關係到與它們

A484
$B_2$12

有關的表象和指稱——，而是關係到一個在這些行為**基礎上**進行的判斷活動，它並不需要將這些行為客體化。例如：我「表達我的感知」，這可以意味著：我對我的感知進行謂語判斷，這個感知具有這些或那些內容。但它也可以意味著：我從這個感知中汲取我的判斷，我不只是斷言有關的事實，而是進行著感知，並且像我所感知的那樣來斷言這些事實。這裡所做的判斷不是針對感知，而是針對被感知之物。當人們簡略地談及**感知判斷**時，他們所指的通常就是剛才所描述的這一類判斷。

我們也能夠以類似的方式表達其他的直觀行為：想像、回憶、期待。

誠然，在以想像為基礎的陳述那裡，我們可以懷疑，在此是否有現實的判斷存在，或者毋寧說，我們可以肯定，在此不存在判斷。我們在這裡可以考慮這樣一些狀況：在沉浸於一組想象的同時，我們在正常的陳述中如此地指稱那些顯現給我們的東西，就好像它們是被感知的一樣；我們也可以考慮這種報告敘述的形式，在此形式中，童話詩人、小說家等等不是對現實的事件，而是對他們藝術想象的創造「進行陳述」。根據前一項研究的闡述，[2]這裡所涉及的是共形（konform）變異的行為，這些行為與那些作為對應方在相同語詞中被表達的現實判斷相符合，這種方式的符合類似於直觀想像與感知的符合，同樣也可能類似於回憶與期待的符合。我們先不去顧及這樣的區別。

A485
$B_2$13

2 參閱本書第二卷，第一部分，第五研究，第五章，第40節，第一版，第四五四頁後半部；第二版，第四九一—四九二頁。

在標示出以上這類情況以及透過它們所劃定的關於被表達行為的說法之新意義後，我們想要澄清含義與被表達的直觀之間的關係。我們想要思考，這種直觀本身是否就是構造著含義的行為，而如果不是，那麼這兩者的關係又當如何理解並且在種屬上如何歸類。我們在這裡尤其要朝向一個更為一般的問題：能夠**進行**表達的行為與能夠**經歷**表達的行為是否從屬於一些本質不同的、同時可以確切地規定的行為種類的領域，而且在所有這些行為那裡是否有一個跨越性的屬統一在發揮著決定的作用，這個屬統一包含著並窮盡了那些**能夠發揮廣義上的意指作用**——無論是含義本身的作用，還是「含義充實」的作用——的行為總體，以至於所有其他屬的行為都肯定地和有規律地不可能具有這種作用。這樣，我們的下一個目標便得到了標示。在繼續思索的過程中，我們將對考察範圍做出自明的擴展，這種擴展將會使我們明察到這些被引發的問題對認識之理解所具有的意義。隨後，新的、更高的目標便也會進入到我們的視野之中。

A486
$B_2$14

第4節　對一個感知的表達（「感知判斷」）。它的含義不可能存在於這個感知之中，而必定存在於本己的表達性行為之中

我們來考察一個事例：我剛剛向花園看去，並且用以下的語詞來表達我的感知：「一隻烏鶇飛了起來。」**哪一個行為在這裡具有含義**？根據在本書第一研究中的闡述，我們相信可

以這樣說，這個行為不是感知，[1]至少不僅僅是感知。我們覺得，不能對這裡的事態做這樣的描述，就好像除了語音之外，與語音相連結的感知就是唯一存在的東西，而且唯一地決定著表達的含義性。實際上，在這**同一個**感知的基礎上，一個陳述聽起來完全可以是不同的，並且與此同時展開一個完全**不同的意義**。例如：我可以說：「這是黑的，是一隻黑鳥；這個黑色動物飛了起來、躍了起來，以及如此等等。」反之亦然，一個語音及其意義可以始終是**同一個**，而**與此同時感知卻發生了多重的變換**。感知者相對位置的每一個偶然變化都會使感知本身發生變化，而不同的人在對同一事物進行同時感知時，他們永遠不會有完全相同的感知。我所簡短提及的這類區別對於感知陳述的含義來說是無關緊要的。當然，它們有時也會成為問題所在，但那時的陳述聽起來也會完全不同。

當然人們現在可以說，這個指責僅僅證明，含義對**個別**感知的這種差異性是不敏感的；含義恰恰是處在一個**共同之物**中，這個共同之物自身承載著所有那些同屬於一個對象的雜多感知行為。

然而對於這個說法，我們需要說明：感知不僅可以變換，而且可以消失，而在此同時表達卻不會停止它所始終具有的意指作用。聽者不必向花園看，便可以理解我的語詞和整個

A487
$B_2$15

[1] 在A版中還有：而且。

語句；只要他信任我的眞實性，他無須感知，便可以得出同樣的判斷。也許他具有透過想像而完成的某種形象化，也許他不具有這種形象化；或者這種形象化是如此缺漏、如此不相即，以至於就那些在陳述中「被表達的」特徵來看，它都不能被視為是感知現象的對應圖像。

但如果在沒有感知的情況下，陳述仍然還帶有意義，甚至帶有與先前相同的意義，那麼我們[3]就不能認為，感知是那個在其中進行著感知陳述的意義、進行著對感知陳述的表達性意指的行為。語音要麼帶有純粹象徵性的含義，要麼帶有直觀性的含義，或者依據於單純的想像而帶有含義，或者依據於實在化的感知而帶有含義，隨語音的不同，與語音相統一的那些行為從現象學上看極具差異性，以至於我們無法相信：意指時而在這些行為中發生，時而又在那些行為中發生；我們將不得不偏好一種觀點，這種觀點將意指的這種作用歸諸於一個始終同類的行為，這個行為擺脫了常常無能為力的感知的限制，甚至擺脫了想象的限制，它只是一個每當表達進行「表達」時便與被表達的行為相統一的行為。

可是儘管如此，有一點是無可爭議的：在「感知判斷」中，感知與陳述的意義有內部的聯繫。陳述「表達著感知」，或者說，陳述表達著「在感知中被給予的」東西，這句話不是沒有道理的。同一個感知可以是不同陳述的基礎，但無論這些陳述的意義如何變化，它還會

A488
$B_2$16

3 也撇開我們在這一篇中有意識加以忽略的範疇形式不論。

「指向」感知的顯現內涵；時而是這些部分感知，時而又是那些部分感知（即使它們或許是統一完整感知的不獨立部分）為判斷提供了特殊的基底，但這些部分感知並不因此而就是本眞的含義載者；所有感知都有可能消失，這個情況也就說明了這一點。

因此人們必須說，**對感知的這種「陳述」**（或者用客觀的說法：對一個被感知之物本身的「陳述」）**不是語音的事情，而是某些表達行為的事情**；「表達」在這個關係中意味著那個為其所有意義所啟動的表達，在這裡，這個表達被置入到一個與感知的聯繫之中，而這個感知則恰恰是因為這個聯繫的緣故才叫做「被表達的」。而這同時又意味著，在感知和語音**之間還被插入**了一個行為[2]（或一個行為構成物）。我說一個行為；因為無論表達體驗是否伴有感知，它都具有一個與對象之物的意向關係。這個中介性的行為必定就是那個實際上作為意義給予行為而起作用的行為，它作為本質的組成部分從屬於那個行使著意義作用的表達，而且它決定著：意義始終是同一個，無論那個為它提供證明的感知是否能夠與它相伴。

以下的研究將會不斷地證實這個觀點的可行性。

[2] 在A版中加有重點號。

第5節　續論：感知作為規定著含義，但不蘊涵含義的行為

在考慮一個迫近的懷疑之前，我們不能繼續前行。我們的闡述似乎需要受到一定的限制，在這些闡述中所包含的東西似乎要比我們所能完全證實的東西更多。即使感知永遠不會創造出一個在感知基礎上進行的陳述的完整含義，它也仍然會對含義做出一些貢獻，而且恰恰就是在剛才所闡釋的那一類情況中。倘若我們修改一下我們所舉的例子，不說「**一隻**烏鶇」，而說「**這隻**烏鶇」，那麼這一點就會更清楚表現出來。「這個」是一個本質上機遇性的表達，它只有透過對表達狀況的觀看，並且在這裡是透過對已進行的感知的觀看才能帶有含義。「這個」所指的是被感知的客體，就像它在感知中被給予的那樣。此外，在動詞語法形式中的現在時態所表達的是一個與現時當下的聯繫，也就是與感知的聯繫。這個狀況顯然也對未修改的例子有效；因為，如果有人說「『一隻』烏鶇飛了起來」，那麼他所指的並非是一隻烏鶇一般地飛了起來，而是指此時此地的一隻烏鶇飛了起來。

誠然，被意指的含義並不附著在語音上，它並不屬於那些一般而固定地受到語音束縛的含義。但由於我們無法忽略一點，即：統一陳述的意義包含在整個意指的行為之中，這個意指行為有可能構成統一陳述的基礎——無論它是否在語詞中借助於語詞的一般含義而得到完整地表露——，因此，我們看上去似乎不得不承認，只要感知使那個被陳述以判斷方式表達出來的事態被直觀到，它就對這個判斷的含義內涵做出了貢獻。這個貢獻在可能的情況下當然也可以由其他的行為以本質一致的方式來提供。聽者並不感知花園，但他也許熟悉這個花

A489 $B_2$17

A490 $B_2$18

園，直觀地表象這個花園，將那個被表象的烏鶇以及被陳述的過程置入到花園之中，並由此根據說者的意向而借助於單純的想象圖像來完成一個相同意義的理解。

但對這裡的事態還可以做第二種解釋。在某種意義上可以說，直觀對感知陳述的含義做出了貢獻；這個意義是指：如果沒有直觀的支持，含義就無法在它與被意指的對象性的特定聯繫中展開自身。另一方面這並不是說：直觀行為本身就是含義的載者，或者說，它在本眞的意義上為含義提供了貢獻，而這些貢獻此後又可以在完成了的含義中作為其組成部分而被發現。儘管那些本質上機遇性的表達隨情況的變化而具有不同的含義；但在這些變化之外還有一個共同之物保留下來，它才是區分這種多義性和那種偶然的歧義性的關鍵。[4]直觀的附加所具有的作用就在於：這個共同之物、但卻又是在其抽象性中的含義不確定之物自身規定了自身。即是說，直觀賦予它以對象方向的確定性，並隨之而賦予它以最終的差異。這個成就並不要求含義的一部分必須包含在直觀之中。

我說「這個」並且指的恰恰是在我面前放著的紙張。與這個對象的關係要歸功於感知的語詞。但含義並不包含在這個感知本身之中。如果我說「這個」，那麼我不僅是在感知；而且在感知的基礎上還建構著一個新的、朝向感知的、在其差異中依賴於感知的行為，一個意指「這個」的行為。含義便包含在並且僅僅包含在這指明性的意指中。沒有這個感知——

4 參閱本書第二卷，第一部分，第一研究，第26節，第八十頁〔邊碼 A 80/B_1 80〕。

或者一個相應發揮作用的行為——，指明就將是空乏的；沒有一定的差異，指明實際上（in concreto）就根本不可能。因為，「說者指明著『某物』」這個不確定的思想——也可能當這個思想出現在聽者那裡時，聽者並沒有認識到我們用「這個」所指出的是什麼樣的客體——當然不是我們自己在現時的指明中進行的思想：就好像在我們這裡只有對被指出之物的確定表象才能加入進來一樣。人們不應將現時指明本身的一般特徵混同於對某個指明的不確定表象。

因此，感知**實現著**「這個」意指連同它與對象、例如與我面前這張紙的特定聯繫之展開的**可能性**；但我們覺得，感知本身並不構造含義，即便是就一個部分而言。

由於指明的行為特徵朝向直觀，所以這個行為特徵接受了意向的一個規定性，這個意向就一個可以被刻畫為意向本質的**一般**存有（Bestand）而言是在直觀中充實自身的。因為，如果同一個對象、**可認識的**同一個對象顯現在各種感知之中，那麼無論在由這些感知所構成的雜多複合中究竟是哪一個感知構成基礎，指明的意指都會是同一個。如果想像表象以可認識的同一方式在圖像中表象出同一個對象，而且如果從這些想像表象的雜多複合中有一個行為來取代感知，那麼「這個」的含義將仍然會是同一個。但如果直觀是從其他感知圈或圖像性表象圈中獲取的，那麼含義就會改變。我們還是意指「這個」，但這裡起作用的意指、亦即對對象的直接的（就是說，不帶任何定語中介的）瞄向所具有的共同特徵是有所變異的，與這個意指特徵相聯繫的現在是一個對另一個對象的意向，也就類似於物理指明隨空間方向的變化而在空間上發生差異變化一樣。

A491 B$_2$19

這個觀點雖然將**感知**視為是**規定著含義的行為**，但卻不將它視為是**包含含義的行為**，為 A492 $B_2$20
此觀點提供證明的是這樣一個情況：諸如「這個」一類的本質上機遇性的表達常常在沒有合適的直觀基底的情況下也被使用和理解。在恰當直觀的基礎上構成的對這個對象的意向可以在沒有某個合適的感知或想像作中介的情況下被重複或被和諧一致地複製。

據此，那些本質上機遇性的表達與**專有名稱**非常相似，只要專有名稱是在其本眞的含義中發揮作用。因為專有名稱也「直接地」指稱對象。它並不以定語的方式將對象意指為這個或那個屬性的載者，而是排除這些「概念的」中介而將對象意指為這個對象「自身」，就如同感知將它置於眼前一樣。專有名稱的含義因而在於一種「直接意指這個對象」（Direkt-diesen-Gegenstand-Meinen），在於一種意指，這個意指只是透過感知並且以「暫時的」（圖像化的）方式透過想像而**充實**自身，但它並不等同於這些直觀行為。與此完全相同，感知賦予這個「這個」（只要它朝向可能感知的對象）以對象；對這個的意指（Dies-Meinen）在感知中充實自身，而且它不是感知本身。當然，從兩方面看，這個直接指稱的表達的含義原初都是產生於直觀之中，正是根據這個直觀，稱謂的意向才原初地將其朝向定位在個體對象上。本質上機遇性的表達與專有名稱在其他方面還存在著區別：在「這個」上附帶有一個指明的思想，這個思想以一種在前面已闡述過的方式帶入了某種間接性和複雜性，亦即帶入了某種形式，而這種形式在專有名稱那裡卻並不存在。另一方面，專有名稱作為固定的命名從屬於它的對象。這種穩定的從屬性也以某種方式與對象關係相符合；對此的證明在於，
人們可以從名稱上認識具有如此稱呼的人或物：我將「漢斯」認識為「漢斯」，將「柏林」 A493 $B_2$21

認識為「柏林」。——顯然，這個闡釋沒有去顧及那些只具有派生的意指作用的專有名稱。如果某個專有名稱是在與被給予的對象（即在給予的直觀之基礎上的對象）的直接連結中構成的，那麼，那個在對專門指稱的反思中構成的稱呼概念的作用就在於，把專有名稱配備給對象，或者說，從對象的專有名稱中去認識這些對象，這裡的對象是指那些從未被給予我們、從未被我們所了解、但卻可以間接地被描述為某些屬性之載者的對象。例如：「西班牙首都叫作（即它所具有的專有名稱）馬德里。」倘若有人不了解「馬德里」「本身」，他可以從中獲取它的名稱的知識，並且獲取合適地運用這個名稱的可能性，但他此時所獲取的並不是「馬德里」一詞的專門含義。他在這裡所運用的並非是直接的意指，這種意指唯有對此城市的直觀方能引發，而是對這種直接意指的間接指引（Anzeige），即透過特徵方面的標誌表象和如此稱呼之概念的中介。

如果我們可以信任這些考察，那麼我們就不僅需要在感知與感知陳述的含義之間做出區分，而且我們可以說，**這個含義的任何一個部分都不包含在感知本身之中**。**必須完全區分給出了此對象的這個感知與借助於判斷或借助於那些與判斷統一交織在一起的「思維行為」來思考和表達此對象的這個陳述**，即使它們在面前的這個感知判斷情況中處在最為密切的相互關係之中，處在相合性的、充實統一的關係之中。

幾乎無須再加以說明的是，這同一個結果也適用於所有其他的直觀判斷，即是說，適用於那些在與感知判斷進行相似的意義上「表達著」一個想像、一個回憶、一個期待等等所具有的直觀內涵的陳述。

補充：

在本書第一研究第26節的闡述中，[5]我們從對聽者的理解出發，區分本質上機遇性表達所具有的，尤其是「這個」表達所具有的「指示性的」含義與「被指示的」含義。在聽者那裡——被指明的東西或許根本不處在他當時的視野之中——首先被喚起的只是不確定的一般思想，即：某物被指明；只是借助於補充的表象（一個直觀的表象，如果這裡所涉及的恰恰是一個直觀的被指明之物），這個指明的規定性以及指示代詞的完整的和本真的含義才為聽者構造起自身。對於說者而言，這個先後順序並不存在；他不需要那種在聽者那裡發揮著「指示」作用的不確定指示表象。在說者那裡被給予的並不是指明的表象，而是指明本身，而這個指明正因此才是實際確定的指明；說者從一開始就具有「被指示的」含義，並且是在直接的、朝向直觀的表象意向中具有這種含義。如果事情不是直觀現存的，就像在對數學論證的命題進行回溯的情況那樣，那麼有關的概念思想便會出來替代直觀的作用：指明的意向將會根據對那個已消逝的思想的現時再造而獲得其充實。無論如何，我們在指明的意向中可以確定某種**雙重性**：在第一種情況中，指明的特徵與直接對象的意向相結合，並且是以這樣一種方式結合，即透過這種結合而產生出對那個確定的、在此時此地被直觀的對象的指明。這也適用於另一種情況。即便以前的概念思想恰好也不是現時進行的，在回憶中也仍然

A494
$B_2$22

5 參閱本書第二卷，第一部分，第一研究，第八十三頁〔邊碼 A 83/B_1 83〕。

還會留存著一個與它相符的意向，而這個意向便與指明的行為特徵相結合，賦予它以方向上的確定性。

如果在這裡談到了指示的與被指示的含義，那麼它指的是兩種情況。（一）兩個相互接替的思想描述了聽者的逐漸理解的特徵：首先是對某個由「這個」所意指的東西的不確定表象，然後是那個透過補充表象而形成的變異，那個具有確定朝向之指明的行為。在後一個行為中包含著被指示的含義，在前一個行為中包含著指示性的含義。（二）如果我們堅持那個從一開始便在說者那裡被給予的、已完成的、具有確定朝向的指明，那麼在這個指明中又可以區分出一個雙重的東西：指明的一般特徵，以及那個規定著指明的東西，亦即將此指明限制為對這個（Dieses）之指明的東西。前者又可以再被標示為指示性的含義，或者更好是被標示為在不可分的統一含義上的指示者，只要它就是聽者借助於其可表達的一般性而直接把握到的並且為他指示著被意指之物的那個東西。如果我說「這個」，那麼聽者至少知道，某物被指明。（在其他的本質上機遇性的表達那裡也是如此。如果我說「這裡」，那麼它所涉及的便是在我或近或遠的周圍環境中的「某物」；如此等等。）另一方面，這個話語的本真目的並不在於這個一般的東西，而是在於對有關對象的直接意向。這個對象和它的內容充盈才是目的，而那些空乏的一般性則根本不會或幾乎不會有助於對它們的規定。在這個意義上，直接的意向就是第一性的和被指示的含義。

A495
$B_2$23

前面所做的論述[6]已經為第二個區別奠定了基礎。這裡所進行的區分和進一步闡述應當會有助於進一步澄清這個複雜的事態。[3]

第6節　在表達著的思想[4]與被表達的直觀之間的靜態統一。認識

我們現在來進一步深入地研究在直觀行為與表達行為之間存在著的關係。首先我們要做出限制，而且在整篇中都要進行這樣的限制，即限制在一些盡可能簡單的情況上，這自然也就意味著，限制在那些產生於**稱謂**領域的表達或含義意向上。此外，我們因此不要求完全包容這個整體的領域。這裡所涉及的是稱謂表達，它們以盡可能透明的方式與「相關的」感知和其他直觀發生聯繫。 A496 $B_2$24

6 參閱本書第二卷，第一部分，第一研究，第八十三頁〔邊碼 A 83/B_1 83〕。

[3] 在A版中還有一個注腳：參閱本卷結尾的諸項補充。

[4] 在A版的目錄中「表達著的思想」爲複數（ausdrückenden Gedanken），在B版中改作單數（ausdrückendem Gedanken）。

在這些情況中，我們首先可以看到這樣一個靜止的統一關係：賦予含義的思想建基於直觀的基礎之上，並因此而與直觀的對象發生聯繫。例如：我說「我的墨水瓶」，而這個墨水瓶本身同時就處在我的面前，我看到它。這個名稱指稱著感知的對象，並且是借助於意指性的、在其種類與形式上，以名稱的形式為特徵的行為來進行指稱。在名稱與被指稱之物之間的關係在此統一狀態中表明了某種已經為我們所注意過的描述性特徵：「我的墨水瓶」這個名稱可以說是「將自己安放到」被感知的對象上，它可以說是以可感受的方式從屬於這個對象。但這種從屬性十分特別。因為語詞並不從屬於客觀聯繫，這在此處是指，它們並不屬於它們所表達的物理－事物聯繫，它們在這個聯繫中並不具有一個場所，它們並不被意指為它們所指稱的那些事物中或那些事物上的某物。如果我們回溯到體驗之上，那麼，如前所述，[7]我們一方面會發現語詞顯現的行為，另一方面會發現類似的實事顯現的行為。就後一方面而論，在感知中與我們相對的是墨水瓶。而根據我們所一再強調的感知之描述本質，上面這個情況在現象學上無非就意味著，我們在感覺（Empfindung）這個類型中可以獲得某個系列的體驗，它們以某些被規定的排列順序而從感性上被統一化，而且在它們之中滲透了某個賦予它們以客觀意義的「立義」（Auffassung）行為特徵。正是這個行為特徵才使一個對象，即這個墨水瓶，以感知的方式顯現給我們。而以類似的方式，顯現的語詞當然也在一

$B_2$25　A497

7 參閱本書第二卷，第一部分，第一研究，第9節和第10節。

個感知行為或想象表象行為中構造起自身。

因此，發生聯繫的不是語詞和墨水瓶，而是被描述的行為體驗，在這些體驗中語詞和墨水瓶顯現出來，但它們在這些體驗「中」又什麼也不是。這究竟是怎麼一回事呢？使行為得以統一的又是什麼呢？答案似乎很清楚。這個聯繫作為指稱聯繫是透過行為而得到中介的，這些行為不僅是意指的行為，而且也是**認識**的行為，這裡是指**分類**的行為。這個被感知的對象被認作是墨水瓶，而且只要這個意指的表達以一種特別密切的方式與分類行為合為一體，並且這個分類行為又再作為對被感知對象的認識而與感知行為合為一體，那麼這個表達看起來就會像是**安放在**事物上一樣，就會像是事物的服裝一樣。

通常我們會談及對感知**對象**的認識和分類，就好像行為自身**在對象上活動**。但我們說，在體驗本身之中的不是對象，而是感知，是這樣或那樣的心緒（Zumutesein）；因此，**體驗中的認識行為建立在感知行為的基礎上**。當然人們在這裡不應提出這樣一種誤解性的指責：我們如此地行事，就好像被分類的是感知，而不是感知對象一樣。這絕非是我們的做法。因為這種做法是以其他的和更複雜的構造行為為前提的，而這些行為會表露在對相關複合的表達中，例如「對墨水瓶的感知」。因此，這個體驗構造著一個認識，這個認識以確定的、素樸的方式一方面與表達體驗、另一方面與有關感知融合在一起，即：將這個事物認識為「我的墨水瓶」。

如果這裡所涉及的不是感知，而是**圖像表象**，那麼情況也會完全相同。圖像地顯現出來

A498
$B_2$26

的客體，例如在想象和回憶中的同一個墨水瓶，是稱謂表達的可感受的載者。從現象學上說，這就意味著，一個與表達體驗相結合的認識行為以這種方式與圖像化行為相聯繫，我們將這種方式客觀地稱作對圖像地被表象之物的認識，例如：對我們的墨水瓶的認識。因為圖像客體在這個表象中絕對什麼都不是，這個體驗毋寧說是某個由想象材料（想象—感覺）組成的結合體，它滲透了一定的立義行為特徵。體驗這個行為與有一個對對象的想象表象，這兩者是一而二，二而一的。如果我們又明確地說：「我具有一個想象圖像，並且具有對一個墨水瓶的想象圖像」，那麼我們顯然就在進行這個表達活動[5]的同時也進行了新的行為，尤其是進行了一個與圖像化行為密切統一的認識行為。

第7節 認識作為行為特徵與「語詞的普遍性」

下面進行的更為仔細的考慮似乎可以完全肯定一點：在所有那些對一個在語詞（或整個啟動意義的語詞）顯現與實事直觀之間的直觀被給予之物進行指稱的情況中，我們確實有理由將認識視為是一個中介性的行為特徵。我們常常聽人談及語詞含義的普遍性，並且認為在這些定義的話語中所指的大都是這樣一個事實，即：語詞並不束縛在個別的直觀上，而是從

[5] 在A版中爲：這些表達。

屬於可能直觀[6]的無窮雜多性。

那麼在這種從屬性中包含著什麼呢？

讓我們來考察一個盡可能簡單的事例，例如「紅」這個名稱。當它將一個顯現的客體命名為紅時，它便借助於在此客體上顯現出來的紅之因素而從屬於這個客體。而每一個自身帶有同類因素的客體都有理由得到同一個指稱，這同一個名稱從屬於每一個這樣的客體，而這個名稱是借助於同一個意義才從屬於這個客體。 A499 $B_2$27

那麼在這個借助於**同一個意義**而進行的指稱中又包含著什麼呢？

我們首先注意到：語詞並非外在地、僅僅根據隱蔽的心理機械論而附著在各個直觀的同類個別特徵上。主要是我們無法滿足於這樣一個事實，即：每當一個這樣的個別特徵（Einzelzug）出現在直觀之中，語詞作為單純的語音構成也就會與它**結合**。這兩種現象的單純合併、它們的只是外在的並聯和相接並不會在它們之間形成一種內部的聯繫，並且肯定不會形成意向的聯繫。這種聯繫顯然只會作為一種在**現象學上極為特別的聯繫**出現。語詞將**紅的東西指稱為紅**。顯現的紅就是用紅的名稱**所指的東西**，而且是被指為**紅**的東西。以這種指稱意指的方式，名稱顯現為是從屬於被指稱之物的，並且是與它**合為一體**的。

另一方面，即使在與直觀的連結以外，甚至在完全不具有「相應」直觀的情況下，語詞

[6] 在A版中「直觀」爲單數（Anschauung），在B版中改作複數（Anschauungen）。

也具有它的意義。由於意義始終是同一個，故而很明顯，我們用來為指稱關係奠基的東西必定不是單純的語音，而是本眞的和完整的語詞，即那個始終含有意義的同類特徵的語詞。但即使如此，我們也不能滿足於僅僅將有意義的語詞與相應直觀的統一描述為一種合併。如果我們如此地想象語詞，就像它在所有現時的指稱之外被理解為單純象徵性的東西那樣，只是現在又附加了直觀，那麼，即使這兩個現象出於發生的理由而很快結合為現象學的指稱統一；但這個合併本身仍然還不是這個統一；統一顯然是作為一個新的東西而生成的。這種統一不生成的先天可能性也是存在的；在這種情況下，這兩個並存的現象在現象學上便是無聯繫的：顯現之物並不是在有意義的語詞中的被意指之物，亦即不是被指稱之物，而語詞則不是以名稱方式從屬於它的東西，不是指稱它東西。

由於我們以現象學的方式所發現的並非是一個最密切統一的單純結合體，而是一個意向的統一，因而我們有理由說：這兩個行為一個為我們構造出完整的語詞，另一個為我們構造出實事，它們意向地結合為行為統一。當然，我們既可以將這個過程描述為：「紅的名稱將紅的客體指稱為紅」，也可以將它描述為：「紅的客體被認識為紅並借助於這個認識而被指稱為紅」。「指稱為紅」——在指稱的現時意義上，這個意義預設了對被指稱之物的基礎直觀——與「認識為紅」基本上是含義—同一的表達；只是後一個表達更為清楚地表明，這裡存在的並非是一個二，而是一個透過一個行為特徵而建立起來的一。誠然，我們必須承認，由於這種融合極為密切，因而這個統一所具有的各個隱含因素——物理的語詞顯現與含義的啟動因素、認識因素與對被指稱之物的直觀——並沒有明確地相互區分開來；但我們根

A500
$B_2$28

據以上所述，不能不接受所有這些因素。此外我們還會對此進行一些補充性的考慮。8

顯然，語詞之所以與直觀的對象之物發生意義聯繫，這要歸功於認識，而認識的行為特徵並不是某種本質上從屬於*語音*的東西；毋寧說，認識在其有意義的（*合乎含義的*）*本質*方面是從屬於語詞的。在語音不同的情況下，例如：不同語言中的「同一個」語詞，認識聯繫卻可以是同一個；儘管借助於不同的語音，這個客體在本質上卻被認識為同一個。當然，只要對紅的完整認識與現時的名稱相等值，它也就一同包含著語音。不同語言共同體的成員經歷著不同語音的從屬性，並且將這些不同語音一併納入到認識的統一之中。在此同時，從屬於語音的含義，以及含義在其中與被意指之物現時相結合的認識行為，這兩者始終沒有發生變化，以至於這些差異必然會不言而喻地被視為是非本質的[8]。

據此，語詞的*普遍性*也就意味著，同一個語詞透過它所具有的統一意義而包括了（或者，如果這有所悖謬的話，也可以說，「要求」包括）一個在觀念上受到固定限制的可能直觀的雜多性，以至於這些直觀中的每一個都可以作為一個同等意義的稱謂認識行為之基礎而

A501
B$_2$29

8 參閱本書第三十七頁以後[7]。

[7] 在A版中爲：第五〇九頁以後。

[8] 在A版中還有：差異。

發揮作用。例如：在「紅」這個語詞中包含著這種可能性：將所有在可能直觀中被給予的紅客體都認識為紅並且指稱為紅。但與此相連結的又是一個先天得到保證的可能性：透過對這種認識的認同綜合而意識到，此與彼在含義上是同一個，即是說，它們都是紅的；這兩個直觀的個別性從屬於同一個「概念」。

這裡會產生出一個急迫的疑問。我們在前面說，語詞可以在不對某物做現時指稱的情況下被理解。但我們難道眞的不需要承認，語詞至少具有行使現時指稱之作用的可能性，即是說，語詞至少具有獲取與相應直觀之現時認識聯繫的可能性？難道我們不需要說，沒有這種可能性也就根本沒有語詞存在？回答當然是：這種可能性就附著在有關認識的可能性上。但並非所有被意指的認識都是可能的，並非所有稱謂含義都是可實現的。「想像的」名稱也是名稱，但它們不可能處在現時的指稱中，實際上它們並不具有範圍，並不具有在可能性和眞理意義上的普遍性。它們的普遍性是空乏的要求。隨著研究的進一步展開，我們會看到，這些話語應當如何得到澄清；從現象學上看，在這些話語後面還隱藏著什麼。

我們所做的闡述是始終有效的，而且不只是對那些像是以普遍概念的方式具有普遍含義的表達有效。這些闡述同樣有效於諸如專有名稱那樣的個體含義表達。通常被人們稱作「語詞含義之普遍性」的那個事實所意指的絕不是那種被人們附加給對立於個體概念的屬概念的普遍性；它以同樣的方式既包含個體概念，也包含屬概念。因此，我們在一個有意義地發揮作用的表達與一致性直觀的關係中所說的「認識」恰恰也不能被理解為一個現時的分類活動，即那種將一個直觀地或思想地被表象的對象——即必然地根據普遍概念並且在語言上借

A502
$B_2$30

助於普遍名稱——排序到一個**種類**之中去的做法。專有名稱也具有其「普遍性」，即使當它們在行使現時指稱之作用時，實際上並不進行分類活動。專有名稱與所有其他名稱一樣，它們不進行指稱著的認識就根本無法對任何東西進行指稱。與我們前面所做考察完全相似的一個考察已經表明，與其他表達相同，專有名稱與相應直觀的聯繫僅只是一種間接的聯繫而已。各個名稱顯然既不屬於一個特定的感知，也不屬於一個特定的想像或其他的圖像化。在無數可能直觀中顯現出現來的是同一個人，而所有這些顯現並不僅僅具有直觀的統一，而且也具有認識的統一。每一個源於直觀雜多性中的個別顯現都可以透過專有名稱而同樣合理地成為同等意義之指稱的基礎。無論被給予的是什麼樣的人或事，指稱者所意指的總是同一個人或事。而他對此人或事的意指並不像在對一個對他而言，個體陌生的客體的考察時那樣，是以一種直觀朝向的方式進行；而是他將此人或事認識為這個人或事；在指稱中他將「漢斯」認識為「漢斯」，將「柏林」認識為「柏林」。而這種對此人或此城市的認識則又是一個行為，它並不束縛在各個語詞顯現的特定感性內涵上。語音不同（並且就可能性而言有無數多的語音），行為則是同一個；例如：當多個語音為同一個個體實事而採用不同的專有名稱時便是如此。

當然，專有名稱的這種普遍性以及與其相應的專有含義**在特徵上完全有別於種類名稱**的普遍性。

專有名稱的普遍性在於，在**一**個個體的客體中包含著可能直觀的一種綜合，這些直觀透

A503
$B_2$31

過一種共同的意向**特徵**[9]而達到一致，這種共同的特徵並不受在個別直觀之間的其他現象的區別之干擾，它為每一個直觀提供與同一個對象的聯繫。而這個統一之物便是認識統一的基礎，它從屬於「語詞含義的普遍性」，從屬於語詞含義的觀念可能的現實化之範圍。所以，指稱的語詞具有與一個無限的直觀雜多性的聯繫，這個語詞認識著並因此而指稱著這些直觀的**同一個對象**。

種類名稱的情況則完全相反。它們的普遍性包容著一個**對象的範圍**，**自在和自為地看**，這些對象中的每一個對象都具有一種可能的感知綜合，都具有一個可能的專有含義。普遍名稱是以一種可能性的方式「包括了」這個範圍，這種可能性是指：普遍名稱可以普遍地指稱在這個範圍中的每一個成員，即是說，它可以不以專有名稱的方式透過專有認識來指稱，而是以共有名稱的方式透過分類來指稱；現在，或者是那個直接被直觀之物，或者是那個已經在其標記（Merkmal）中或已經透過各個特徵而被認識之物便被認識為並且被指稱為「**一個**A」。

[9] 在A版中未加重點號。

第8節　在表達和被表達的直觀之間的動態統一。充實意識與認同意識

我們現在不去考慮在意指與直觀之間的靜止的、可以說是**靜態的**相合，而是考慮它們之間的**動態的**相合；起初只是象徵地發揮作用的表達上又隨後附加了（或多或少）相應的直觀。一旦這種附加發生，我們便體驗到一個在描述上極具特色的**充實意識**（Erfüllungsbewußtsein）：[9]純粹意指的行為以一種瞄準（abzielend）意向的方式在直觀化的行為中得到充實。在這個過渡體驗中同時還根據其現象學的論證而清楚地表露出這兩個行為的**共屬性**（Zusammengehörigkeit），即含義意向或多或少完善地符合於它的直觀。我們體驗到，**同一個**對象起初在象徵行為中「僅只是被想象」，而後在直觀中則直觀地被當下化，而且，這個起初只是被想象的（只是被意指的）對象恰恰是作為這樣或那樣被規定的東西而被直觀到。如果我們說，**直觀行為的意向本質**（或多或少完善地）**適合於表達行為的含義本質**，**那麼這只是對上述狀況的另一種表達而已**。

首先得到考察的是在意指行為與直觀行為之間的靜態關係，我們在這個關係中談到**認識**。我們說，這個關係建立了名稱與作為被指稱之物的在直觀中被給予之物的意義聯繫。

A505
$B_2$33

[9] 參閱我的〈對基礎邏輯學的心理學研究〉，II，〈論直觀與代現〉，載於《哲學月刊》，一八九四年，第一七六頁。從本書中可以看出，我已經放棄了我在那裡所偏好的直觀概念。

但在這個關係中，意指本身並不是認識。在對單純象徵性語詞的理解中，一個意指得到進行（這個語詞意指某物），但這裡並沒有什麼東西被認識。根據前幾節的論述，這裡的區別並不在於對被指稱之物的直觀的單純地一同被給予，而在於那個在現象學上特殊的統一形式。這個認識統一的特徵現在會使我們明白這個動態的關係。在這裡首先是含義意向，而且它是自為地被給予的；而後才附加了相應的直觀。同時，現象學的統一得以產生，它現在自身宣示為一種充實意識。對象的認識和含義意向的充實，這兩種說法所表達的是同一個事態，區別僅僅在於立足點的不同而已。前者的立足點在於被意指的對象，而後者則只是要把握兩方面行為的關係點。從現象學來看，行為在任何情況下都存在著，而對象則並不始終存在。因此，關於充實的說法更具特色地表達了認識聯繫的現象學本質。符號行為（Signifikation）[10]與直觀行為可以發生這種特殊的關係，這是一個最原始的現象學事實。而只要它們發生這種關係，只要一個含義意向的行為有可能在一個直觀中得到充實，我們也

A506
$B_2$34

---

10 我對這個表達的使用並不帶有特殊的術語指示，因為它只是對「含義」的翻譯。我同樣也會經常談到符號性的（signifikativ），或者簡稱地談到符號的（signitiv）行為，而不使用含義意向行為、意指行為等等。由於表達通常被稱之為意指的主語，因此「意指行為」（bedeutende Akte）不是一個好的說法。「符號性」一詞也在術語上提供了一個與「直觀性」概念的合適對立。與「符號的」同義的是「象徵的」（symbolisch），因為在近代曾受到康德抨擊過的那種濫用已經蔓延開來，這種濫用在於：違背「象徵」一詞所具有的原初的，並且即使在今天也不可或缺的意義而將它作為「符號」的等值概念加以使用。

就會說，「直觀的對象透過它的概念而得到認識」，或者，「有關的名稱在顯現的對象上得到運用」。

我們可以輕而易舉地證明在靜態的和動態的充實或認識之間的無可置疑的現象學區別。在動態關係中，各個關係環節與那個將它們聯繫在一起的認識行為是在時間上相互分離的，它們在一個時間構形中展開自身。在作為這個時間過程之持恆結果的靜態關係中，它們處在時間的和實事的相合性中。在動態關係中我們第一步所具有的是作為完全未得到滿足之含義意向的「單純思維」（＝單純「概念」＝單純符號行為），這些含義意向在第二步中獲得或多或少相應的充實；思想可以說是滿足地靜息在對被思之物的直觀中，而被思之物恰恰是借助於這種統一意識才表明自己是這個思想的被思之物，是在其中被意指者，是或多或少完善地被達到的思維目的。另一方面，在靜態關係中我們僅只具有這個統一意識，而在此之前很有可能並沒有出現過一個界限分明的未充實意向之階段。意向的充實在這裡並不是一個充實的過程，而是一個靜止的被充實狀態，不是一個相合的活動，而是在相合中的存在。

在對象方面，我們在這裡也談及**同一統一**（Identitätseinheit）。倘若我們比較一下一個充實統一所具有的這兩個成分（無論我們是在動態的過渡中考察它們，還是在對靜態統一進行分析時先區分這兩個成分，然後再看它們的相互交融），那麼我們就會確定對象的**同一性**。我們說，而且我們可以明見地說，直觀對象與在其中得到充實的思想對象是**同一個**，而在完全相應的情況下甚至可以說，對象完全是作為同一個對象而被思考（或者同樣可以說，被意指），並且被直觀。顯而易見，同一性並不是透過比較的和思想中介的反思才被提取出

A507
$B_2$35

來，相反，它從一開始便已在此，它是體驗，是不明確的、未被理解的體驗。換言之，在現象學上，從行為方面來看被描述為充實的東西，從兩方面的客體，即被直觀到的客體這一方面和被意指的客體那一方面來看則可以被表達為同一性體驗、同一性意識、認同行為；或多或少完善的同一性是與充實行為相符合併在它之中「顯現出來」的客體之物。我們之所以不僅可以將符號行為與直觀行為，而且也可以將相即性，即充實統一，標示為一個行為[10]，正是因為相即性具有一個它所特有的意向相關項，一個它所「指向」的對象之物。根據以上所說，這是在關於認識的說法中表達出來的對同一事態的又一不同措辭。含義意向以充實的方式與直觀達成一致，正是因為這個狀況，那個在直觀中顯現的、為我們原初朝向的客體才獲得了被認識之物的特徵。要想對此「作為何物」的被認識狀態做更確切的標示，客觀反思就不應朝向意指的行為，而應朝向含義本身（同一「概念」），而關於認識的說法所表達的是從直觀客體（或充實行為的客體）的立場出發並且在與符號行為之含義內涵的相互關係中對同一個認識統一的理解。在相反的相互關係中人們或許也會說——儘管大都是在一個較為狹窄的區域內——：思想「領悟了」實事，它是實事的「概念」。不言而喻，人們根據這個論述也可以將認識像充實一樣——只是另一個語詞而已——標示為一個認同的行為。

[10] 在A版中加有重點號。

補充：

我現在也不能壓制一個針對上述理解而產生的疑慮[11]，這個理解一般說來還是十分清晰的，它將這裡出現的同一統一或認識統一理解為一個認同的或認識的**行為**；由於這個疑慮在後面的研究進程中以及在我們不斷獲得的啟蒙之進步中，會表明自身是一個嚴肅的疑慮並且將引發有益的思考，因而我在這裡就更不能壓制它。這個疑慮在於，在更仔細的分析後我們會注意到，當一個名稱在現時的指稱中與一個直觀客體發生聯繫時，我們在這種情況中所意指的是那個被直觀的以及與此一致地被指稱的**對象**，但絕不是這個對象的**同一性**。我們是否應當說，這裡的關鍵在於注意力的偏好？或者我們是否更應當承認，認同的行為還沒有完完全全地被構造出來：這個行為的主要部分、將含義意向與相應的直觀連結統一在一起的因素雖然已經實項地存在，但這個統一因素並沒有作為一個客體化「立義」的「被代現者」起作用；被體驗到的相合統一並沒有論證**聯繫認**同的行為，並沒有論證關於同一性的意向意識，而只是在這種意識中，同一性才作為被意指的統一而成為我們的對象。在對充實統一的反思中，我們在對那些相互連結的行為做出分解和對置的同時當然也要，甚至必然也要進行聯繫的理解，即進行那種先天地准許了這些行為之統一形式的理解。——在本書的第二篇

A508
B$_2$36

[11] 在A版中加有重點號。

中，我們將在最普遍的、與範疇行為特徵一般相聯繫的形態中思考這個問題。[11]在這裡我們則繼續將這個所述的統一特徵看作是一個完整的行為或不將它明確地分離於完整的行為。這不會影響到我們的考察之根本，只要從統一體驗到聯繫認同的過渡**始終是開放的**便可，因為**整個過渡的先天可能性得到了保證**，以至於我們可以**合理地說**，認同的相合**被體驗到**，即使**那個被意識到的對同一性的意向**、那個**聯繫**的認同並沒有發生。

第9節　充實統一以內和以外的不同意向特徵

為了達到解釋靜態認識行為這個目的，我們提到了動態的充實，即以分解了的過程的形式進行的充實，這個做法同時也排除了一個困難，這個困難有可能會困擾我們對含義意向與整個認識行為之間的關係做出明確的把握。我們眞的可以說，在認識統一之中可以做出四重劃分：動詞的表達、意指的行為、直觀的行為以及最終是包容性的認識統一或充實統一之特徵？人們會提出指責說，實際上這個分析所發現的一方面是**語言表達**，這裡特別是指名

11　參閱本書第六章，第48節[12]和整個第七章。

[12]　A本的補充與修改：第47節（第六一九頁以後）。

稱，另一方面是直觀，這兩者透過認識指稱的特徵而結合為一。但是，據說與語言表達相連結的還有一個意指行為，據說它是一種不同於認識特徵和充實直觀的東西，而且是一種在同一個表達的認識作用之外僅用此表達的理解特徵便可以被認同的東西；——這樣一種說法必須被否認，至少它是一種多餘的設定。

因此，這個懷疑是針對我們在第4節中，亦即還在對認識統一進行分析之前，作為最自明的東西而提出的那個主導觀點所發。我們進行這個思考時需要做如下回憶：

首先，如果對處在認識作用之中的表達與處在這個作用之外的表達進行比較，那麼就會表明，含義在兩方面都是同一個。無論我是單純象徵性地理解「樹」這個語詞，還是根據對一棵樹的直觀來使用這個語詞，我兩次都明見地用這個語詞來意指某物，並且兩次都意指同一個東西。

其次，明白無疑的是，在充實過程中，自身得到「充實」的並同時與直觀達到「相合」的是這個表達的含義意向，因此，認識作為相合過程的結果就是這個相合統一本身。但在相合統一的概念中已經包含著一點，即：這裡所涉及的不是一個相互分離的二，而是一個自身無別、只是透過時間的推延才自身分解的一。故而我們必須說：在複合的認識行為中也寓居著相同的含義意向行為，即構成空乏象徵表象的那個含義意向行為；但以前曾是「自由的」含義意向在相合性階段上「受到束縛」，變為「無異」。它如此特別地與這個複合體交織或交融在一起，以至於它的含義本質雖未受到妨礙，但它的特徵卻以一定的方式經歷了變異。

甚至只要我們將諸內容這一次視為是自為的，另一次則視為是處在與其他內容之連結中

A510
$B_2$38

的各個與整體交織在一起的部分，那麼類似的情況就會普遍地有效。如果被連結的內容並不透過連結而經歷到任何東西，那麼這種連結也就不再進行任何連結了。某些變化的產生是必然的，當然，正是這些變化才作為連結的規定性而構成了相關對象屬性的現象學相關項。我們可以想象一條自為的線段，例如：在一個空乏的白色背景上的線段，然後我們再將這同一個線段想象為某個形象的組成部分。在後一種情況中，這個線段與其他的線段相匯聚，它為其他線段所接觸、所交切，以及如此等等。如果我們撇開數學的觀念之物不論，而只是堅持經驗直觀的線段，那麼這就是現象學的特徵，它們一同規定著對線段之顯現的印象。同一條線段（即就其內涵而言的同一條線段）對我們的顯現隨著它所進入的現象學聯繫不同而各有不同；而如果我們將它附加到在質性方面與它同一的一條線段或一塊面積中去的話，它甚至會「無別地」進入到這個背景之中，它會喪失現象學的特性和專門效用。

第10節[13]　充實體驗的更全面種類。直觀作為需要充實的意向

A511 B$_2$39

在對充實意識之特徵的進一步描述方面需要指明，這裡所涉及的是一個在我們心靈生活中也產生著重要作用的體驗特徵。只需要回憶一下願望意向和願望充實、意願意向和意願充

[13] 在A版中爲：第11節。

實，或者回憶一下希望和擔憂的充實、懷疑的消散、猜測的證實，以及如此等等，我們馬上就可以明白，在不同的意向體驗種類之內本質地包含著與我們在這裡所遇到的那個特殊的對立完全相同的對立，即含義意向與含義充實之間的對立。我們在前面已經[12]接觸到這一點並且在較為確切的**意向**標題下劃分出一個種類的意向體驗，這些體驗具有一種能夠為充實關係奠基的特性。在這個種類中可以納入所有那些從屬於較寬或較窄的邏輯領域的行為，也包括那些在認識中注定為其他意向提供充實的行為，即：**直觀**。

例如：當一段熟悉的曲調開始響起時，它會引發一定的意向，這些意向會在這個曲調的逐步展開中得到充實。即使我們不熟悉這個曲調，類似的情況也會發生。在曲調中產生作用的合規律性制約著意向，這些意向雖然缺乏完整的對象規定性，卻仍然得到或者能夠得到充實。當然，這些意向本身作為具體的體驗是完全被規定了的；在它們所意指之物方面的「不確定性」顯然是一種從屬於意向特徵的描述特殊性，以至於我們完全可以像以前在類似情況中所做的那樣，悖謬地，但卻是正確地說：這種「不確定性」（也可以說，這是一種特性，即：要求得到一種補充，這種補充不是完全被確定的，而只是源自一個在規律被劃定了的領

A512
$B_2$40

12 參閱本書第二卷，第一部分，第五研究，第13節，第三七九頁[14]。

[14] 在A版中爲：第三五八頁。

域）就是這個意向的確定性。與這個意向相符合的不僅是可能充實的某個廣度，而且還有對每個源於此廣度之現時充實而言的一個在充實特徵上的共同之物。行為究竟是帶著確定的意向得到充實，還是帶著不確定的意向而得到充實；而在第二種情況下，這些意向究竟是否得到充實（它們的不確定性指明了可能充實的這個或那個方向）；這在現象學上是有所不同的。

在這裡所舉的例子中，我們同時還涉及**期待**與[15]**期待充實**之間的關係。但如果我們現在反過來將意向與其充實的關係解釋為期待關係，那顯然是不正確的。**意向**不是**期待**，意向的本質並不在於朝向一個未來的出現。如果我看見一個不完整的圖樣，例如：這塊被傢俱遮蓋了一部分的地毯的圖樣，那麼被看見的部分就可以說是帶有朝向補充的意向（可以說，我們**感受到**，線條和顏色形態在已見部分的「意義」上繼續延伸）；但我們並不期待什麼。如果【身體的】運動使我們能夠看得更多，那麼我們就能夠進行期待。但可能的期待或對可能期待的引發，它們本身並不是期待。

外感知為我們提供了無限多的這類事例。各個包含在感知之中的規定性指明了補充的、在新的可能感知本身之中顯現的規定性，而隨我們對對象的「經驗知識」的標準不同，這種指明或是以確定的方式，或是以程度上不確定的方式進行。更詳細的分析表明，每一個感知和每一個感知聯繫都是由一些成分構成的，這些成分可以被理解為意向與（現實的或

A513
B$_2$41

[15] 在A版中未加重點號。

可能的）充實這兩個視點；這種情況無疑也可以轉用於相似的想像行為一般、圖像性行為一般之上。在這裡，意向通常並不始終具有期待的特徵，它們在所有靜止的感知或圖像性【行為】的情況中都不具有這種特徵，只有當感知開始流動並且延展為一個由從屬於同一對象的感知雜多性[16]所組成的連續系列，它們才會獲得這種特徵。客觀地說，對象從各個方面展示著自身；從一方面看僅僅是圖像暗示的東西，在另一個方面卻得到了證實性的和完全充分的感知；或者，在那個方面只是由於相鄰界而間接地一同被意指的東西，只是被在先地暗示了的東西，在這個方面則至少成為圖像的暗示，它起先顯現為在角度上縮短了的、映射了的，然後才從一個新的方面顯現為「完全如其所是」。按照我們的觀點，每一個感知和想像都是一個由局部意向組成的交織物，這些局部意向融合為一個總體意向的統一。這個總體意向的相關項就是**事物**，而那些局部意向的相關項則是**事物的部分和因素**。只有這樣才能理解，意識如何能夠超出眞實被體驗的東西之外。可以說，意識能夠進行超出的意指（hinausmeinen），而意指可以得到充實。

[16] 在A版中爲：感知—雜多性。

第11節 [17] 失實與爭執。區分的綜合

在所有那些帶有意向與充實之差異的行為的較為寬泛領域中，與充實相毗鄰的是失實（Enttäuschung），它構成一個排斥著充實的對立。這裡大都還使用否定性的表達，例如：不充實的表達，這些否定性的表達所指的並不是充實的缺失，而是一個新的描述性事實，一個像充實一樣的特殊綜合形式。這一點是始終有效的，也就是說，它也適用於那些處在與直觀意向之關係中的較為狹窄的含義意向領域。認識的綜合是某個「一致」的意識。但與一致相符合的是作為相關可能性的「不一致」、「爭執」。直觀並不「附和」（stimmen）含義意向，它與含義意向「相爭執」。爭執在進行「分離」，但爭執的體驗卻在聯繫與統一之中進行設定，這是一個綜合的形式。如果以前的綜合是一種認同，那麼現在的綜合便是一種區分（可惜我們不具備另一個積極的名稱）。——這種「區分」不應被混同於那種與比較相對立的區分。「認同和區分」之間的對立與「比較和區分」之間的對立並不是一回事。此外，這裡存在著切近的現象學親緣關係，它可以解釋使用這些相同表達的原因，這一點也是顯而易見的。——在這裡所討論的「區分」中，失實行為的對象顯現為與意向行為的對象「不是「同一個」，而是「另一個」。但這些表達指明了一些比我們迄今所偏好的事例更為普遍

A514
$B_2$42

[17] 在A版中爲：第12節。

的領域。不僅符號意向，而且直觀意向都是以認同的方式而得以充實，以爭執的方式得以失實。在行為的總類之中包含著「同一個」和「另一個」（我們也可以說，這「是」和「不是」），我們很快就會對有關行為總類的自然劃界問題進行更仔細的考慮。[13]

誠然，這兩種綜合並不完全屬於同一個級別。每一個爭執都有所預設，即預設了由對爭執行為之對象的指向所給予意向一般的東西，而這個指向最終只能由充實綜合來提供給意向。爭執可以說是預設了某個一致的基礎。如果我說「A是紅的」，而它在「眞理」中[14]卻被確定為是「綠的」，因此在這個確定中，亦即在這個直觀的衡量中，紅的意向與綠的直觀發生爭執。但無可置疑的是，這種情況只有在符號行為與直觀行為中進行的對A之認同的基礎上才可能出現。只有這樣，意向才有可能達到直觀。總體意向朝向一個紅的存在著的A，而直觀卻顯示一個綠的存在的A。正是由於含義與直觀在對同一個A的指向上相合，在兩方面統一地一同被給予的意向因素才會發生爭執，被意指的紅（被意指的是A的

A515
$B_2$43

13 參閱本書第六研究第13節，第四十九頁以後[18]〔邊碼 B_2 49〕。

14 胡塞爾在這裡所用的原文是「in『Wahrheit』」，一般譯作「實際上」或「事實上」；但此處胡塞爾在「眞理」（Wahrheit）一詞上加有引號，別有含義，故如實譯出。——中譯注

[18] 在A版中爲：第五二一頁以後。

紅）並不附和（stimmt）被直觀的綠。透過同一性聯繫，這些沒有達到相合的因素才相互**符合**（entsprechen）；它們不是透過充實而「連結」，相反，它們毋寧說是透過爭執而「分離」，意向被指派到歸屬於它的直觀之物上，但卻被這個直觀之物所拒斥。

我們對含義意向以及與它們相背離的失實之特殊聯繫所做的闡述，顯然也對前面已暗示過的客體化意向之總類有效。據此我們可以一般地說，**一個意向之所以會以爭執的方式得以失實**，**只是因為它是一個更寬泛的意向的一個部分**，而**這個更寬泛意向的補充部分又得到了充實**。因此，在簡單的或個別化的行為那裡不可能談到爭執。

第12節[19]　總體的和局部的認同與區分作為謂語的和限定的表達形式的共同現象學基礎

至此為止所考察的意向（尤其是含義意向）與充實之間的關係是一種總體的**一致**關係。在其中包含著一個限制，它自發地產生於這樣一種狀況，即：我們為了盡可能簡單的緣故而從所有形式中抽象出來，尤其是從那個由「是」的語詞所宣示的形式中抽象出來，而且我們在表達與外直觀和內直觀的聯繫中僅僅顧及那些與被直觀之物像衣服一樣相適合的表達部

A516 $B_2$44

[19] 在A版中爲：第13節。

分。透過對那個與總體一致情況相對立的爭執可能性的引入——我們據此也可以（儘管不會完全避免誤解）將爭執標示為總體的爭執——，我們同時注意到了新的可能性，亦即注意到在意向與充實著或失實著意向的行為之間的局部一致和不一致的重要情況。

我們從一開始便以一般的方式來對這種關係進行更為切近的考察，以至於所有本質確定的有效性不僅可以自明於含義意向，而且可以自明於上面所表明的更為寬泛的意向範圍。

所有爭執都可以被回溯到這一點上，即：現有的失實意向是一個[20]全面的意向的一部分，這個全面意向部分地，即在那些補充的部分方面得到充實，並且同時在那前一個部分方面得到疏離（entfremdet）。在每一個爭執那裡也都在某種程度上存在著局部的一致和局部的爭執。除此之外，倘若我們看到了對象關係，那麼我們也就必定會看到這種可能性；因為，凡在談及相合的地方也就會自發地展示出排斥、包含和交錯的相關可能性。

如果我們先停留在爭執的情況中，那麼它會促使我們做如下補充考慮：

如果一個ϑ在一個ϑ'中失實，因為ϑ與其他充實著的意向η、ι……交織在一起，那麼這些意向η、ι……就無須與ϑ如此地相統一，以至於整體Θ（ϑ；η、ι……）可以具有一個自為確定的整體行為的特點，即一個「我們生活於其中」、我們「關注」其統一對象的行為之特點。在我們意識的意向體驗之交織中有許多對行為和行為複合進行突出篩選的可能

[20] 在A版中還有：更爲。

A517
$B_2$45

性，但它們一般都是未被現實化的。而當我們談到個別行為及其綜合時，我們所指的僅僅是這些被突出的統一性。只有當自為出現的僅僅是ϑ，而非Θ時，或者至少是當第一出現的是ϑ，而非Θ時，只有當一個被突出的爭執意識唯獨只在ϑ與ϑ'之間構成統一時，總體的和純粹的失實的情況才會發生；換言之，興趣特別地指向與ϑ和ϑ'相符合的客體之聯繫。就像一個綠意向在一個被直觀的紅中得以失實，而在此同時被注意的僅僅是綠和紅一樣。如果對紅的爭執直觀以某種方式得到表達，即透過一個在此直觀中得到充實的語詞意向，並且，如果失實本身同樣也得到表達，那麼我們大致就會這樣說：「這個［這個紅］不是綠的」。［顯而易見，這句話與原先我們所想的那句話是不一樣的，即：「綠的語詞意向在對紅的直觀中失實。」因為新的表達使那個我們在這裡所感興趣的行為關係得以對象化，並且在總體的充實中用其新意向來順從這個關係。］

但另一方面，一個Θ（ϑ；η、ι……）也有可能作為整體而進入綜合，而且是如此地進入，以至於它在這裡或者是與一個相關整體的Θ（ϑ'；η、ι……）發生特殊的聯繫，或者則僅僅是與這個整體的部分ϑ'發生特殊的聯繫。在前一種情況中，就交織的各個因素來看，一部分是相合（在η、ι……方面），一部分則是總體的爭執（ϑ—ϑ'）。整個綜合具有一個總體爭執的特徵，但它並非是純粹的爭執，而只是混合的爭執。在另一種情況中，單純的ϑ'作為相關行為而突出自身，有可能是透過這種方式，即：Θ（ϑ'；η、ι……）的統一溶解在混合的爭執之中；特殊的爭執綜合連結著作為成分的Θ（ϑ；η、ι……）和ϑ'；用適當的表達來說就是：「這個［這整個客體，這個紅的瓦屋頂］不是綠的。」我們可以將

A518
$B_2$46

這個重要的關係稱之為**析出**（Ausscheidung）。顯然，如果ϑ和ϑ'本身[21]是複合的，那麼這個關係的主要特徵便會繼續留存下來，以至於我們可以在**純粹的**和**混合的**析出之間繼續區分。混合的析出可以透過「這個【這個紅的瓦屋頂】不是綠的瓦屋頂」的例子而得到粗略的描繪。

現在我們再來考察**包容**（Inklusion）的情況。一個意向可以在這樣一個行為中得到充實：這個行為所包含的東西要比這個意向之充實所需要的更多，只要這個行為所表象的是一個一同包含著這個意向之對象的對象，無論是在通常意義上作為部分來包含，還是作為從屬於它的、明確地或隱含地一同被意指的因素來包含。不言而喻，我們還是要撇開這些行為不論，在這些行為中以對象背景的方式構造著一個更為寬泛的對象性，它們沒有統一的劃界，並且不會作為注意力的載者而受到偏好。無論如何，我們要再次回溯到總體相合的綜合上。即是說，例如：對一個紅的瓦屋頂的表象是被給予的，而在它之中，紅這個語詞的含義意向得到充實。紅這個語詞含義在這裡以與被直觀的紅相合的方式得到充實；但因此而進入到一種特殊綜合統一之中的則是對此紅的瓦屋頂的**總體直觀**，在其透過注意力的作用而突出於背景的統一中，帶著**紅的含義意向**：「【這個】是紅的。」我們在這裡談及「納入」（Einordnung）關係，這種納入與前面的析出相對立。納入顯然可以是一種純粹的納入。

[21] 在A版中還有：已經。

納入性綜合的行為，而且是作為將意指行為和充實行為合而為一的總體行為，它所具有的對象相關項是在相應對象的局部同一性關係之中。關於納入的說法便是對此的指明，納入就是在活動的形象中表達著對此關係的把握：部分被納入到整體之中。顯然，隨理解立場的不同（這當然也就指明了未被顧及的並在這個表達形式中一同被宣示出來的那些區別），這同一個客觀關係也可以透過下列表達而得到標示：「Θ^{g}具有ϑ^{g}」，或者說「ϑ^{g}附加給Θ^{g}」。「g」這個標記在這裡使人注意，出現在這個關係之中是被指示行為的意向對象；我們強調意向對象（intentionalen Gegenstände），即那些如此地在這些行為中被意指的對象。

不言自明，這裡所做的闡述可以轉用到析出的情況上，轉用到「不具有」、「不附加」的表達上。

在單純的「是」中始終包含著客觀同一性一般，在「不是」中則始終包含著不同一性（爭執）。這裡更特別地涉及在納入與析出之間的一個關係，對此需要有其他的表達方式，例如：形容詞的形式，它標示著被具有之物本身、附加之物本身，正如名詞的形式展示出具有者本身一樣，即展示出這個具有者所行使的構造一個認同之「主體」的作用。在定語的，或者更一般地說，在確定的表達形式中（完整的同一性也可以進行確定）隱含著在形容詞變化中的存在，只要它沒有在關係句中明確地和分別地得到表達，或者在相反的情況下沒有受到壓制（「這個哲學家蘇格拉底」）。那種對不–同一性的永遠間接的表達是否既在謂語和定語中，也在名詞的形式中（不–同一性、不–一致）表達著一個必然關係，即現時的「否定」與一個雖然不是現時的，但卻是變異的肯定的關係；這個問題會導向一些討論，在這裡我們先不進入這些討論。

A519
$B_2$47

因此，在通常的陳述中被表達的是同一性或不同一性，而且是在與「相應直觀」相聯繫的情況下，即是說，對同一性或不同一性的意向在已[22]進行了的認同或區分中得到充實。在前面的例子中，如果先前已經發生了單純的意向，那麼就可以說，「瓦屋頂確實是紅的」。謂語意向適合於（例如以「這個瓦屋頂」的方式而被表象和被直觀的）主語。在相反的情況中則要說：「『實際上』它不是紅的」；謂語不附加給主語。

但如果這個「是」的含義現在是根據一個現時的認同（它自身常常帶有充實的特徵）而得到充實，那麼同時也就很明顯，我們被帶出了至此為止一直關注著的，但並未明確意識到其界限的那個領域之外，即被帶出了那些確實能夠透過一致性直觀而得到充實的表達的領域之外。或者毋寧說，我們注意到，在通常的、我們自明地視作基礎的外「感性」或內「感性」意義上的直觀並不單單是一種作用，即可以對直觀的標題，對真正充實成就提出要求的作用。在第二篇中將會對在此出現的這個區別做出進一步的研究。

最後還要明確地說明一點：上面的闡述並不是一個完整的判斷分析，而只是這種分析的一個斷片。這裡還沒有顧及到綜合行為的質性、沒有顧及到在定語和謂語之間的區別等等。

A520
$B_2$48

[22] 在A版中還有：現時。

第二章　對客體化意向以及它們透過充實綜合的區別而形成本質變種的間接特徵描述

A521
$B_2$49

第13節 [1]認識的綜合作為對客體化行為而言具有特徵性的充實形式。將含義行為歸入客體化行為的屬

我們在前面[1]將含義意向歸入到確切詞義上的「意向」的更寬泛範圍之中。從可能性上看，與所有意向相符合的是充實（或者是它們的否定性對立面：失實），它們是一種特殊的過渡體驗，這些體驗本身也被描述為行為，而且可以說，它們使各個意指著的行為在一個相關的行為中達到其目的。只要後一種行為充實了意向，它就叫作充實行為，但只是借助於充實的綜合行為，即在充實活動意義上的充實的綜合行為，它才叫作充實行為。**這個過渡體驗並不始終具有同一個**特徵。在符號意向那裡，而且顯然也在直觀意向那裡，過渡體驗具有認識統一的特徵，就對象而言，這是一種認同的統一。但這並不適用於更為寬泛的意向一般之範圍。儘管我們可以在任何地方談及相合，而且甚至可以在任何地方發現認同，但這種認同

1 參閱本書第六研究第10節，第三十九頁[2]〔邊碼 A 511/B_2 39〕。〔原文誤作「第11節」，實為第一版（A版）的排序。但在第二版（B版）中則應改為「第10節」。胡塞爾在第二版中沒有與頁碼變動相應地做修改。全集本的編者也未留意這個錯誤。——中譯注〕

[1] 在A版中爲：第14節。

[2] 在A版中爲：第五一一頁。

常常只是借助於交織的行為而產生於這樣一些群組之中，這些群組允許認同的統一並且在這些關係上也為這種統一奠定基礎。

舉一個例子便可以立即說明這裡的事態。一個願望在一個行為中得到充實，這個行為包含著一個認同，並且將它作為一個必然的組成部分來包含。因為存在著這樣一個合規律性，即：願望的質性奠基於一個表象之中，亦即**奠基於**一個客體化行為之中，更進一步說，**奠基於**一個「單純的」表象之中；並且對此還存在著一個補充的合規律性，即：這個願望的充實也是被奠基的（fundiert），即奠基在一個行為之中，這個行為認同地包容著那個奠基性的（fundierend）表象：願望意向只有透過以下方式才能得到充實滿足，即：為它奠基的那個對被願望之物的單純表象轉變為共形的（konform）認之為真（Fürwahrhalten）。但這裡發生的並不僅僅是轉變，即不僅僅是這樣一個事實：想像被認之為真所取代；而是這兩者在認同的相合之特徵中合而為一。在這個綜合特徵中構造起那種「確確實實是如此」[即：就像我們先前所單純想像和願望的那樣]；當然，這並不排除這樣一種可能性，即：這個確實狀態只是一個被誤認的表象之物，尤其在大多數情況下只是一個不相即的（inadäquat）表象之物。如果願望奠基在一個純粹符號性的表象之中，那麼認同當然也就會具有那種更為特別的、透過一個共形的直觀行為來充實符號行為的相合特徵；我們在前面曾描述過這種相合。——對任何一種奠基於（作為客體化行為的）表象之中的意向顯然都可以做類似的闡述；同時，那些對充實而言有效的東西在經過必要的修正之後也可以適用於失實的情況。

A522
B$_2$50

在預先地說明這點之後，我們便可以明白：如果願望充實——仍以此為例——也奠基於一個認同之中，並且有可能奠基於一個直觀認識的行為之中，那麼這個行為不會窮盡願望充實，而恰恰只是為它奠基。特殊願望質性的自身滿足是一種特有的和異類的行為特徵。這僅僅是一種比喻，即使我們在情感意向的領域之外也喜歡談及滿足，甚至也已經談及充實。

因此，意向的特別特徵與充實相合的特別特徵相聯繫。不僅意向的每一個映射（Abschattung）都有一個相關充實的映射與之相符，並且同時有在映射綜合行為之充實活動意義上的映射與之相符；而本質不同的意向種類也有在上述雙重意義上的充實的貫穿性種類區別與之相符。顯然，在這兩個平行的行列中，這些從屬的成分始終從屬於一個行為種類。在願望意向和意願意向那裡的充實綜合肯定是相近的並且明確地有別於例如在含義意向中出現的充實綜合。另一方面，含義意向的充實與直觀行為的充實肯定具有同一個特徵，並且對於所有那些被我們理解為客體化行為的充實來說都是如此。對這個我們在這裡唯一感興趣的行為種類，我們可以說，它們的充實統一具有認同統一的特徵，並且有可能具有較為狹窄的認識統一的特徵，因此也就具有這樣一個行為的特徵，與此行為相符的是作為意向相關項的對象同一性。

我們在此必須關注以下幾點：前面已經證明，任何一個透過直觀意向而完成的對一個符號意向的充實都具有認同綜合的特徵。但是反過來卻並非在每一個認同綜合中都進行著一個恰恰是對含義意向的充實，以及恰恰是透過一致直觀的充實。還有，我們幾乎不會有這種趨向，即：每遇到一個認同都立即稱它為一個意向的充實，並且據此而將稱它為認識。當然，在最寬泛的意義上，一般所說的任何一個現時的認同都是一個認識。但我們明顯地感覺

A523
$B_2$51

到，在較為狹義上，這與對一個認識目的的逼近有關，而在最狹窄的認識批判的意義上，這還涉及對此認識目的的達到。將這種單純的感覺轉變為清楚的明察，並且準確地劃定這種逼近和達到的意義範圍，這便是我們將要承擔的任務。眼前我們只堅持一點：**認同統一的起源地**，因而同時也可以說，在較狹窄和最狹窄意義上的**所有認識統一的起源地，都是在客體化行為的領域之中**。

充實所具有的特殊性可以幫助我們對它所屬的行為的統一種類進行特徵描述。據此我們恰恰可以將客體化行為**定義**為這樣一類行為：它們的充實綜合具有認同的特徵，而它們的失實綜合因此也就具有區分的特徵；或者也可以定義為這樣一類行為：它們在現象學上可以作為一個可能的認同綜合或區分的成分來起作用；或者，如果我們在這裡預先提及一個還須得到闡述的合規律性，那麼我們最後還可以將它們定義為這樣一類行為：它們可以具有一個可能的認識作用，無論是作為意指的行為，還是作為充實的行為或失實的行為。**而後，認同和區分的綜合行為本身便從屬於這類行為**；它們本身或者只是意**指**地把握到了同一性或非同一性，或者**眞**的是對此或對彼的相應把握。每一個意指都可以在一個（確切意義上的）認識中得到「證實」或「反駁」；在前一種情況中同一性或不同一性被眞實地把握到，也可以說，「被相即地感知到」。

剛才所做的分析只是大致，尚未完成，但它們已經導向一個結論：**含義意向的行為與含義充實的行為一樣**，「思維」的行為與直觀的行為一樣，**它們都屬於一個單獨的行為種類，即客體化的行為種類**。由此便可以確定，**其他種類的行為永遠不可能以意義給予的方式發**

A524
B$_2$52

揮作用，而且它們只能透過以下方式「得到表達」，即：附著在語詞上的符號意向借助於這樣一些感知或想像而獲得其充實，這些感知或想像朝向作為**對象**的有待表達的行為。即是說，在行為具有含義作用並在這個意義上得到表達的情況下，與某些對象的符號聯繫或直觀聯繫在這些行為中構造起自身，而在其他情況下，**行為只是單純的對象**，這當然是就其他那些在這裡作為本真含義的載者起作用的行為而言。

但在我們對此事態進行更準確的闡釋之前，尤其在是對那些貌似合理的對立論據進行反駁之前，[2]我們必須進一步研究，並且是在客體化領域中更為仔細地研究充實的奇特事實。

第14節 [3]透過充實的特性區分符號意向與直觀意向；對這種區分的現象學的特徵描述

(a) 符號、圖像與自身展示

在前一項考察的範圍內，我們明顯地注意到，與意向的屬特徵密切相關的是充實綜合的

A525
$B_2$53

2 參閱此項研究的結尾篇。

[3] 在A版中爲：第15節。

屬特徵，而且這種關係是如此密切，以至於客體化行為的種類恰恰可以透過充實綜合的這個已被預設為已知的屬特徵而得到定義，即透過一個認同的充實綜合的屬特徵而得到定義。在對這個思想的進一步考慮中引發出一個問題：在客體化這個種類之內的那些本質種類區分不也可以透過從屬的充實本質的區別而得到規定嗎？透過一個基本的劃分，客體化的意向分成符號意向和直觀意向。讓我們來試著考慮這兩種行為的區別。

由於我們的出發點是表達性的行為，所以我們曾將符號意向理解為符號行為（Signifikation），理解為表達的含義。如果我們暫且擱置這樣一個問題：這些作為意義給予行為而起作用的行為是否也可以在含義作用之外出現，那麼，符號意向總是具有一個直觀的支點，即在表達的感性之物上的支點，但它們並不因此而具有一個直觀的內容；它們只是在某種方式上與直觀行為合而為一，但從種類上卻完全有別於直觀行為。

如果我們將符號與圖像相比較，那麼表達意向相對於純粹直觀意向而具有的易於理解的區別便會表露出來。

符號在內容上大都與被標示之物無關，它既可以標示與它異類的東西，也可以標示與它同類的東西。相反，圖像則透過相似性而與實事相聯繫，如果缺乏相似性，那麼也就談不上圖像。符號作為客體是在顯現的行為中對我們構造起來的。這個行為還不是標示性行為，根據我們前面所做的分析，這裡還需要一個新的意向連結、一個新的立義方式，由此而被意指的不再是直觀顯現之物，而是一個新的東西，即被標示的客體。同樣，圖像，例如一個大理石的胸像，也是一個與任何其他東西一樣的事物；只是新的立義方式才使它成為圖像，現在

$B_2$54
A526

顯現的不再是一個大理石的事物，而是在這個顯現的基礎上同時有一個人物圖像地被意指。

這兩方面相互依附的意向並不是外部地附著在顯現內涵上，而是如此本質地奠基於顯現內涵之中，以至於意向的特徵透過這個顯現內涵而得到規定。如果人們以為，整個區別就在於，同一個意向這一次是連結在一個與被意指客體相似的客體之顯現上，另一次則連結在一個與它不相似的客體之顯現上，那麼這將會是一個對事態的不正確的描述性理解。因為，符號也可以與被標示之物相似，甚至完全相似。但符號表象並不會因此而成為圖像表象。我們會毫不猶豫地將符號A的攝影圖片理解為這個符號的圖像。但如果我們將這個符號A作為符號運用在符號A上，就像當我們寫下「A是一個羅馬字元」時一樣，那麼即使存在著圖像的相似性，我們也不會將A理解為圖像，而是將它理解為符號。

因此，顯現之物與被意指之物之間的相似性之客觀事實並不規定著任何區別。但它對圖像表象並不是無關緊要的。這一點表現在可能的充實中；而在這裡讓「客觀的」相似性來吸引我們的也只是對此可能性的回憶而已。圖像表象顯然具有一種特殊性，即：每當它的充實得以可能，它的顯現為「圖像」的對象便透過相似性而被認同為在充實行為中被給予的對象。我們將此稱作圖像表象的特殊性，這也就是說，在這裡，相似之物透過相似之物而得到的充實，將充實綜合的特徵內在地規定為一個想像的充實綜合的特徵。如果從另一方面看，由於在符號和被標示之物之間存在的偶然相似性，一個對其雙方面相似性的認識得以形成，那麼這個認識便不屬於符號意向的充實——姑且不論這一點，即：這個認識絕不是那種特殊的認同意識，它以圖像和實事的方式使相似之物與相似之物達到聯繫的相合。毋寧說，一個**符號**意向的特殊本質就在於，在它那裡，意指行為的顯現對象和充實行為的顯現對象（例如在兩者現實統一之中的名稱與被指稱之物）**相互間**「**沒有關係**」。據此便很明顯，正如在描述上不同的充實方式建基在意向的不同描述特徵之中一樣，事實上這些充實方式反過來也使人們注意到這個特徵的不同，並且能夠對這個特徵做出定義性的規定。

我們至此為止只是考慮了符號意向和想像意向的區別。如果我們越過在更為寬泛的想像行為範圍內較不重要的區別不論（我們在前面就沒有去涉及想象表象，而是偏好透過物理圖像產生的表象），那麼存留下來的還有**感知**。

相對於**想像**，我們根據通常的表達來這樣描述**感知**的特徵，即：在感知中，對象是「自身」顯現出來，而不只是「在圖像中」顯現出來。在這個描述中我們立即可以認識到**認識綜合**的特徵上的差異性。想像是透過圖像相似性的特有綜合而得到充實，感知是透過**實事的同一性**[4]**綜合**而得到充實，實事透過「自身」得到證實，因為它從各個方面展示自身，但在此同時卻始終是同一個實事。

$B_2$56
A528

[4] 在A版中加有重點號。

(b) 對象的感知性映射與想像性映射

但我們必須注意下列區別：由於感知宣稱給予我們對象「自身」，因此它實際上也就宣稱自己不再是單純的意向，而毋寧說是一個能夠為其他行為提供充實，但自身不再需要充實的行為。這在大多數情況中，例如：在所有「外」感知的情況中都是僞稱。對象並沒有眞的被給予，即它沒有完完整整地作為它本身所是而被給予。它只是「從正面」顯現出來，只是「以透視地被縮減和被映射的方式」以及諸如此類的顯現出來。它的某些規定性至少是以一種為後一類表達提供例證的方式，在感知的核心內涵中被圖像化，而另一些規定性則根本都不具有這種在感知中的圖像形式；看不見的背面、內部等組成部分雖然以或多或少確定的方式一同被意指，它們透過第一性的顯現之物而象徵地被暗示，但它們本身根本不屬於感知的直觀（感知或想像）內涵。與此相關的是對同一個對象之無限多的、內容上不同的感知的可能性。如果感知完全像它所僞稱的那樣是對象的眞實的和眞正的自身展示，那麼，由於對象的特殊本質在這個自身展示中得以窮盡，因而對每一個對象就只會有唯一的一個感知。

但另一方面必須注意，在其自在狀態中的對象——與這裡唯一相關的和可理解的意義上的自在，即感知意向之充實將會實現的那個意義——並不完全不同於那個被感知現實化了的、儘管是以不完善的方式現實化了的對象。可以說，這就包含在對象的感知、包含在對象的自身顯現的本己意義之中。現在我們回到現象學之物上：儘管普通的感知是由多重的意向所構成，即一部分是由合乎感知的意向，一部分則僅僅是由想像的，甚至符號的意向所構

B$_2$57
A529

成，它作為**總體的**行為所把握的仍然是對象本身，即使是以映射的方式。如果我們設想，一個感知被置入與這樣一個相即的（adäquat）感知的充實聯繫之中，這個相即感知是在理想嚴格的和最本眞的意義上給予我們**對象本身**，那麼我們便可以說，這個感知如此地意指著對象，以至於這個理想的充實綜合具有**局部**相合的特徵，即意指行為的純粹感知內涵與充實行為的純粹感知內涵局部相合，同時這種充實綜合還具有完全相合的特徵，即兩方面的完整感知意向的完全相合。在外[5]感知中的「純粹感知性」內涵就是在將所有單純想像性、象徵性的組元抽象出去之後剩餘給我們的東西；因而它是直接從屬於它的純粹感知立義中的「被感覺的」（empfundene）內容，這種立義將此內容的所有部分和因素都評價為與感知對象的與自身映射[6]相應的部分和因素，並且因此而賦予這整個內容以「感知圖像」、對象的**感知性**映射的特徵。在相即感知的理想極限情況中，被感覺的或自身展示的內容與被感知的對象完全一致。——這種共同的並且從屬於所有感知之意義的與自在對象本身的聯繫以及與相即性理想的聯繫，也在那些從屬於這個對象的雜多感知之現象學相屬性中宣示出來。在一個感知中，對象在這個面顯現，而在另一個感知中，它又從另一個面顯現，它時而近、時而遠地顯現，如此等等。在每一個感知中雖然情況各異卻始終是同一個對象「在此」，在每一個

$B_2$58
A530

[5] 在A版中爲：普通。
[6] 在A版中爲：自身展示。

感知中根據我們所熟悉的並且在此感知中當下擁有的這個對象的總體歷程而被意指的都是這個對象。在現象學上與它相應的是連續的充實流或認同流，這種流動以「從屬於同一個對象的」各個感知不斷相互銜接的方式進行。其中的每一個單個感知都是一個充實和不充實意向的混合體。在此對象上，與充實意向相一致的是在這個單個感知中作為關於此對象的或多或少完善的映射而被給予的東西，與不充實意向相一致的是關於這個對象的尚未被給予的東西，亦即在新的感知中將會成為現時的和充實的體現的東西。而所有這些充實綜合都透過一個共同的特徵而得到突出的標示，即：將一個對象的自身顯現認同為同一個對象的自身顯現。

很明顯，類似的區別也對想像表象有效。想像表象也是時而從這個面、時而又從那個面來映射（abbilden）同一個對象；與雜多感知之綜合相符合是雜多想像的類似綜合；在那些雜多感知中，同一個對象始終是自身得到展示，而在這些雜多想像中，同一個對象則是圖像地得到展示。在這裡，與對象的變化的感知映射相符合的是類似的想像映射，而在完整的映射理想中，映射與完整的圖像完全一致。如果想像行為時而在想像關係中、時而透過相應的感知而得到充實，那麼在充實綜合特徵中的區別便是明確無疑的：從圖像到圖像的過渡之特徵不同於從圖像到實事本身的過渡之特徵。

這些分析有益於我們的進一步研究，並且會持續到下一章，從這些分析中我們可以得知感知與想像的相屬性以及它們與符號意向的共同對立。我們始終將被意指的——被標示的、被映射的、被感知的——對象區別於一個在顯現中現時地被給予的、但未被意指的內

B$_2$59
A531

容：一方面是對象的符號內容，另一方面是對象的想像性和感知性映射。但是，符號與被標示之物「相互間沒有關係」，而在那些無論是想像的還是感知的映射與實事本身之間則存在著內部的、包容在這些語詞意義中的相屬性。而這些關係以現象學的方式在構造性意向的區別中得到證明，並且同樣也在充實綜合的區別中得到證明。

不言而喻，這個展示並不會妨礙我們將**每一個**充實都解釋為一種認同。意向處處都與為它提供**充盈**（Fülle）的行為達到相合，就是說，在意向中被意指的[7]對象與在充實行為中被意指的對象是同一個。但我們的比較並不關係到這些被意指的對象，而是關係到處在與這些被意指對象之關係中的符號和映射，或者說，關係到在現象學上與這些關係相符合的東西。

在這幾節中，我們的興趣首先在於充實綜合的特殊性；透過這些特殊性，直觀行為與符號行為獲得了一個僅只是**間接**的特徵描述。只是在此項研究的進一步進程中——在第16節中——，我們才能根據對那些自為的、在不顧及可能充實的情況下受到考察的意向的分析而提供一個**直接的**特徵描述。

[7] 在A版中加有重點號。

第15節 [8]含義作用之外的符號意向

在以上的考察中，我們將某些直觀行為的組元作為符號意向來使用。但在至此為止的整個研究系列中，我們始終將符號行為視為是意指的行為、視為是表達中的意義給予要素。符號行為與符號意向對於我們來說是同義的語詞。因此，現在應當思考一個問題：一些行為通常只是在意指的作用之中為我們所發現，那麼這些行為或本質同類的行為難道就不能在這種作用之外、在擺脫所有表達的情況下出現嗎？

某些無語詞認識的情況已經表明，對此問題的回答應當是肯定的。這些無語詞認識的情況完全具有動詞認識（verbalen Erkennens）的特徵，而與此同時，語詞在其意義—符號內容方面還根本未被現時化。例如：在語詞還沒有立即出現或根本不出現的情況下，我們將一個對象認識為古代羅馬的路標，將它的溝紋認識為已風蝕的碑文；我們將一個工具認識為螺旋鑽，但我們根本想不起這個語詞，如此等等。從發生上而言，透過當下的直觀而在心境方面（dispositionell）引起一個朝向這個意指性表達的聯想；但這個表達的單純含義組元已經被現時化，它們如今在相反的方向上回射到引發性的直觀之中，並且是帶著已充實的意向特徵流渡到直觀之中。這些無語詞認識的情況因而無非就是含義意向的充實，只是這裡的含義

A532
$B_2$60

[8] 在A版中爲：第15節a。

意向在現象學上已經擺脫了其他從屬於它們的符號內容。對通常的科學思考之聯繫的反思也提供了這類例子。在這裡可以注意到，向前湧進著的思想序列有相當大的一部分並不侷限在那些從屬於它們的語詞上，而是透過直觀圖像的流動或透過它們本己的聯想交結而被引發。

與此相關的還有，**表達性**的言說（Sprechen）已經遠遠地超出了那些為了認識性表達的眞實合適性之目的而必須直觀被給予的東西。任何人都不會懷疑，這一點也某種程度導致了下列情況的產生，即：語詞圖像特別容易透過被給予的直觀而被再造，然後它們所引來的是象徵性的思想，但卻不是與這些思想相符合的直觀。但反過來也需要注意：對語詞圖像的再造常常是相當落後地跟隨在那些被各直觀引發的思想序列後面。無數不相即的表達以某種方式得以成立，它們並不以素樸的方式符合於現時存在的第一性直觀，以及眞實地建立在這些直觀上的綜合構形，而是遠遠地超越出如此被給予的東西。有許多奇特的行為混合產生出來。眞正被認識的對象僅僅是那些在現時的直觀基礎上被給予的對象；但由於意向的統一伸展得很遠，因此對象似乎也被認為是在總體意向中被意指的對象。**認識特徵在某種程度上伸展開來**，所以，好比我們將一個人當成是皇帝的副官、將一個筆跡當成是歌德的筆跡、將一個數學表達認作是卡爾達諾[3]公式，如此等等。認識活動在這裡當然可以不用在感知中的被

A533
$B_2$61

3 卡爾達諾（Geronimo Cardano，一五〇一－一五七六），義大利自然哲學家和數學家，主要影響在代數研究和醫學研究領域中。——中譯注

給予之物來測量自己，而是至多存在著與直觀過程相匹配的可能性，但這些直觀過程本身卻根本不需要被現時化。以此方式，那些在完整的現時直觀基礎上完全不可能，而且由於自身設定了不相容之物而先天不可能的認識和認識序列，在局部直觀的基礎上卻是可能的。**虛假的**，**甚至悖謬的認識**存在著，而且還大量地存在著。但「實際上」它們並不是認識——即不是有邏輯價值的、完善的認識，不是確切意義上的認識。但這樣我們便預先接觸到了以後要做的一些考慮。因為這裡所涉及的認識階段序列以及那些為它們劃界的理想還沒有得到澄清。

我們至此為止所涉及的是那些時而在含義作用內、時而在含義作用外出現的符號意向。但是，無數的符號意向與表達沒有任何聯繫，無論是固定的聯繫，還是臨時的聯繫，而它們根據其本質特徵卻與含義意向同屬於一個種類。我在這裡提醒大家注意一個曲調或一個為我們所熟悉的其他事件的感知過程或想像過程，並且注意在這裡出現的（確定的或不確定的）意向或充實。同樣也要提醒大家注意那些處在其現象共存之中的各個事物的經驗秩序與連結，而且同時指明為這些在此秩序中顯現的事物，首先是為在每一個個別的事物性統一中的各個部分提供了恰恰在**這個**秩序和形式中的**共屬統一**特徵的東西。透過相似性而進行的代現與認識只能使圖像與實事得以統一並因此而使這兩者顯現為共屬的，但它們卻不能使**那些不僅在相鄰性中一同被給予**，**而且也顯現為共屬的東西**做到這一點。即使在相鄰性代現的實現過程中首先出現的是圖像，它們事先想像出符號性的被代現者，並且在充實時在實事之中證實自身，但相鄰性的被代現者與由此而被代現之物之間的統一並不能透過圖像關係而被給予（因為這個關係在這兩者之間不起作用），而只能透過符號代現的絕對特別關係而被給予，符號代現在這裡是作為透過相鄰性而進行的代現。

A534
B$_2$62

據此，我們在不相即的感知和想像中將會完全正確地看到由原始意向構成的複合，在這些意向中除了感知因素和想像因素之外還可以發現符號意向的因素。我們完全可以做出以下判斷：客體化行為的所有現象學區別都可以被回歸到建構著它們的基本意向和充實之上，這些意向和充實是透過充實綜合而得以統一的。而在意向方面的唯一最終區別便是在符號意向和想像意向之間的區別，前者是透過相鄰性而形成的意向，後者是由相似性而引發的意向。在充實方面作為組元發揮作用的一部分又是這種或那種意向；但在一定情況下（如在感知的情況中）也可以是那些不再被說成是意向的意向，即那些只是充實著，但卻不再要求充實的組元，那些在最嚴格詞義上為它們所意指的客體的**自身**展示。而後，透過基本行為的特徵，規定著複合行為之同類統一的充實綜合的特徵也就得到規定，與此同時，借助於注意力的偏好力量，這個或那個基本行為的特徵又轉移到總體行為的統一之上：整個行為或是想像行為，或是符號行為，或是感知行為（絕然感知）；而只要兩個這樣的統一行為發生聯繫，一致和爭執的關係便會產生，它們的特徵是透過奠基性的總體行為，但最終是透過它們的基本因素而得到規定的。

這些關係在下一章中應當受到進一步的探討，這種探討僅限於：在現象學上確定這些關係，並因此而在認識批判上評價這些關係。我們在那裡將純粹地堅持那些在現象學上被給予的統一，堅持它們自身所承載的並在充實中所宣示的意義。這樣我們便可以避免誘惑，不會踏上假設性構想的歧途，認識澄清根本無須承載對這類構想之懷疑的重負。 A535 B$_2$63

第三章　認識階段的現象學

A536
$B_2$64

第16節　單純的認同與充實

當我們從一個感知的語言表達出發來描述含義意向與充實直觀的關係時，我們說，直觀行為的意向本質符合於或從屬於符號行為的含義本質。這一點顯然也適用於任何一個總體認同的情況，它將質性上相同的行為綜合在一起，即：將設定行為與設定行為綜合在一起，或將不設定行為與不設定行為綜合在一起；而在質性（Qualität）不同的情況下，認同便僅僅建立在兩方面行為的質料（Materien）之基礎上。在經過適當修改後，這一點也對局部認同的情況有效，以至於我們可以說，質料是一個在各個被綜合行為的行為特徵中對於認同來說（當然而後也是對於區分來說）本質上需要受到考察的因素。

就認同情況而言，質料是綜合的特殊載者，但它自身並不被認同。因為關於認同的說法就其意義而言是與那些透過質料而被表象的客體相關的。另一方面，質料本身在認同行為中達到相合。每一個例子都表明，儘管已預設質性的相同性，但這兩方面行為的完整相同性卻並沒有被達到；這乃是因為意向本質並沒有窮盡整個行為。在除去意向本質之後，剩餘下來的東西將會在對認識階段現象學的仔細透澈研究中——這就是我們的下一步任務——表明自身是極為重要的。在這裡，下面這點從一開始便很明顯：如果認識可以在質料相同的情況下劃分出不同的完善性階段，那麼完善性的區別便與質料無關，即是說，質料並不規定認識相對於任何一個隨意的認同而所具有的特殊本質。我們在前面已經注意到這個在單純認同與充實之間的區別，進一步的研究將與我們對此區別的考慮相聯接。

A537
$B_2$65

我們曾經[1]將充實等同於（狹義上的）認識，並且暗示：這只是對某些認同形式的標示，即對那些可以使我們更接近認識目標的認同形式的標示。我們可以嘗試對上面這句話的含義做如下的澄清：在每一個充實中都進行著一個或多或少完善的直觀化（Veranschaulichung）。充實，也就是說，那個在充實綜合中順應性的、為意向提供其「充盈」的行為，將那些雖然為意向所意指，但卻以或多或少非本眞的或不合適的方式而表象出來的東西直接地、或者至少是比意向更直接地放置在我們面前。在充實中我們可以說是經歷到一個「這就是它自身」。我們當然不能在嚴格的意義上理解這個「自身」：就好像必定有一個感知使這個客體本身成為對我們而言的現時現象當下一樣。在認識的進步中、在階段性的上升過程中，我們可能不得不從具有較少認識充盈的行為向具有較多認識充盈的行為邁進，而且最終要向不斷需要充實的各個感知邁進；但每一個階段，亦即每一個個別的、已經自為地被描述為充實的認同，並不會因此而必定包含著一個作為充實行為的感知。無論如何，關於「或多或少直接地」和「自身」的相對說法已經在一定程度上暗示了主要問題：充

1　本書第六研究第13節，第四十九頁[1]。

[1]　在A版中爲：第五二三頁。

實綜合表明了被連結的成分的不等值性[2]，即：充實行為具有單純意向所缺乏的優先，這個優先在於，充實行為賦予單純意向以「自身」的充盈，它將後者至少是「更直接地」帶到實事本身那裡。而這個「直接」和「自身」的相對性又再指明，充實關係自身具有一種上升關係的特徵。據此，這個優先有可能在一連串的這種相關關係中逐步上升；但每一個這樣的上升序列都指明了一個理想的界限，或者已經在它的終極成員那裡實現了這個理想界限，它為所有上升設定了一個不可逾越的目標：絕對認識的目標、認識客體的相即自身展示的目標。

這樣，在較為寬泛的認同類型以內的充實之突出特徵便得到了闡述，至少是以暫時的暗示方式[2]進行的闡述。因為並不是在每一個認同中都發生著這樣一種向認識目標的逼近，因此很有可能存在著無目標地向著無限邁進的認同。例如：有無數多的算術表達具有同一個數值2，所以我們在這裡可以將一個認同與另一個認同相接直至無限。與此相同，同一個實事可以有無限多的圖像，這樣，又有無限多的、不追求任何認識目標的認同鏈得以可能。與此相同，對同一個實事可以有無限雜多的可能感知。

$B_2$66
A538

2 參閱本書第六研究第24節，第八十四頁以後[3]的更深入分析。

[2] 在A版中未加重點號。

[3] 在A版中爲：第五五六頁以後。

如果我們在這些直觀事例上關注構造性的基本意向，那麼我們當然可以發現，在認同之整體中大都被織入了眞正充實的因素。例如：我們可以將一些並不具有完全相同的直觀內涵的圖像表象融為一體，由此而形成的新圖像會使某些以往只是映射給我們，甚至只是象徵地暗示給我們的東西更清楚地表象給我們，而且有可能會以「完全如其所是」的方式將它們置於我們眼前。倘若我們在想象中設想一個在做全面旋轉和翻轉的對象，那麼這個圖像序列會始終透過在局部意向方面的充實綜合而得到連結；但各個新的圖像表象作為整體並不是對前面一個圖像表象的充實，而總體的表象序列並不帶有向一個目標的持續逼近。同樣的情況也表現在從屬於同一個外部事物的感知之雜多性上。得與失恰恰在每一步上都保持著平衡，新的行為在某些規定性方面獲得更加豐富的充盈，但它卻必須為此而在其他規定性方面損失充盈。對此我們可以說，想像或感知序列的**總體綜合**[4]與這樣一個序列中的單個行為相比展現了在認識充盈上的一種增長，單面展示的不完善性在全面的展示中得到相對的克服。我們只是說「**相對的**克服」：因為在這樣一個綜合的雜多性中，全面展示並不是如相即性理想所要求的那樣進行的，即作為純粹的自身展示，並且不附帶相似化和象徵化地一舉（in einem Schlage）進行的，而是分片地進行的，並且始終帶有這種附加的陰影。直觀充實序列的另一個例子表現在這樣一個過渡中，即從一個粗糙的輪廓勾畫過渡到一個較為細緻的鉛筆素

A539
B$_2$67

[4] 在A版中未加重點號。

描，再由這個素描過渡到一個完成的圖像，最後從這個圖像過渡到一張生動的繪畫，而對象在這裡始終是並且顯然是同一個。

產生於單純想像領域之中的同類例子同時向我們表明，充實的特徵並不預設那個被視為是同屬於邏輯認識概念的東西，即那個既為意指行為所具有，也為充實行為所具有的設定質性。我們所說的認識，主要是指：一個在普遍的信仰意義上的意指得到加強或得到證實。

第17節　關於充實與直觀化的關係問題

現在將要探問：各個不同屬的客體化行為——符號行為與直觀行為以及在後一個標題下所包含的感知行為與想像行為——在認識中發揮著什麼樣的作用。直觀行為在這裡顯得受到偏好，而且是如此地受到偏好，以至於人們首先會趨向於將所有充實（就像剛才已經順帶發生過的一樣）都標示為直觀化，或者將它們的效用描述為在直觀充盈中的單純上升，只要這裡從一開始所涉及的就是直觀的意向。意向與充實的關係無疑為思想（較為狹窄的理解：概念）與一致性直觀這對概念的構成奠定了基礎。但我們不應忽略，一個僅僅根據此關係而確定的直觀概念絕不與直觀行為的概念相一致，儘管後者借助於那種所謂包含在所有充實的意義之中的對直觀的趨向而與前者緊密相關，甚至預設了前者。人們在這裡也可以說，「弄清楚」一個思想，這首先意味著：為這個思想的內容提供合乎認識的充盈。但一個符號表象也可以在某種程度上做到這一點。當然，倘若我們所要求的是那種可以達到明見的明晰性，即

A540
$B_2$68

由「實事本身」顯示給我們並因此而使其可能性和眞理性得以認識的那種明晰性，那麼我們便要依據在我們的直觀行為意義上的那種直觀。正因為如此，在認識批判聯繫中關於明晰性的說法必定具有這個較為狹窄的意義，它指的是向充實直觀的回溯，從對其實事本身的直觀向概念與命題之「起源」的回溯。

現在需要用仔細的案例分析來驗證和繼續剛才所做的暗示。這些案例分析將會幫助我們揭示充實與直觀化之間的關係，以及精確地表達直觀在**每一個**充實中所產生的作用。本眞的與非本眞的直觀化（或充實）的區別將會得到清楚的劃分，與此同時，單純認同與充實的區別也會獲得最終的澄清。由於直觀的效用可以規定為：在本眞的充實中，在「充盈」的標題下，它確實為意指行為帶來了某些新的東西，因此我們注意到在行為的現象學內容中的一個迄今為止尚未被強調的、對認識來說基本性的方面：「充盈」表明自己是一個直觀行為所具有的相對於質性和質料而言新的、以補充的方式特別從屬於質料的因素。

第18節　間接充實的階段序列。間接表象

任何一個在一個定義鏈中自身展開的數學概念的構成都向我們表明**充實鏈**的可能性，**這些充實鏈乃是由諸多符號意向一個環節接著一個環節地構造而成**。我們透過向定義表象的回溯來澄清 $(5^3)^4$ 這個概念：「一個當 $5^3 \cdot 5^3 \cdot 5^3 \cdot 5^3$ 的積被得出時便會形成的數」。如果我們想再澄清後一個表象，那麼我們就必須回溯到 5^3 的意義上，亦即回溯到 $5 \cdot 5 \cdot 5$ 上。要

A541
$B_2$69

想再進一步回溯，我們便必須透過定義鏈5＝4＋1，4＝3＋1，3＝2＋1，2＝1＋1來澄清5。但是，在邁出每一步之後，我們都必須對那個最後構成的複合表達或思想進行替代，而如果這個思想是可以一再被制作的（就其**自在**狀態而言它肯定是這樣的，儘管如此，就其**為我**狀態而言它又肯定不是這樣的），那麼我們最終就會達到一個充分闡明的個位數的和，這個和便叫作：$(5^3)^4$的數「本身」。顯然，充實的行為不只是與最終結果相符合，而且也已經與每一個單獨的步驟相符合，這個步驟是指從對這個數的一個表達向另一個表達的過渡，後面的表達是對前面表達的澄清，並且在內容上豐實著（bereichern）前一個表達。此外，每一個簡單的十位數也以此方式是對一個可能的充實鏈的指明，而這個充實鏈的環節數也就是它的單位數減一，這樣，由無限多環節所組成的這一類鏈便是先天可能的。

人們常常有這樣的說法，即：在數學領域中，素樸的語詞含義與複合的定義表達之內容是同一的。若眞如此，那麼在這裡實際上就談不上充實鏈了；我們就只是徘徊於那種同語反復式的純同一性中了。然而，只要看到那些透過替代而產生的思想構成的複雜性，只要在那些它們得以實施的最簡單的情況中，將它們與原初被體驗的含義意向相比較，人們便不會認眞地以為，在這些含義中從一開始便已經包含著所有那些複雜性。明晰無疑的是，這裡的確存在著意向的區別，無論人們如何進一步描述這些區別，它們都透過總體的認同的充實關係而相互連結在一起。

上面討論的那些例子，或者說，那一類符號表象具有一個值得注意的特殊性：在它們之中，表象的**內容**——更清楚地說：質料——**先天地描畫出一個確定的充實階段行程**。這裡

A542
$B_2$70

所間接進行的充實永遠不可能同時直接地進行。在每一類符號意向中都**續接地**包含著一個**確定的**充實（或者說，一個確定的充實組），而在這個充實中又續接地包含著一個確定的充實，如此等等。這種特殊性也可以在某些直觀意向那裡找到。當我們**透過一個圖像的圖像來表象**一個實事時便是如此。表象的質料也在這裡規定著第一個充實，它會將第一性的圖像「本身」置於我們眼前。但在這個圖像中包含著一個新的意向，它的充實會將我們引向實事本身。顯然，我們可以這樣來描述所有這些間接的、或符號或直觀的表象所具有的共同特徵，即：它們不是以素樸的方式來表象對象，而是透過那些相互疊加的較低和較高階段的表象來表象對象；或者我們可以更確切地說，它們將它們的對象「**作為**」**其他表象的對象**來表象，**或者作為與其他被表象的對象相聯繫的**來表象。就像它們可以在與其他任意對象之相互關係中被表象一樣，它們同樣也可以在與其他表象的關係中得到表象；而後，**這些**表象便是在關係表象中**被表象的表象**；它們從屬於它們的**意向客體**，不從屬於它們的組成部分。

在一同顧及到剛才所描述的那一類情況時，我們談及**間接的**（或相互疊加的）意向或充實，亦即談及**間接表象**。這裡有效的是這樣一個定理：**每一個間接的意向都要求有一個間接的充實**，不言而喻，這個充實會在完成了一組有限數量的步驟之後結束於一個直接的直觀之中。

$B_2$71
A543

第19節　對間接表象與表象的表象之區分

這種間接的表象必須區別於表象的表象，也就是那些單以其他表象作為其對象的表象。儘管被表象的表象一般說來本身又是意向，即是說，它們本身可以得到充實，但被給予的、表象著的表象之本性在這裡絕不會要求一種透過被表象之表象的充實而完成的間接充實。表象之表象[5]的意向 $V_1(V_2)$ 朝向 V_2。因此，這個意向在 V_2「本身」出現時便被充實並且是全然地被充實；它並不會由於例如 V_2 意向的充實而自身豐實起來，不會因為它的對象在圖像中或在相對較豐富的圖像中甚至在感知中顯現而自身豐實起來。因為 V_1 所意指的並不是這個對象，而全然是它的表象 V_2。不言自明，在更為複雜的交織意向那裡，例如以 $V_1[V_2(V_3)]$ 這個符號以及其他等等標準，情況也不會有任何變化。

例如：「符號表象」這個思想在對一個符號表象的直觀中得到充實，例如：在對「整體」的符號表象中（倘若我們願意，也可以是在對「符號表象」本身的表象中）。這些情況不應被誤解，就好像符號表象「整體」本身在這裡要求具有直觀的特徵一樣，就好像直觀與符號行為（含義意向）的概念在這裡相互滲透一樣。並非「整體」這個符號表象，而是對這個表象的內感知才是對「符號表象」這個思想的充實直觀；這個表象並不作為充實直觀，而是作

A544
$B_2$72

[5] 在A版中「表象之表象」爲複數（Vorstellungsvorstellungen），在B版中改作單數（Vorstellungsvorstellung）。

為充實直觀的對象在發揮作用。就像對一個顏色的思維在對這個顏色的直觀行為中得到充實一樣，對一個思維的思維也是在一個對此思維的直觀行為中得到充實，亦即在一個對思維的相即感知中得到最終充實的直觀。[3]當然，在這裡與在其他地方一樣，單單一個體驗的存在還不是直觀，尤其還不是對此體驗的感知。需要注意，在我們所說的思想或意向與充實的直觀對立中的直觀絕不能被理解成單純的外直觀、對外部的、物理的對象性的感知或想像。「內」感知或圖像性也可以作為充實直觀起作用，從上面所討論的例子上便可以看出這一點，而且就表象的本質而言這一點也是不言而喻的。

第20節　每一個充實之中[6]的眞正直觀化。本眞的與非本眞的直觀化

在我們充分地強調和澄清了間接表象與表象之表象的區別之後，現在也可以來看一看另一方面它們所具有的共同之處。根據上面的分析，每一個間接的表象都包含著表象之表

A545
$B_2$73

3 在《胡塞爾全集》第十九卷，第二部分中，此段文字中間漏一逗號。這裡根據《邏輯研究》一九二二年第三版改正之。——中譯注

[6] 在A版中以及在B版的目錄中未加重點號。

象，因為間接表象將它的對象意指為某些在它之中被表象的表象之對象。例如：如果我們將1000表象為10^3，也就是表象為一個數，這個數被描述為表象的對象，即在對這個被指示的乘方的實施中將會產生的那個表象之對象。由此而可以得出，真正的直觀化在間接意向的每一個充實那裡、在這個充實的每一步上都發揮著本質性的作用。將一個對象描述為一個被表象的表象（或一個與如此定義的對象具有一定聯繫的對象）之對象，這種描述在充實中預設了表象之表象的充實，而這些被織入的直觀充實首先賦予整個認同以一種充實的特徵。「充盈」的逐步增長無非就在於：所有表象之表象，無論是從一開始便被織入的、還是新進入到充實之中的表象之表象，它們都透過對各個被表象的表象之現實化「構造」以及對這些現實化了的表象的直觀而得到逐漸的充實，以至於這個主宰的總體意向連同其各個意向的相疊和相容、連同一個直接的意向，最後顯現為是得到認同的。而且這個認同在這裡作為整體也具有充實的特徵。但我們必須將這種充實看作是非本真的直觀化；因為我們有理由將本真的直觀化理解為這樣一種充實：它並不是以隨意的方式弄來充盈（Fülle），而是僅僅以這樣一種方式，即：它為那個被總體表象所表象的對象提供充盈的增長，即是說，將這一對象以更多的充盈表象出來。但這從根本上就意味著：一個單純的符號意向根本不具有充盈，毋寧說，所有的充盈都在於對那些對象本身所具有的規定性的現時當下化（Vergegenwärtigung）。

我們很快就會對這後一個特徵做出進一步的探究。在這裡我們仍然繼續我們的闡述：剛才所說的在本真的和非本真的直觀化之間的區別也可以被標示為在本真的和非本真的充實之

A546
$B_2$74

間的區別，只要這個意向在朝向它的對象，只要它可以說是在欲求地趨向這個對象，而確切意義上的充實現在可以被視為是對此的表達，即：至少在對象的充盈方面有某些東西被帶到意向這裡。在這裡我們必須堅持這一點：在認同綜合範圍內的非本眞的充實與本眞充實是透過一個共同的現象學特徵（更寬泛意義上的充實）而得到突出標示的，並且這裡可以得出一個特有的定理：所有非本眞的充實都蘊含著本眞的充實，因而非本眞充實所具有的充實特徵要「歸功於」本眞的充實。

為了更仔細地描述在本眞與非本眞直觀化之間的區別，同時也為了解決這樣一類例子，即非本眞直觀化從外表上看是以一種更為眞實的方式出現這樣一類例子，我們還要進行如下的闡述。

當一個符號意向的充實在直觀基礎上進行時，這兩方面行為的質料並不像前面所預設的那樣始終處在相合關係中，以至於這個直觀顯現的對象本身是作為在含義中被意指的對象而處於此。但只有當這種情況出現時，我們才能在眞實的意義上談論直觀化，只有這時，思想才以感知的方式被實現，以想像的方式被闡釋。另一種情況則在於，充實的直觀使一個具有間接被代現者特徵的對象得以顯現；例如：在指稱一個地理名稱時出現對一張地圖的想象表象，並且這個想象與此名稱的含義意向融為一體；或者一個關於街道、河床、山脈的主張透過一張擺在面前的地圖的那些載錄而得到證實。在這裡，直觀根本不能在眞實的意義上被標示為充實的直觀，它的本己質料根本沒有活動起來；現實的充實基礎並不處在直觀之中，而是處在一個與它交織的而且顯然是符號性的意向之中。顯現的對象在這裡是作為被意指和被

A547
$B_2$75

指稱的對象的間接被代現者發揮作用，這在現象學上也就意味著，這個構造著對象的直觀是一個新的意向的載者，它做出超越這個顯現的對象之外的指明，並且恰恰因此而將這個對象描述為一個符號。在顯現者與被意指者之間有可能存在著相似性，這種相似性在這裡並不能被規定為是一種素樸的圖像表象，而是一種建立在圖像表象之上的符號表象。地圖上所描畫的英國的輪廓可以反映這個國家本身的形式；但在談及英國時出現的那個對地圖的想象表象並不以圖像的方式意指英國本身，也不是間接地、以透過此地圖而被反映之物的方式意指英國本身；相反，這個想象表象對英國的意指是以單純符號的方式進行，借助於聯想的外部聯繫，這種聯想將我們所具有的對此國家與人的所有知識都與此地圖的圖像連結在一起。因此，由於稱謂的意向是在這個想象表象的基礎上得到充實，所以不是後一個被想像的客體（地圖），而是透過此客體才被代現的那個客體才應當被看作是與那個用名稱所指之物相同一的東西。

第21節　表象的「充盈」

但現在有必要更切近地觀看直觀意向的成效。我們已經將間接意向的充實回溯到直接意向的充實上，並且我們也已經得出，整個間接過程的最終結果是一個直接的意向，在此之後，我們現在所感興趣的是關於直接意向的直觀充實的問題以及關於在這裡發揮作用的充實關係和充實規律。即是說，我們要討論這些問題，我們需要注意，在下面的研究中，在意向

A548 $B_2$76

本質方面唯有質料對於須被確定的關係來說是決定性的。質性（設定和「單純」表象）可以被隨意假設。

我們以這樣一個命題為始：

在每一個直觀意向中——在觀念可能性的意義上說——都包含著一個在質料方面完全適合於直觀意向的符號意向。這個認同的統一必然具有充實統一的特徵，在這個充實統一中，具有充實成分之特徵並且而後也具有最本真意義上的**給予**充盈的成分之特徵的是直觀的成分，而不是符號的成分。

後面這句話的意義可以換一種方式來表達，我們可以說，符號意向自身是「空乏的」，並且是「**需要**充盈的」。在從一個符號意向到相應直觀的過渡中，我們不僅僅體驗到一種單純的上升，就像在從一個蒼白的圖像或一個單純的草圖向一個完全活生生的繪畫的過渡中所體驗到的那樣。毋寧說，符號意向自為地缺乏任何充盈，只是直觀表象才將符號意向帶向充盈並且透過認同而帶入充盈。符號意向只是指向對象，直觀意向則將對象在確切的意義上表象出來，它帶來對象本身之充盈方面的東西。儘管圖像在想像情況中落後於對象，它在某些規定性上卻與對象相一致；而且還不止於此，它與對象「相似」，映像著（abbilden）對象，因此，對象「確實是表象性的」。但符號意向並不透過相似性來表象，它「實際上」根本不是「表象」，對象沒有任何東西在它之中得以活躍起來。因此，作為理想的完備充盈是對象本身的充盈，它是構造它的那些規定性之總和。但**表象的**充盈則是從屬於它本身的那些規定性之總和，借助於這些規定性，它將它的對象以類比的方式當下化，或者將它作為

A549
$B_2$77

自身被給予的來把握。因而這種充盈是各個表象所具有的與質性和質料相並列的一個特徵因素；當然，它在直觀表象那裡是一個實證的組成部分，而在符號表象那裡則是一個缺失。表象愈是「清楚」，它的「活力」愈強，它所達到的圖像性階段愈高；這個表象的充盈也就愈豐富。據此，充盈的理想可以在一個完整無缺地包含著對象及其現象學內容的表象中達到。如果我們將那些個體化的規定性也算作對象的充盈，那麼能夠達到充盈之理想的肯定不會是想像，而毋寧說只有感知。但如果我們撇開這些個體化的規定性不論，那麼這個充盈之理想也一定可以被視為是對想像而言的理想。

因此，我們應當回溯到被表象對象的各個標記上：這些標記愈是參與類比的代現——而對於每一個個別標記來說：表象在代現這個標記連同其特有內容時所帶有的相似性愈是上升——，表象的充盈也就愈大。誠然，就像在任何表象中一樣，在圖像表象中，它的對象的每一個標記也以某種方式一同被意指；但並非每一個標記都相似地被代現，並非在每一個標記中都包含著在表象的現象學內容中的一個特有的、一個可以說是與它進行類比的（將它圖像化的）因素。這些相互密切融合的因素被視為是純粹直觀的（這裡是純粹想像的）立義基礎，正是這些基礎才賦予這些立義以相應對象因素的被代現者的特徵，而這些相互密切交融的因素之總和便構成了想像表象的充盈。在感知表象那裡，情況也與此相同。在這裡，除了想像代現之外，感知體現、自身把握、對象因素的自身展示也受到考察。我們可以用感知表象的各個因素（無論是以感知方式，還是以想像方式發揮作用的因素）之總和來界定感知表象的充盈。

第22節　充盈與「直觀內涵」

更確切地看，充盈概念還帶有一個雙重的含義。對上面所標示的那些因素，我們可以根據其特有的內容組成來觀看它們，即抽象於純粹想像和感知的作用，正是這些作用才賦予想像和感知以圖像性或自身映射的價值以及它們對充實作用而言的價值。另一方面，人們可以在其立義「之中[7]」來考察這些因素，即是說，不是僅僅考察這些因素，而是考察完整的圖像或自身映射；也就是說，在排除意向質性的情況下考察完整的直觀行為，這些行為由於對象地闡釋著這些因素，因而同時也就將這些因素包含在自身之中。我們將這些「直觀的」行為僅僅理解為已有直觀的組成部分，即理解為在直觀中的這樣一些東西，它們使那些先前已得到進一步標示的因素獲得了與那些與它們**相符合的並且透過它們而被展示**的對象規定性的聯繫；這樣，（撇開質性不論）我們便將一些**此外**還糾纏進來的符號聯繫排除在外，這些聯繫是指例如與此對象所具有的進一步的、**不會得到本眞展示**的各個部分或方面的聯繫。

顯然，正是這些純粹[8]直觀的組成部分才賦予行為整體以感知和圖像表象的特徵，並且它們在充實序列的聯繫中是作為給予著充盈和提升著或豐實著已有充盈的組成部分起作

A550
$B_2$78

[7] 在A版中加有重點號。
[8] 在A版中加有重點號。

用。為了不再遭遇關於充盈之說法的雙重含義，我們將引入區分性的術語：

我們所理解的「**展示性的內容**」或「**直觀代現的內容**」是指直觀行為所具有的這樣一 A551 $B_2$79
些內容，它們借助於純粹想像的或感知的立義（它們就是這些立義的載者）而清楚地指明與它們特定相應的對象內容，並以想像映射或感知映射的方式展示這些內容。但我們排除那些以此方式描述著這些內容的行為因素[9]。由於想像的特徵就在於類比的映像，在於一種較為狹窄意義上的「再現」（Re-präsentation），而感知的特徵卻也可以被標示為體現（Präsentation），因此，對於在不同情況中的展示內容，我們也就有不同的名稱：「**類比的**」或「**映像的**」和「**體現的**」或「**自身展示的**」。「**想像映射的**」內容和「**感知映射的**」內容這兩個表達也相當具有標示性。外感知的展示性內容定義了通常的、狹窄的意義上的「**感覺**」概念。外想像的展示性內容則是「**感性的想像材料**」（Phantasma）。

我們將那些處在從屬於它們的立義之中並帶有這些立義的展示內容或直觀代現內容稱作「**行為的直觀內涵**」，並且仍然將行為的質性（無論是設定的還是不設定的）當作對所有在此關涉到的區分來說無關緊要的東西而忽略不計。此外，根據以上所述，在直觀內涵中不包括行為的所有符號組元。

[9] 在A版中加有重點號。

第23節　在同一個行為的直觀內涵與符號內涵之間的比重關係。純粹直觀行為與純粹符號行為。感知內容與圖像內容，純粹感知與純粹想像。充盈的程度劃分

為了完全澄清剛才所界定的那些概念，並且為了更容易界定一系列新的、植根於同一基礎上的概念，我們進行以下的考慮：

在一個直觀的表象中，一個對象以想像或感知的方式被意指；它在其中或多或少完善地「顯現出來」。對象，亦即作為在此地此時（hic et nunc）被意指的對象，它的每一個部分，甚至每一個規定性都必然有行為的某些因素或塊片（Stücke）與之相符合。意指未涉及的東西對於表象來說也就不存在。一般來說，我們可以發現有下列現象學區分的可能性被給予：

一、行為的「**純粹直觀內涵**」，在行為中與客體的「顯現著的」規定性之總和相符合。

二、行為的「**符號內涵**」，與其他的、雖然一同被意指，但本身未被顯現的規定性相符合。

故而我們所有人都在進行著區分，而且是以純粹現象學的方式進行著區分，即在對一個事物感知的直觀或對一個圖像的直觀中進行區分：那些在其中從客體那裡真實顯現出來的東西，客體對我們所展現的那個單純的「面」，以及那些缺乏展示的、被其他現象客體所遮掩的東西，如此等等。顯然，在這些話語的意義中就包含著那些可以為現象學分析在一定範圍

A552
$B_2$80

內更可靠地加以證實的東西，即：**未**—被展示之物也在直觀表象中被意指，因而必定有某個符號組元的方面的內涵被歸諸於直觀表象。如果我們想要純粹地[10]獲得**直觀**內容，我們就必須從這個未—被展示之物那裡抽象出來。直觀內容為展示性內容提供了與相應對象因素的聯繫，只是透過相鄰性才會有新的、據此也是間接的符號類意向與直觀內容相連結。

如果我們現在用直觀的或符號的內容的「**分量**」來定義直觀地或符號地被表象的對象因素之總和，那麼在每一個表象中這兩種分量就相互補充為一個總體分量的統一，亦即相互補充為對象規定性的總體總和。因此，在任何時候都有效的是這樣一個等式：

$$i + s = 1。$$

i和s的分量顯然可以發生多重變更：同一個對象，在意向上的同一個對象可以帶有不同的、時少時多的規定性而成為直觀性的；符號內容也與此相應地發生變化，它增長著或減少著。

現在便在觀念上產生出兩個極限情況的可能性：

$$i = 0 \quad s = 1，$$

$$i = 1 \quad s = 0。$$

A553
$B_2$81

[10] 在A版中加有重點號。

在第一種情況中，表象只[11]有一個符號內容；從它的意向對象那裡沒有留存任何使它在其內容上得以展示的規定性。因此，那些尤其被我們看作是純粹含義意向的純粹符號表象在這裡顯現為是直觀表象的極限情況。

在第二種情況中，表象根本不含有符號內容。它的一切都是充盈；它的對象的每一個部分、每一個面、每一個規定性都直觀地被展示，都不僅僅是間接地一同被意指。不僅所有被展示的東西都已被意指（這是一個分析命題），而且所有被意指的東西都得到了展示。我們將這個對我們來說還是新的表象定義為「純粹直觀表象」。此外，我們也在一種無害的雙重意義上使用這個概念：時而用它來指整個行為，時而則抽象於質性。我們可以有所區別地談論「質性化了的」和「未質性化了的」純粹直觀；在所有相近的行為那裡都是如此。

但現在我們可以在每一個表象中從符號組元中抽象出來，只要我們局限在那些在其代現性內容中確實得到代現的東西之上。因此我們可以構建這樣一個帶有被還原對象的「被還原」表象，以至於這個表象在與這個對象的聯繫中就是純粹直觀。據此我們也可以說，一個表象的直觀內涵就包含著那些在此表象上是純粹直觀的東西，正如我們在對象方面也可以談及它的純粹直觀的內容，即在這個表象中被純粹直觀到的內容。這一點也可以轉用於表象的符號內涵，我們可以將它標示為這樣一種東西，即在此表象上是純粹符號的東西。

[11] 在A版中加有重點號。

現在，各個整體的直觀行為或是擁有感知的特徵，或是擁有圖像表象的特徵。直觀內涵於是便特別叫作「知覺（perzeptiv）內涵」或「感知內涵[12]」，或者說，「想像（imaginativ）內容」或「圖像內容」。它們不應被混同於在已定義的意義上[4]的感知展示著和想像展示著的內容[13]。

感知內容所包含的是體現內容，儘管它通常並不僅僅包含這種內容；圖像內容則只是包含類比化的內容。對後一種內容有時也可以進行另一種立義，它們在這種立義中可以作為體現性內容起作用，例如在物理圖像的情況中；但這並不會改變上面的事實。

借助於感知的直觀內容所包容並且通常所表明的感知組元與想像組元之混合，我們又可以考慮進行一個劃分，亦即將感知內容劃分為「純粹的感知內容」和補充的圖像內容。

在任何一個純粹直觀中情況也一樣。[14]如果 w_r 和 b_r 是純粹直觀的純粹感知的或想像的 A554 $B_2$82

4 參閱本書第七十九頁〔邊碼 A 551/B_2 79〕。

[12] 在A版中爲：內容。

[13] 在A版中爲：在前面已定義的意義上的想像展示著的、映像著的內容。

[14] 在A版中缺句號。

組元，那麼我們便可以列出這樣一個符號等式：

$$w_r + b_r = 1$$

在這裡，1象徵著純粹直觀的直觀總體內容之分量，亦即它的對象的總體內容。如果 $b_r = 0$，即純粹直觀擺脫了所有圖像內涵，那麼它便叫作「純粹感知」，或者毋寧說，「純粹知覺」[5]；因為我們這裡始終不會去顧及在感知這個術語的意義中通常一併含有的作為設定性的質性特徵。如果反過來 $w_r = 0$，那麼直觀便是純粹的圖像表象（「純粹想像」）。純粹感知的「純粹性」因而不僅關係到符號性的，而且也關係到想像的附元。透過排除象徵性組元來限制一個非純粹的感知，這種限制提供了寓居於這個感知之中的純粹直觀，而更進一步的還原，即對所有圖像之物的排除，才提供了在純粹感知上的內涵。

---

5 「知覺」是對「Perzeption」的特別中譯。它在胡塞爾那裡是「感知」（Wahrnehmung）的同義語，因而在本書的其他各處並不做區分。從這裡的文字可以看出，胡塞爾在理論上偏向於使用「知覺」概念，這是因為，源於德文本身的「感知」一詞中習慣性地帶有「真—」（wahr）的詞根，「Wahrnehmung」在德文中的基本含義因而是「認之為真」，也就是說，它帶有質性特徵或存在設定的特徵，而「知覺」這個源於拉丁文的術語則擺脫了這個習慣。但胡塞爾在現象學研究的實踐中仍然以「感知」概念的使用為主，只是在使用形容詞時才採用「perzeptiv」的概念。——中譯注

難道在純粹感知中的展示內容與對象並不是同一的嗎？純粹體現的本質不正是在於：它是對象的純粹自身展示，也就是說，它將展示的內容直接（以「自身」的方式）意指為它的對象。但這是一個錯誤的結論。感知作為體現是這樣來把握展示的內容，以至於對象帶著這些內容並且在這些內容中作為自身被給予的顯現出來。只有當對象的每一個部分都在內容中得到確實的體現，沒有一個部分是被想像的或被象徵的時，體現才是**純粹**的。就像在對象中沒有什麼東西不是被體現的一樣，在內容中也沒有什麼不是體現著的。儘管有這種嚴謹的一致性，自身展示仍然可能具有一種單純的，甚至是全面的映射（一個完整的「感知圖像」）之特徵：自身展示並不必定會切近相即性的理想，在這種理想那裡，展示的內容同時也就是被展示的內容。純粹的圖像表象借助於它純粹於所有符號附元的純粹性而將其對象完全地圖像化，這種圖像表象在其展示性內容中具有一個與對象完全相似的東西。這個相似物可以或遠或近地接近對象，直至與對象完全相同。區別僅僅在於，想像將內容立義為[15]相似物、立義為[16]圖像，而感知則將內容立義為對象的自身顯現。據此，不僅純粹想像，而且純粹感知都在堅持其意向對象的同時而帶有充盈方面的區別。 A555 $B_2$83

[15] 在A版中加有重點號。

[16] 在A版中加有重點號。

在**直觀內容的充盈程度**方面（代現內容的充盈程度實際上是與之相平行的）我們可以做如下區分：

一、**充盈的範圍或財富**，它隨對象內容之展示的或大或小的**完善性**而有所變換。

二、充盈的**生動性**，它是指接近的程度，即展示與對象的相應內容因素的原始相似性接近程度。

三、充盈的**實在內涵**，即充盈在體現性內容上的或多或少。

在所有這些關係中的理想是相即感知，它具有最大限度的範圍、生動性和實在性，並且恰恰是作為完整無缺之客體的自身把握。

A556
B$_2$84

第24節　充實的上升序列

我們將「**充盈**」的說法與「充實」狀況相聯繫，即與認同綜合這種特殊形式的狀況相聯繫。但在後面的這一確定中，我們不僅解釋了充盈的概念，而且也解釋了充盈的或多或少的完整性、生動性、實在性的區別，並且因此也解釋了對圖像性和映射的各個階段劃分，這種解釋是透過表象之內部因素的相互關係以及它們與被意指的對象因素的關係而進行的。但有一點是明見無疑的，由**充實綜合所構成的可能上升序列**與這些關係相符合。

根據一個充盈一般的第一朝向（Zuwendung），充實在「一致性」直觀對一個符號意向的認同適合中調整自己。直觀行為「給予」那個在相合關係中的符號行為以其充盈。在這裡，上升意識建立在充盈與符號意向之相關部分的局部相合之中，而上升意識的任何一部分都不可能被歸屬於這兩方面意向所具有的彼此符合的空乏部分之認同的相合[17]。

而後，充實的連續上升繼續在直觀行為或充實序列的連續性中進行，這些直觀行為以愈來愈擴展和上升的圖像性來表象著對象。如果說，B_2是一個比B_1「更完善的」圖像，那麼這就意味著，在從屬的圖像表象之綜合聯繫中進行著充實，並且在B_2的各個方面進行著上升。與在其他地方一樣，在上升中也包含著間距，並且包含著在關係鏈中的「穿越性」。因此，如果$B_2 > B_1$並且$B_3 > B_2$，那麼$B_3 > B_1$，而這後一個間距要比那些為它提供中介的間距更大。至少是當我們分別考慮充盈的三個不同因素，即範圍、生動性和實在時，情況是如此。

分析表明，與這些上升和上升序列相符合的是充盈的展示性內容方面的相似性和相似性序列。誠然，各個被代現者的相似性並不能簡單地被視為是上升，相似性的鏈也不能簡單地被視為是上升序列；只要我們是根據它們的本己內容組成並且在抽象於它們在所屬行為中之代現作用的情況下來考察這些「充盈」。只是因為這種作用，即由於這樣一個事實：在充實序列的順序中以及在行為之間完成的上升順序中，每一個後面的充盈行為會顯得更為豐富，只是因此，行為的代現性內容才獲得一個上升的順序；行為本身並不只是顯現為給予著充盈，而是有步驟地顯現為給予著愈來愈豐富的充盈。如果將這些組成部分標示為充盈，那

A557
$B_2$85

[17] B版的附加。

麼這種標示恰恰是一種相對的、作用性的標示，它表達著一種特徵，這種特徵是透過行為以及透過這個行為在可能的充實綜合中所具有的作用而逐漸為內容所獲得的。這裡的情況與「對象」之標示的情況相似。是對象（Gegenstand zu sein），這並不是一個實證的標記，不是一個內容的實證種類，它僅僅標示著一個作為表象的意向相關項的內容。除此之外，充實關係和上升關係顯然建立在行為**純粹按其種類組成**[18]而具有的現象學內涵之中。這裡所涉及的完全是觀念的、為有關種類所[19]規定了的關係。

但在直觀行為的綜合中，充盈的上升並不會始終發生；因為我們在前面已經談到過，有可能是局部的充實和局部的脫實（Entfüllung）並肩進行。我們可以說，**對單純認同和充實**的區分最終將回溯到這一點上，即：在單純的認同那裡，或是根本沒有發生眞實意義上的充實，因為這裡所涉及的是一些完全不帶有充盈的行為之同一性綜合[20]；或是雖然有充實或充盈的豐實（Bereicherung）發生，但同時也發生著脫空（Entleerung），發生著已有充盈的棄置，以至於沒有突出的和純粹的上升意識得以形成。無論如何，原始的、與要素意向有關的狀況是：一個空乏的，即純粹符號性的想像意向的充實，以及一個已經在某種程度上充實了的想像意向的可以說是增實（Zufüllung），也就是說，一個想像意向的上升和實現。

A558
$B_2$86

[18] 在A版中加有重點號。
[19] 在A版中還有：明確。
[20] 在A版中爲：同一性命題。

第25節　充盈與意向質料

我們現在要來思考在充盈標題下所包含的表象內容的新概念與質料意義上的內容之關係，後者在至此為止的研究中起著極為重要的作用。我們在前面將質料看作是客體化行為中的一個因素，是它在決定著行為所表象的就恰恰是**這個**對象，並且恰恰是以**這種方式**表象，即在這種分類和形式中，帶著特殊的、恰恰與這些規定性或狀況的聯繫來表象對象。具有一致質料的各個表象不僅表象著同一個對象，而且它們**也完全就將它意指「為」同一個對象，即意指為完全相同地被規定的**對象。另一個表象沒有在其意向中賦予此對象的東西，這個表象也不會賦予給它。每一個客體化的分類和形式的一方面都有一個分類和形式的另一方面與之相應，以至於相互一致的各個表象因素都客觀地意指著同一個東西。在這個意義上，我們曾在本書第五研究[6]中對質料與含義本質的概念解釋說：「如果關於一個被判斷的實事狀態的一切在這一個判斷看來都是有效的，並且這一切對另一個判斷來說也必然

A559
B₂87

6 參閱本書第二卷，第一部分，第五研究，第四一九頁。[21]

[21] 在A版中爲：第三九三頁。

有效，那麼這兩個判斷在本質上便是同一個判斷〔即同一質料的判斷〕。它們的眞理值是同一的。」[7]它們恰恰在對象方面意指著同一個東西，即便它們在其他方面可能有相當大的差異；例如：這個判斷可以僅僅符號性地被進行，而另一個判斷則為或多或少的直觀所示明。

在這個概念構成方面，原初為我提供方向的是在對同一個表達的陳述和理解中的同一之物，在進行這種陳述和理解時，一個人可以「相信」陳述內容，另一個人則可以將它「擱置起來」，而這個同一性卻並不會受到影響；此外，表達是否在與一致性直觀的相適合中進行，並且是否可能如此進行，這是無關緊要的。因此，人們甚至趨向於（而我自己在這一點上也動搖了許久），將含義就直截了當地定義為這個「質料」；但這種做法的不妥之處在於，例如在謂語陳述中排除了對含義的現時主張因素。〔無論如何，人們必須首先進行這種對含義概念的限制，然後才能區分質性化的和非質性化的含義。〕我們透過對在靜態和動態相合統一中的含義意向及其相關直觀的比較而得出了一個結論，這個被限定為含義質料的同一物又可以在一致性直觀中出現並且提供認同，這樣，在僅只涉及各個表達的同一含義性時，究竟是獲取還是放棄直觀的因素乃至整個一致性直觀，對此的選擇自由之基礎就在於：附加在語音上的總體行為在直觀方面所具有的質料與在含義方面所具有的質料是同一個；即按照所有那些能夠得到直觀化的含義部分。

7 胡塞爾在這裡的自引文與本書第二卷，第一部分，第五研究，A 393/B_1 419 上的原文略有出入。——中譯注

據此便很明顯，質料概念是透過總體認同的統一而得到定義的，而且是被定義為在行為中的那些作為認同基礎而產生作用的東西，因此，在此概念構成中的那些超越出單純認同之外、規定著充實和充實上升之特性的雜多充盈之區別便不會被顧及到。無論一個表象的充盈在它的可能充實序列中如何變更，它的意向對象，即那個被意指的並且如此被意指的對象卻始終是同一個；換言之，它的質料始終是同一個。但另一方面，質料與充盈並非沒有聯繫；每當我們將一個純粹符號的行為與一個給它帶來充盈的直觀行為相並列時，直觀行為與符號行為的區別例如並不在於，在共同的質性和質料旁又排列了作為一個有別於前兩者的第三因素的充盈。如果我們將充盈理解為直觀的直觀內容，那麼情況至少是如此。因為直觀內容本身已經包容著一個完整的質料，這是就那個被還原到純粹直觀上的行為而言。如果這個在先被給予的直觀行為從一開始就是純粹直觀的行為，那麼它的質料同時就是它的直觀內容的一個組成部分。 A560 B₂88

我們可以透過對符號行為與直觀行為的對照，來以下列方式最恰當地把握這裡存在的關係：

如果純粹符號的行為[22]真的能夠自為存在，即能夠自為地構成一個具體的體驗統一，那麼它將是作為質性與質料的單純複合體而存在。但它不能自為存在；我們始終發現它是一個

[22] 在A版中未加重點號。

奠基性直觀的附加。誠然，這種對符號的直觀與符號行為的對象「無關」，也就是說，它並不與這個行為發生充實聯繫；但它具體地實現了這個行為的可能性，即一個完全未充實行為的可能性。因此，下面的命題似乎是有效的：一個符號行為之所以可能，乃是因為一個直觀帶有一個新的意向本質，直觀對象因此而以一個符號的方式（無論是以一個固定的符號，還是以一個暫時自身展顯的符號的方式）而進行著超越自身的指明。更仔細地看，這個命題似乎[23]並沒有以必要的分析清晰性來表達這裡存在的必然性聯繫，並且它所聲言的[24]要比它所能論證的更多。我們似乎可以說，為符號行為提供根本依據的並不是**作為整體的**奠基性直觀，而只是它的**代現性內容**。因為，超越出這個內容並且將符號規定為自然客體[25]的東西可以**隨意變更**，而它的符號作用卻不會因此而受影響。例如：一個語詞符號的字母是否由木、鐵、印刷油墨等等所組成，或者說，它是否客觀地顯現為相同的東西，這是無關緊要的。重要的只是那些能被一再認出的構型，但也不是作為木質事物的客觀構型以及其他等等，而是作為那個確實存在於直觀的展示性感性內容之中的構型。即使只是在符號行為與直觀的展示內容之間存在著聯繫，即是說，即使這個直觀的質性和質料對於符號作用來說毫無

A561
$B_2$89

[23] B版的附加。
[24] 在A版中還有：甚至。
[25] 在A版中爲：對象。

意義，我們仍然不能說，每一個符號行為都需要有一個奠基性的直觀，而是只能說，它需要一個奠基性的內容。看起來，任何一個隨意的內容[26]都可以作為這樣一種奠基性內容起作用，就像任何一個內容[27]都可以作為一個直觀的展示性內容而起作用一樣。

如果我們現在考慮相似的情況，即考慮**純粹直觀**行為的情況，那麼它的質性與質料（它的意向本質）也是自為不可分的；在這裡也需要一個必然的補充。此補充是由代現性內容提供的，在這裡所面臨的與一個意向本質的聯繫中，這個內容（在感性直觀的情況下是感性的內容）接受了一個直觀被代現者的特徵。如果我們注意到，同一個（例如感性的）內容這一次可以作為一個符號行為的載者，另一次可以作為一個直觀行為的載者起作用（指向著的—映像著的），那麼我們就很容易對代現性內容的概念進行擴展並且對「**符號代現性的內容**」與「**直觀代現性的內容**」（或簡稱為：符號被代現者與直觀被代現者）做出區分。

但這個劃分是不完整的。我們至此為止僅僅顧及了純粹直觀的行為和純粹符號的行為。如果我們現在也引入通常被一同包含在直觀標題下的**混合**行為，那麼這種行為的特性就可以被標示為：它具有這樣一個代現性的內容，就被表象的對象性的一個部分而言，這個內容是作為映像的或自身展示的被代現者發揮作用，而就那個補充部分而言，它是作為單純的指向（Hindeutung）在發揮作用。因此，除了純粹符號的被代現者與純粹直觀的被代現者以外，

A562
$B_2$90

[26] 在A版中爲：任何一個隨意的體驗。

[27] 在A版中爲：體驗。

我們還要算上混合的被代現者，它們同時進行符號的和直觀的代現，並且是在與同一個意向本質的聯繫中進行代現。我們現在可以說：

每一個具體完整的客體化行為都具有三個組元：質性、質料和代現性內容。這個內容或是純粹作為符號性的被代現者發揮作用、或是純粹作為直觀性的被代現者發揮作用、或是同時作為這兩者發揮作用，隨這個內容所發揮的作用不同，行為或是一個純粹符號性的行為、或是一個純粹直觀性的行為、或是一個混合性的行為。

第26節　續論：代現或立義。質料作為立義意義、立義形式和被立義的內容。對直觀立義與符號立義的區分性特徵描述

現在我們要問，應當如何理解這種「發揮作用」，因為先天就存在著這樣的可能性：同一個內容與同一個質性和質料以三重的方式發揮作用。很明顯，唯有現象學的統一形式特性才為這個在現象學上可發現的區別提供了內容。但這個形式所連結的僅僅是質料與被代現者。代現性的作用並不會因質性的變換而受影響。例如：無論我們將一個想象顯現視為是對一個現實客體的當下化，還是視為單純的想像，這都不會改變它是圖像表象的事實，因而它的內容帶有圖像內容的作用。所以，我們將質料與被代現者的現象學統一稱作「代

A563
$B_2$91

現的形式」，只要這個形式賦予被代現者以[28]被代現者的特徵，並且，我們將透過這個形式而形成的這兩個因素的整體稱作「絕然代現」（Repräsentation schlechthin）。這個稱呼凸顯了在代現性的內容與被代現的內容（被代現的對象或對象的部分）之間、在其現象學根據方面的聯繫。如果我們將那個在現象學上未被給予的對象視為無效，並且只是[29]表達一點，即：只要內容作為被代現者起作用，進一步說，只要內容作為這種或那種被代現者並且是作為對此或對彼對象之物的被代現者起作用，只要帶著這個內容會一再地產生不同的「心緒」（zumute），那麼我們所說的便是「立義」的變換。因此，我們也可以將代現標示為立義形式。由於質料可以說是給明了意義，代現性的內容便根據此意義而被立義，這樣我們也就談到了「立義意義」；如果我們想堅持對舊術語的回憶，並且同時暗示那個與形式的對立，那麼我們也可以說「立義質料」。據此，我們在每一個立義上都可以現象學地區分：立義質料或立義意義，立義形式與被立義的內容，被立義的內容還應當區別於立義的對象。——統覺（Apperzeption）這個表達儘管歷史地存在著，但由於它在術語上錯誤地與知覺（Perzeption）相對應，因而是不合適的；相反，統握（Apprehension）則是一個可以使用的表達。

[28] 在A版中加有重點號。
[29] 在A版中未加重點號。

A564
B$_2$92

下一個問題將涉及不同代現方式或立義方式的區分性特徵，如前所述，在立義質料〔即立義「為何物」（als was）〕同一的情況下，代現或立義的方式可以是不同的。在前一章中，我們透過充實形式的區別來描述代現的區別；而在這裡的聯繫中，我們所要探討的是一個內部的特徵，這個特徵局限在意向的本己描述內涵之上。如果我們利用那些在以前的研究中已展示給我們的分析說明之基點，並且同時利用我們在此期間在對代現的一般理解中已經獲得的進展，那麼就會形成以下的一系列觀念：

我們以這樣一個說明為出發點，即：在質料和被代現者之間的**符號代現**所建立的是一個**偶然的、外部的**聯繫，而直觀代現所建立的則是一個**本質的、內部的**聯繫。在前一種情況中，偶然性在於，可以想像在同一個符號行為上附加任何隨意的內容。**符號行為的質料只是**需要一個支撐的內容而已，但**我們並不能發現在它的種類特殊性和它的本己種類組成之間有必然性的紐帶**。可以說，含義不可能懸在空中，但就它所意指的東西而言，指稱這個含義的符號是什麼，這是完全無關緊要的。

純粹**直觀代現**的情況則完全不同。在這裡，**在質料和被代現者之間**存在著一種**內部的、必然的**聯繫，它受這兩者的種類內涵的規定。能夠作為一個對象的直觀被代現者而起作用的只會是一個與此對象相似或相同的內容。以現象學的方式加以表達就是：我們無法自由決定，我們將一個內容立義為**何物**（在何種立義意義中立義）；這不單純是因為經驗的緣故——因為每一個立義都是經驗必然的，符號立義也是如此——，而是因為，須被立義的內容透過某個相似性或相同性的領域，即透過它的種類內涵，為我們設定了界限。這種聯繫的

A565
B$_2$93

內部性不僅將立義質料作為整體與整個內容相互連結起來，而且也將它們兩方面的各個部分逐個地連結在一起。這便是被預設的純粹直觀的情況。在非純粹的直觀情況中，種類的統一是一個局部的統一：質料的一個部分——那個被還原的、因而當然也是純粹的直觀的質料——給明了直觀的意義，內容便在這個意義中被立義；質料的其他部分並未經歷任何透過相同性和相似性而完成的代現，而是經歷著透過相鄰性而完成的代現，即是說，在混合的直觀中，代現性內容根據質料的一個部分而作為直觀的被代現者發揮作用，而根據質料的補充部分則作為符號的被代現者發揮作用。

如果人們最後要問，是什麼使得在同一個質料的意義上的同一個內容能夠一次以直觀被代現者的方式，另一次則以符號被代現者的方式被立義，或者，立義形式的不同特性究竟何在，那麼我就無法給出進一步的回答。這裡所涉及的可能是一個在現象學上並不重要的區別。

我們在這些思考中將代現自為地視為是質料與代現性內容的統一。如果我們回溯到完整的行為之上，那麼這些行為就會表明自身是在行為質性與被代現者（無論是直觀的、還是符號的被代現者）之間的連結。人們將整個行為稱作直觀的行為或符號的行為，因而這是一個透過被織入的代現而得到規定的區別。對充實狀況的研究在前面已經將我們引導到一個行為的直觀內涵或充盈的概念上。如果我們將這個概念構成與現在的這個概念構成相比較，那麼前一個概念構成劃定了那個從屬於非純粹直觀行為的純粹直觀代現（＝純粹直觀）之範圍。「充盈」是一個特別為了對行為及其充實作用進行比較性考察而制作的概念。——純粹直觀行為的對立極限，即純粹符號行為，當然也就是純粹符號代現。

A566
$B_2$94

第27節　代現作為在所有行為中的必然表象基礎。對有關意識與一個對象的不同聯繫方式之說法的最終澄清

每一個客體化行為自身都包含一個代現。根據本書的第五研究的闡述，[8]每一個行為或者本身是一個客體化行為，或者以這樣一個行為為基礎。也就是說，所有行為的最終基礎是在代現意義上的「表象」。

根據至此為止所做的思考，「**一個行為與它的對象具有各種各樣的聯繫方式**」這個說法具有以下一些本質的多義性。這個說法涉及：

1. 行為的**質性**，信仰的各種方式，單純的擱置、願望、懷疑等等。
2. 作為基礎的**代現**，它包括：

(a) **立義形式**：對象究竟是單純符號性地、還是直觀性地、還是以混合的方式被表象。這裡還包含著在**感知表象與想象表象**之間的區別等等。

8　參閱此項研究的倒數第二章，尤其是第41節、第二卷（第二版），第一部分，第四九三—四九四頁[30]。

[30]　在A版中爲：第四五八—四五九頁。

(b) **立義質料**：對象究竟是在這個還是在那個「意義」中被表象，例如在符號上透過不同的、表象著同一個對象的，但不同地規定著這個對象的各個含義而被表象。

(c) **被立義的內容**：對象究竟是借助於這個、還是借助於那個符號被表象，或者它究竟是借助於這些、還是借助於那些展示性內容而被表象。確切地看，根據在直觀被代現者、質料與形式之間的規律聯繫，在第二個情況中同時還涉及一個在質料相同的情況下與形式有關的區別。

第28節　意向本質與充實的意義。認識本質。種類直觀

我們在第一研究中將**充實的意義**與含義相對置（或者也將充實的含義與意指的含義相對置），這是因為我們曾指明，在充實中，對象以何種方式被單純的含義所意指，它也就以同一個方式直觀地「被給予」。[9]我們在對那些與含義相合的東西加以觀念的整理之後而將它

A567
$B_2$95

[9] 本書第二卷（第二版），第一部分，第一研究，第14節，第五十一—五十二頁。[31]

[31] 在A版中爲：第一研究，第14節，第五十一頁。

當作**充實的**[32]**意義**，並且我們說，透過這個相合，單純的含義意向或表達獲得了與直觀對象的聯繫（表達表達著這個對象並且恰恰表達這個對象）。

如果我們使用後面引入的概念構成，那麼在這裡就包含著這樣的意思：充實的意義被理解為完全合適的充實行為之意向本質。

這個概念構成是完全準確而充分的，它可以被用來標示這個事態的完全一般狀況，這個事態是指：一個符號意向獲得與其直觀地被表象對象的聯繫，即是說，這個概念構成可以使我們獲得對表達的重要明察：符號（表達）行為的含義本質在相應的直觀行為中重新發現**同一的**自身，儘管這兩方面的行為具有現象學上的差異性，而且生動的認同統一實現著相合本身，並因此而同時實現著表達與被表達之物的聯繫。另一方面則很明顯，正是由於這種同一性，充實的意義才不包含任何充盈方面的東西，因而充實的意義不總括**直觀行為的總體內容**，**只要我們是從認識批判的角度來考察直觀行為**。人們可以由此而獲得一個啟發：我們對意向本質的理解是如此狹窄，以至於行為的一個重要的，甚至對於認識而言關鍵性的組成部分始終被排斥在外。曾經引導我們的是這樣一個思想：一個客體化意向的本質必須被看作是這類意向所完全不能缺少的東西，或者是在這類意向中——根據觀念的必然性——一旦發生自由變更便會使意向與對象之物的聯繫受到觸及（berührt）[33]的東西。但純粹符號的行為是

A568
$B_2$96

[32] 在A版中未加重點號。
[33] 在A版中爲：涉及（tangiert）。

「空乏的」意向，它們缺少充盈因素，因此對於客體化行為來說有效的只能是質性與質料的統一。現在人們可能會指責說，符號意向缺少感性支撐點就是不可能的，因此它們**也**以它們的方式具有直觀充盈。然而，這實際上並不是充盈，不僅我們對符號代現所做的闡述，而且我們前面對本眞的和非本眞的直觀化所做的闡述都說明了這一點。或者毋寧說，這雖然是充盈，但不是符號行為的充盈，而是那個為它奠基的、在其中符號作為直觀客體符號而得以構造的行為的充盈。我們看到，這個充盈可以無限制地變更，卻不會觸及符號意向以及所有那些**與**其對象相關的東西。如果我們顧及到這個事態並且同時關注到這樣一個狀況：在直觀行為那裡，充盈也可以變更，儘管是有限的變更，而與此同時，這些行為則始終繼續意指帶著同一些規定性的同一個對象，並且在質性上是以同一種方式進行意指，那麼就很清楚，無論如何需要有一個術語來標示質性和質料的單純統一。

另一方面，構建一個具有更全面內容的概念現在也是有利的。我們據此而將一個**客體化行為的認識本質**（相對於這個行為的單純含義本質）標示為**與認識作用有關的全部內容**。這樣，它便包含著質性、質料和充盈或直觀內容這三個組元；或者，如果想避免後兩個概念的相互覆蓋，我們也可以說，質性、質料和**直觀代現性內容**，而在空乏意向那裡，這三者中的最後一個組元便被取消，「充盈」也隨之被取消。

A569
B$_2$97

所有具有同一個認識本質的客體化行為對於認識批判的觀念與趣來說都是「同一個」行為。如果我們談論客體化行為的種類，那麼我們所看到的是相應的觀念。同樣，在對**直觀**種類的限制性說法上，情況也是如此。

第29節　完整的直觀與疏漏的直觀。合適的和客觀完整的直觀化。實質

在一個直觀表象中，直觀**充盈的一個不同尺度**是可能的。如我們已經闡述過的那樣，關於一個不同尺度的說法指明了可能的充實序列；我們在這些序列中不斷前行，愈來愈好地認識對象，這種認識是借助於一個展示性的內容而進行的，這個內容愈來愈與對象相似，並且愈來愈生動地和完整地把握對象。但我們也知道，即使被意指客體的整個面和部分根本沒有顯現出來，直觀也可以發生，這就是說，表象配備了一個直觀的內容，這個內容並不含有在這些面和部分方面的展示性被代現者，以至於它們只能借助於織入的符號意向而「非本眞地」被表象出來。這裡的區別規定著對同一個被意指的，而且是按同一個質料而被意指的對象而言極為不同的表象方式，在涉及這些區別時，我們在前面談及充盈的**範圍**區別。現在可以在這裡區分兩個重要的可能性：

(1) 直觀表象「**合適地**」**表象著它的對象**，即，用這樣一個直觀的充盈內涵來表象，以至於在此表象中如此被意指的那個對象的每一個組成部分都有一個代現性的直觀內容之組成部分與之相符。

(2) 或者情況不是如此；表象只是含有對象的一個不完整的映射，**它**「**不合適地**」**表象這個對象**。

這裡所談的是一個**表象與其**對象的相適性與不相適性。但由於人們在充實聯繫中常常也在一種更為寬泛的意義上說到相適性，因而我們便再引入另一個術語：我們想談論「**完整**

A570
B₂98

的」和「疏漏的直觀」（更特別地說：感知或想像）。所有純粹直觀都是完整的。但下面立即就會表明，反過來是行不通的，也就是說，這裡所做的劃分並不簡單地與純粹的和不純粹的直觀之劃分相疊合：

這些表象是簡單的還是複合的，在已進行的區分中沒有對此做任何預先設定。但直觀表象能夠以雙重的方式是[34]組合性的：

(A)一種組合方式在於：與對象的聯繫是簡單的，只要行為（更特別地說，質料）所表明的不是那種自為地表象同一個對象的部分—行為（或分離的質料）。這並不排除這樣一種可能，即：這個行為是由一些與對象的個別部分或面相聯繫的局部意向所構成的，儘管它們是一些同類融合的局部意向。人們在「外」感知和想像那裡幾乎無法避免接受這樣一種組合，據此我們便誤入歧途。另一方面還存在著一種組合的方式：

(B)這種組合在於，用一些部分行為來構建整體行為，這些部分行為中的每一個都已經自為地是對這同一個對象的完整直觀表象。這種情況關係到那些極為奇特的連續綜合，這些綜合是指：將從屬於同一個對象的雜多感知聚合為一個「多面的」或「全面的」、在「變換的境況」中[35]連續觀察著的唯一感知；相應的想像綜合也是這種情況。同一性融合不斷持

$B_2$99
A571

[34] 在A版中未加重點號。

[35] 在A版中爲：「在變換的境況中」。

續著，但並未分解在各個分離行為之中；在這種同一性融合的連續性中，同一個對象在這裡只顯現唯一的一次，而且它的顯現並不會如此多，以至於可以區分出個別行為。但它是在持續變化的內容充盈中顯現；同時，質料，同樣還有質性，都始終處在持續的同一性中；至少，當對象全面地被熟知並且作為這樣一種被熟知的對象在不豐實自身的情況下一再出場時，情況便是如此。

與這種連續綜合一併相關的是對相適性與不相適性的區分。例如：對一個外部事物在全面的表層構型方面的合適表象，以綜合的形式是可能的，以客觀—簡單的表象形式則是不可能的。

顯然，在完整的直觀中包含著客觀簡單的純粹直觀，但並不始終包含客觀組合的純粹直觀。那種與一個經驗事物相應並且無法為我們所獲得的純粹直觀雖然以某種方式隱藏在對此事物的完整綜合直觀之中，但它可以說是以分散的方式隱藏著並且一再地與符號性的被代現者相混合。然而如果我們將這個綜合直觀還原到它的純粹的直觀上，那麼由此而產生的將不會是對客觀簡單表象的純粹直觀，而是一個直觀內容的連續性，在這個連續性中每一個對象性因素不是一次，而是多次得到展示性的代現，得到不斷變換的映射，而且，只有同一性融合的連續性才構成對象的唯一性這個現象。

如果一個直觀行為作為給予著充盈的行為，並且這種給予是對一個符號行為而言，例如是對一個表達性的含義意向而言，那麼就會產生出類似的可能性。如此被意指的對象可以

是[36]**合適地或不合適地被直觀化**。倘若對象是合適地被直觀化，那麼在複合含義的情況中便有兩種可分離的完善性，即：

其一，對於含義的所有那些本身具有含義特徵的部分（成分、因素、形式）而言，充實都會透過充實直觀的相應部分而得以增長。

其二，在充實直觀方面，一旦對象在為充實作用而引入的對此含義之分類和形式中被意指，那麼就此對象而言的相適性便自為地形成。

因此，第一點規定了符號行為與**一致性**直觀的相適完善性；第二點則規定了符號行為——借助於**完整的**直觀——與**對象本身**的相適完善性。

所以，「一棟綠房子」這個表達可以被直觀化，只要一棟房子現實地作為一棟綠房子直觀地被表象出來。這就是第一種完善性。第二種完善性需要有對一棟綠房子的相即表象。每當談及對表達的合適直觀化時，人們通常所看到的僅僅是第一種完善性。但是，為了在術語上標明這種雙重的完善性，我們想談論對**符號表象的「客觀完善的」直觀化**，將它**對立於對此符號表象的雖然合適，但卻客觀疏漏的直觀化**。

在**不是充實、而是爭執的直觀化**之情況中也有類似的狀況存在。如果一個符號意向在直觀基礎上失實，例如：它意指的是一個「綠的A」，而同一個A（甚至有可能是A之一般）

A572
$B_2$100

[36] 在A版中未加重點號。

卻是「紅的」，並且剛剛作為紅的而被直觀：那麼對爭執的直觀實現之**客觀完善性**便要求，含義意向的**所有**組成部分[37]都要獲得其客觀完善的直觀化。因此，不僅只是A—意向有必要在被給予的對A的直觀中客觀完善地得到充實，而且「綠」—意向也有必要在直觀中——儘管自然是在另一個與對「紅A」之直觀恰恰「不一致的」直觀中——得到充實。而後，單純符號的、更多是客觀完善充實了的「綠」—意向與紅—直觀發生爭執，與此同時，這兩個直觀因素本身在總體的和從屬的直觀整體中發生局部的**爭執**[38]。人們可以說，這種爭執主要是與這些充實行為的**直觀內容**或**展示內容**有關。

如果沒有特別標明，那麼下面在直觀化標題下所指的便是這樣一類充實。

在質性和質料相同的情況下，充盈所具有的各個區別還會促使我們進行一個重要的概念構成：

我們說，兩個直觀行為具有**同一個實質**（Essenz），**如果它們的純粹直觀具有同一個質料**。所以，一個感知以及從可能性上看是無限的整個想象表象之序列，只要它們中的每一個都帶著同一個充盈範圍而表象著同一個對象，它們便都具有同一個實質。所有對同一個質料的客觀完善的直觀都具有同一個實質。

A573
$B_2$101

[37] 在A版中加有重點號。

[38] 在A版中未加重點號。

一個符號表象自身不具有實質。然而人們會在非本真的意義上將某個實質歸諸於它，如果它透過一個直觀而從對此實質的可能雜多直觀中獲取完善的充實；或者換言之，如果它具有一個「充實的意義」。

這樣，實質這個經院哲學術語的眞正所指便得到了澄清，它想要涉及的實際上是一個「概念」的可能性[39]。

[39] 在A版中爲：一個概念的「可能性」。

第四章　相容性與不相容性

A574
$B_2$102

第30節　從觀念上將含義區分為可能（實在）含義與不可能（想像）含義

並非每一個符號意向都能夠有直觀行為以「客觀完整直觀化」[1]的方式與之相適合。含義意向[1]據此而分解為可能的（自身相容的）和不可能的（自身不相容的、想像的）。這種劃分，或者說，它的基本規律並不涉及——這也對所有在這裡被提出的其他命題有效——諸單個行為，而是總體地涉及它們的認識本質以及它們的被一般理解的質料。因為例如不可能出現這種情況，即：一個對質料M的符號意向會在某一個直觀中找到充實的可能性，而另一個對同一質料M的意向則缺乏這種可能性。可能性與不可能性所指的並不是那些在某些經驗的意識複合中可以事實性地找到的直觀；這不是實在的可能性，而是觀念的可能性，它們純粹地建立在種類的特徵之中。因此，在表達性的領域中——人們可以限制在這個領域之中，同時卻不會有根本性的損失——，公理便在於：「含義」（在種類上是指概念和命題）分解為可能的和不可能的（實在的和想像的）。

A575
$B_2$103

如果我們使用前面所完成的概念構成，那麼一個含義的可能性（實在性）可以由此而得

1 對在這一章和下面幾章中所嘗試的分析澄清的理解以及對其成效的衡量完全取決於這樣一點，即：堅定地保持對至此為止所確定的嚴格概念的關注並且不把通俗說法的含糊觀念混雜到這些概念中去。

[1] 在A版中爲：符號意向。

到定義：在客體化行為種類的領域中有一個合適的實質與這個可能性相符合，這個實質的質料與此可能性的質料相同一；或者換言之，這個可能性具有一個充實的意義，或者也可以說，有一個完整直觀的種類，它的質料與此可能性的質料是同一的。這個「有」（es gibt）在這裡具有與在數學中同一的觀念意義；將它回溯到相應個別性的可能性上，這就是指，不是回溯到其他的東西之上，而是透過一個單純等值的措辭來表達。（至少是當此可能性被理解為純粹的，因而不是經驗的，並且在此意義上「實在的」[2]可能性。）

更確切地看，一個含義的可能性之觀念所表達的實際上是在客觀完整的直觀化情況中對充實關係的總體化（Generalisierung），而且上面的那些定義與其說應當被看作單純的語詞解釋，不如說應當被看作是這個可能性所具有的觀念必然的和充分的標準。在這些標準中包含著一個特殊的規律，即：只要一個含義的質料與一個實質的質料之間的關係存在著，這個「可能性」也會形成；反之亦然，在任何一個可能性的情況中都存在著這個關係。

此外，這樣一種觀念關係的出現，也就是說，這種總體化客觀地形成，即成為「可能的」，在這裡面也包含著一個規律性，這個規律性可以透過以下的話語來表達：有「可能的」含義（在這裡需要注意，「含義」不是指「意指的行為」）。並非每一個經驗關係都可以被如此總體化。如果我們認為這張被直觀到的紙是粗糙的，那麼我們並不能夠如此總體化地說，「紙是粗糙的」，就像我們可以根據某個現時的意指而總體化地陳述說，「這個含

[2] 在A版中爲：完全正確的、因而不是「實在的可能性」。

義是可能的（實在的）」。正因為如此，在「每一個含義或是可能的或不可能的」這個命題中也不含有一個排中律的具體情況，即不是在已知意義上的排中律，這個意義所陳述的是對個體主語的對立謂語的排除，並且它所能陳述的也只是對這種主語而言的排除。對在一個觀念領域（例如算術領域、含義領域）中的對立謂語的排除根本不會是自明的，而是它必須在每一個這樣的領域中一再重新得到證明或得到公理性的提出。我們提醒注意這一點，即：好比我們不能說，每一種紙或是粗糙的或是不粗糙的；因為在這裡包含著，任意一種紙中的每一張個別的紙或者是粗糙的，或者每一張個別的紙不是粗糙的，而這類聲言當然不會對任意的種類構成而言都是正確的。據此，在將含義劃分為可能含義與不可能含義的做法的後面確實隱藏著一個特有的、內容豐富的總體規律，這個規律以觀念的方式統治著各個現象學因素，這種統治在於，它以總體命題的方式將這些因素的各個種類連結在一起。

為了能夠陳述一個這樣的公理，人們必須明察到這個公理；而可以肯定的是，我們在這裡的情況中就具有這種明見性（Evidenz）。只要我們例如在直觀的基礎上實現「白的平面」這個表達的含義，我們便體驗到這個概念的實在性，直觀的顯現便確實表象出某個白的東西和一個平面，而且恰恰是作為白的平面；而在這裡便包含著，充實的直觀不僅表象著一個白的平面，而且是透過其內容像含義意向所要求的那樣完整地使它成為直觀的被給予性[3]。

A576
$B_2$104

[3] 在A版中爲：直觀地顯現出來。

與可能性相連接的是**不可能性**，作為一個具有同等權利的觀念，它不能僅僅被定義為對可能性的否定，而是必須透過一個特有的現象學事實來加以實現。無論如何，這是不可能性概念能夠得到使用的前提，尤其是它在一個公理中——也包括在這個公理中：**有不可能的含義**——能夠出現的前提。關於不可能性與**不相容**性之說法的等值性向我們指明，這個現象學事實可以到爭執的區域中去尋找。

第31節 協調性或相容性作為一個在內容一般之最寬泛領域中的觀念狀況。作為含義的「概念」的協調性

A577 $B_2$105

我們以相容性（Verträglichkeit）或協調性（Vereinbarkeit）的概念為出發點，這個概念在**內容一**般的（在最寬泛意義上的對象的）最寬泛領域中具有有效性[4]。兩個內容作為某個整體的部分而在此整體中相結合，因此它們也是**協調**的，在一個整體的統一中是**相容**的。這看上去是一個空乏的自明性。但即使這些內容恰巧不相結合，它們也會是協調的。談論那些自始至終被排除在實際結合之外內容的協調性肯定具有好的意義。但如果兩個內容相結合，那麼它們的統一不僅證明它們所特有的協調性，而且也證明著觀念上一大批其他內容的協調性，亦即所有與它們相同的和類別相似的內容對的協調性。這裡所得

[4] 在A版中爲：最寬泛領域中具有意義。

出的結論是很明顯的，而且作為公理而得到陳述的東西也絕不是一個空乏的聲言：協調性不屬於分散的個別性，而屬於內容的種類；例如：如果「紅」與「圓」這兩個因素有一次被發現是協調的，現在透過觀念化的抽象而能夠獲得一個複合的種類，並且這個種類因此而能夠被給予，它在其同樣被理解為種類的連結形式中便包含著「紅」與「圓」這兩個種類。這個複合種類的觀念「實存」（Existenz）便在每一個可以想像的個別情況中先天地論證著紅與圓的協調性，這個協調性因此是一個觀念有效的關係，無論它是否在任何經驗結合的世界中出現。如果關於協調性之說法的寶貴意義據此而始終被規定為從屬的複合種類的觀念存在，那麼還需注意一個重要之點：關於協調性的說法在任何時候都與某個（對於邏輯興趣來說恰恰是關鍵性的）整體種類有關。我們總是在考慮這樣一個問題時才使用關於協調性的說法，即：已有的內容是否根據某些形式而彼此相配，在對有關類型的整體做出直觀的指明之後，這個問題才會得到肯定的回答。

這種內容協調性的相關項就是複合含義的「可能性」。這是從前面的可能性標準所得出的。合適的實質，或對相應內容的完整直觀化，就論證著這個內容的各個部分的協調性，反之亦然，對這個協調性來說，也有一個實質和一個相應的含義。因此，一個含義的實在性無非就意味著：這個含義是對一個直觀內容之協調性的客觀完整「表達」[5]。在一個簡單[6]

[5] 在A版中未加重點號。

[6] 在A版中加有重點號。

內容的臨界情況[7]中，人們可以將簡單種類的有效性定義為「與其自身」的協調性。不言自明，在表達和被表達之物（含義與一致性的直觀，即「客觀完整合適的」直觀）之間的連結本身又是協調性的連結，我們在前面曾規定過它的種類內涵。另一方面，關於含義方面的協調性之說法（「概念」）所涉及的不僅僅是與一個整體的協調性，即使是與一個含義整體的協調性——這毋寧說是在本書第四研究意義上的純粹邏輯語法[8]協調性——，而且根據上面所述還涉及一個含義[9]與一個「可能的」含義的協調性。也就是說，與這樣一個含義的協調性，這個含義與一致性直觀可以結合為客觀合適的認識統一。據此，這裡所涉及的是一個轉義的說法[10]。人們也必須對「可能性」說同樣的話。本原的（originär）可能性（或實在性）是有效性，是一個種類的觀念實存；至少，它透過這個種類而得到了完全的保證。而後，一個與此可能性相應的個別性的直觀以及須被直觀的個別之物便叫作可能的。最後，在這樣一個直觀中帶著客觀完整性而得到充實的含義也叫作可能的。協調性與可能性這兩種說法的區別僅僅在於，可能性所標示的是一個種類的素樸有效性，而協調性（在此概念擴展到極限之前）則標示著一個統一有效的種類所具有的部分種類的關係——並且與此相關地標示著這樣

[7] 在A版中加有重點號。
[8] 在A版中爲：純粹—語法的。
[9] 在A版中爲：諸含義。
[10] 在A版中加有重點號。

A579
$B_2$107

一個關係：對一個統一直觀的部分直觀；在一個須被直觀為統一的總體內容之內的須被直觀的部分內容；在一個須被統一充實的總體含義之內的須被充實的部分含義。

最後我們還要說明，與可能性和協調性概念一樣，**實質**的概念也是透過轉義才賦予含義領域以其本原的意義。這個**本原的實質**概念是透過這樣一個定理而得到表達的：**每一個有效的種類都是一個實質**。

第32節　內容的不協調性（爭執）一般

現在我們來探討與此相反的情況的一般原因：如果各個內容在一個整體的統一性中不相容，那麼它們就是**不協調**的。從現象學上說，不可能有一個在完整的相適性中給出這樣一個整體的統一直觀。但我們是如何知道這一點的呢？在經驗的個別情況中，我們試圖使內容得以統一，這種企圖時而成功，時而不成功——我們經歷到一個無可抵禦的[11]抵抗。但**事實的不成功**[12]並不證明**必然的**不成功。更大的力量是否就可以最終克服這個抵抗呢？然而，在對有關內容所做的經驗努力以及在為排除它們的「抗爭」而做的經驗努力中，我們經歷到一個

[11] 在A版中爲：不可克服的。

[12] 在A版中未加重點號。

特別的內容關係，這個關係又建立在這些內容的種類組成之基礎上，並且在其觀念性中獨立於所有經驗的努力以及獨立於個別情況的所有其他內涵。**這就是**[13]**爭執的關係**。

因此，這個關係將完全確定的內容**種類**，而且是在**完全確定的內容聯合體**之內的內容種類聯繫在一起。顏色並不完全相互爭執，而只是在一定的聯繫中相爭：屬於不同種差的多個顏色因素同時對同一個軀體廣延完整覆蓋是不相容的，而它們在一個統一的廣延內以相鄰的方式存在則是完全相容的。而這一點是普遍有效的。一個q類的內容永遠不會與一個p類的內容**絕然**不相容，相反，關於它們的不相容性之說法僅只涉及一定種類G（α、β……；p）的內容連結，這個種類包含著p，現在又**應當**與q相連接。誠然，在這個「應當」中帶有對一個意向的指明，即一個表象意向並且也大都是一個意願意向，這個意向想像將一個在任意的直觀A（q）中被給予的q置入到現前對G的直觀之中，亦即在直觀之中符號地表象它。但我們現在撇開這個直觀不論，就像我們在協調性那裡對聯合的意向以及類似的對置入和聯合的過程置而不論一樣。我們僅僅堅持一點：在這裡出現一個在描述上十分特別的關係，即在內容整體G的q——A的剩餘是可以隨意變更的並且仍然無關緊要——與p之間的關係，而且這個關係是獨立於情況個體的；換言之，它僅僅建立在G、p、q的種類之中。爭執意識的特別之處便從屬於這些種類，即是說，對此事態的總體化是現實的，是可

A580
B$_2$108

[13] 在A版中未加重點號。

以在一個直觀統一的普遍性意識中實現的；它提供了一個統一的、有效的（「可能的」）種類，這個種類在G的基礎上透過[14]**爭執**而將p和q**聯合在一起**。

第33節　爭執如何也能為合一性奠基。協調性與爭執之說法的相對性

對最後一句表達會立即產生一系列不安的疑問。一個爭執在進行聯合？爭執的統一聯合著可能性的統一？當然，統一一般論證著可能性，但統一難道不會將爭執、不相容性絕然地排除出去嗎？

如果我們考慮到，不僅那些關於不協調性的說法，而且那些關於協調性的說法都與某個整體G有關，主觀地說：與某個為意向所統治的整體G有關，那麼上面的困難就會解決。在觀看它的種類內涵時，我們將各個部分稱作相容的。如果我們在對一個與此相同的整體之內的統一的象徵意向中沒有體驗到直觀的統一，而是體驗到直觀的爭執，那麼就會將這些作為部分而產生作用的內容p、q……稱作不相容的。這兩種可能情況的相互關係在與各種確定的整體的聯繫中或在與相容的與不相容的內容之連結的聯繫中是清楚的。這種聯繫也**一併**規定著這些術語的意義。我們並不絕然地將p、q……稱作**相容的**，並不只是考慮，它是

A581
$B_2$109

[14] 在A版中加有重點號。

否被聯合，無論以何種方式；而是要考慮，它是以G的方式被聯合，並且這個p、q……的聯合在與同一個G聯繫上排除了同一些p、q……的爭執。接下來，p、q……內容也並非絕然地被稱作不相容的，而是要顧及到，它們是在某個統一的框架內由於我們恰恰感興趣的G這個統一種類而相互「不相容」；就是說，因為對這樣一種統一的意向所帶來的不是這種統一，而是一個爭執；在這裡，透過相關的爭執而造成的對相關統一的排除也在發揮著作用。

爭執意識論證著「不合一性」（Uneinigkeit），因為它將那個在這裡受到懷疑的p、q……的統一G排除在外。在這個興趣方向上，爭執本身不應被視為一個統一，而應被視為差異，不應被視為「連結」，而應被視為「分離」。但如果我們變換一下這些聯繫，那麼不相容性也可以作為統一發揮作用，例如：作為爭執特徵與透過它而「被分離的」內容之間的統一。這個特徵與這些內容是相容的，而與其他內容則或許不相容。如果主導的意向在於作為剛被分離的各部分之整體的爭執整體，那麼，一旦我們發現爭執，也就是說，一旦爭執產生，這些部分p、q……的相容性便在於它們的聯繫，並且在於將它們分離開來的那個爭執的聯繫。每當這個爭執缺失，而且這個缺失成為直觀性的，一個新的爭執意識便會與那些分散在不同直觀中的元素相連結。這個爭執並不是在被意指的爭執的各個成分之間的爭執（它恰恰指示著後一種爭執的缺失）；而是這樣一個爭執，它與在一個直觀中無爭執地被聯合的內容p、q……相連結，並且與在另一個直觀中直觀化了的「爭執」因素相連結。

因此，關於一種透過爭執而聯合的說法之背理性可以得到澄清，只要我們注意到這些

A582
$B_2$110

概念的相對性。現在人們不能再指責說：爭執絕然地排除統一；任何東西最終都可以在這種爭執的形式中「得以統一」；凡缺少統一的地方，便會有爭執存在，而將爭執再看作統一，這就意味著想要液化在統一與爭執之間的絕對固化對立，並且想銷毀這個對立的眞正意義。——現在我們可以說，不。爭執與統一並不絕然地相互排斥，而只是在某個特定的、隨情況不同而變換的相互關係中才相互排斥。它們在這個相互關係中作為固化的對立而相互排斥；只有將「絕然的」限制在這樣一個始終默默預設了的相互關係上，我們才能同意對方的主張。此外，並非所有的東西都可以在爭執的形式中[15]得以統一，而只有那些為一個爭執奠基的東西才能做到這一點，那些被聯合、被協調的東西則做不到。因為，在這種有關以爭執形式進行的聯合之說法的意義中包含著，這種爭執形式，即一些在某個結合 G_0 中被想象的p、q ……的爭執形式應當被視為是統一，它作為統一確實創造著合一性（Einigkeit）、相容性，並且因此而與我們前面所說的G相符合。但如果在p、q ……之間就 G_0 結合而言存在著統一，那麼這些p、q ……在這個結合上便不能說是有爭執關係，因為結合就完全是合一性。

所以，在爭執的形式中實際上並不能聯合一切東西，這尤其是因為（還可以繼續這樣說），凡缺少統一的地方，這一點便會透過一個爭執而宣示出來，也就是說，這個爭執會

[15] 在A版中爲：在爭執的形式中。

A583
$B_2$111

透過爭執而創造統一。我們要理解這裡所發生的對奠基性的相互關係的混淆或混合。與p、q……——在受G_0的觀念所規定的聯繫中——相連結的爭執表示著統一的缺失。但這個爭執並不創造G_0統一，而是其他的一個統一。就前一個統一而言，這個爭執具有「分離」的特徵，就新的統一而言，它具有「聯合」的特徵。在這裡一切都井然有序。舉一例來說明：就一個已知的現象聯繫來看，「紅」和「綠」是不相容的，「紅」和「圓」是相容的。爭執的特徵在第一種情況中規定著不相容性，它在「紅」和「綠」之間造成「分離」。撇開這點不論，它就另一種聯繫來看則創造著一個統一，這種聯繫是指：「在一個現象客體的感性標記之間的爭執」。也就是說，在「紅」和「綠」之間的爭執現在是統一，當然是在「爭執」、「紅」、「綠」這些元素方面的統一。相反，「『紅』和『圓』的爭執」現在則是不合一性了（Uneinigkeit），也就是在「爭執」、「紅」、「圓[16]」這些元素方面的不合一性。

第34節　若干公理

對相容性相互關係之意義所做的這些揭示對於我們的基礎分析來說是極為重要的，在完成這些揭示之後，我們便可以來確定最原始的公理並且對它們進行現象學的澄清。首先要考

A584
$B_2$112

[16] 在A版中加有重點號。

慮的是**相容性相互關係**（相容性或不相容性）的**可逆轉性公理**，根據我們對基礎性的現象學關係的分析，這個公理已經完全清楚了。

對下一個有待揭示的公理需要做進一步的考慮，這個公理是指：**統一與爭執**，或者說，**協調性與不協調性**——這兩對概念涉及同一個相互關係之基礎——**彼此相互排斥**（這又意味著：它們彼此是**不協調**的）。現在不需要再次強調：不協調性不是指單純的協調性之缺失，亦即不是指這樣一個單純的事實：客觀上沒有出現某個聯合。聯合與爭執在現象學上是具有不同基礎的觀念，因此下面這句話的確內容豐富：如果一個p與一個q根據統一形式G（p、q……）而發生**爭執**（爭執是一個在現象學上褒義的特徵），那麼p與q在同一個G的意義上的聯合便不會是同時「可能的」。反之亦然，如果發生這種聯合，那麼相應的爭執便是「不可能的」。這個公理的現象學基礎就在於那些在前面討論中已展示出來的東西，即：如果我們試圖將這個在p、q……之間的現時爭執與那個p、q……的**相應統一**聯合在一起——即試圖用那些借助於某些m、n……而現實地被直觀到的統一種類G在相關的爭執情況中為p、q……奠基——，那麼就會有一個**新的爭執**產生出來，這個爭執的基礎就在第一個爭執以及在那個在別處被直觀到的統一特徵之中。類似的東西也表現在相反的情況中；此外，這種相反的情況也可以被看作是對第一條公理的一個運用。

在相同的，但卻又是隨意的p、q……之間存在一個**爭執**，以及在這些p、q……之間**不**存在一個統一，這個命題所表達的是同一個東西。每**一個「不」**都表達著**一個爭執**。

如果爭執與此相連結，即p與q相互爭執，即是說，p、q……以爭執的形式得以合一，那麼p、q……是統一的。易言之：

A585
$B_2$113

如果p、q不相互爭執、「不」不統一，那麼它們便是統一的（雙重否定的公理）；

由此而得出：

兩者之中只有一者發生，或是聯合或是爭執——沒有「第三者」。

這裡可以區分出四種可能性，它們可以被表達為：發生了聯合／爭執、不發生聯合／爭執。但是，不－聯合是爭執的同義詞，而不－爭執則根據前面的公理而與聯合相等值。

對這些公理的最終澄清以及它們與純粹邏輯公理的關係已經超出了這裡的研究的範圍。我們所做的陳述只應當指明一些內部聯繫，這些聯繫以後將會為我們所探討，它們將會為我們提供一個對此的生動意識，即：我們在這裡所做的工作已經是在對純粹邏輯學進行現象學的奠基。

第35節　作為含義的概念的不協調性

在思維中，協調性與不協調性一樣，是[17]在與符號的、指向某些連結的意向的聯繫中出現，因此也是在與符號的和直觀的認同之聯繫中出現。但在最後幾節中所劃定的不協調性概念卻與意向無關，毋寧說，這個與意向有關並且同名的不協調性概念是一個轉義的概念，它

[17] 在A版中爲：與協調性一樣，不協調性對我們來說也只是。

是那個原初概念的一個特殊情況，但它帶有完全確定的、局限在失實關係上的內涵。我們在前面[2]就協調性或相容性所做的闡述在這裡也起著類似的作用。關於不協調性之說法在運用於含義（「概念」）時並不意味著含義所具有的任何一個隨意的觀念的不協調性，例如並不意味著它的純粹語法的[18]不協調性；它僅僅涉及一個複合含義的各個部分含義的關係，這個複合含義沒有在客觀完整的直觀化中得到充實，而是得到失實，或者說，能夠得到失實。顯然，被直觀化的內容的爭執是這個失實的基礎，在這裡需要注意，爭執本身並沒有被意指和被表達：否則爭執便屬於充實的「直觀」了，而表達作為一個完全可能的表達則合適地表達了這個客觀的不可能性。

在含義與那些在直觀爭執過程中相互取代的各個直觀中的任何一個統一直觀之間的聯繫同樣是爭執的聯繫（即在局部相合的情況下）。

這些須對含義提出的觀念的可能性規律便建立在這些本原的和更為普遍的概念之上，或者說，建立在上面所提出的（並且還將進一步完善的）那些公理之上。在這裡包含著這樣的命題：

A586
$B_2$114

2 參閱本書第六研究第31節，第一〇六頁。

[18] 在A版中爲：純粹—語法的。

同一些含義的不協調性和協調性以及在涉及同一些聯繫時的不協調性和協調性相互排斥。

在相互對立的一對含義（即這樣的一對含義：它們之中的一個意指*為*不協調的東西卻被另一個意指為自身統一的）中，一個含義是可能的，而另一個則不可能。

否定之否定——就是說，一個含義，它將某個實事M本身的不協調性又再表象為一個不協調性——與相應的肯定是等值的。這個肯定在這裡被定義為含義，它借助於同一個（在取消否定之後仍然留存的）表象質料來表象同一個M的內部一致性。

不言而喻，這裡需要有一門真正的含義理論，一門關於含義及其邏輯關係的理論，這樣才能在系統的序列中提出並證明所有這類命題。

我們中止這些殘缺不全的思考，但不排除在以後的研究中對它們進行補充的可能。尤其是在邏輯的興趣中，我們將會需要一門更為寬泛地和完整地得到實施的現象學、一門認同與區分（尤其是*局部*區分）的理論，以及它們與一門關於統一和爭執的學說之明顯切近聯繫的理論。

A587
$B_2$115

第五章　相即性的理想。明見與眞理

第36節　引論

在至此為止的思考中，我們尚未談及行為的質性（Qualität），它沒有被設定為任何前提。無論是可能性還是不可能性都與質性沒有特殊的聯繫。例如：無論我們將命題質料（Satzmaterie）作為一個設定性行為（不是作為一個贊同的、以同意的方式承認或採納的設定性行為，而是作為一種素樸接受的信仰行為）的質料來加以實現，還是以質性變化的方式將它作為一個單純表象的質料來給予，這對這個命題的可能與否都不發生影響；始終有效的是：如果這個表達性意指的具體行為可以用對同樣質料的客觀完整的直觀來進行充實的認同（Identifikation），那麼這個命題就是「可能的」。與此相同，這個充實的直觀是一個感知，還是一個單純想象等等，這也是無關緊要的。由於製造想象圖像較之於製造感知和設定要隨意得多，因而我們通常寧可利用在想象圖像方面的可能性。然後，那些以適當的想象圖像的方式——客觀地說——可以實現的東西對我們來說便成為可能，無論我們自己作為經驗的個別個體是否曾經將這些圖像加以實現。但是，由於感知和想像[1]之間的觀念聯繫在於，每一個感知都先天地與一個可能的想像[2]相符合，因此，這個依據想像而獲得的命題與

A588
$B_2$116

[1] 在A版中爲：圖像表象。
[2] 在A版中爲：圖像表象。

我們依據感知而獲得的命題便是等值的，而將這個充實直觀的概念限制在想象上的做法則是非本質的。

現在我們需要簡要地考慮一下，剛才提到的那些區別對充實關係會有什麼樣的影響，這樣我們就至少可以對我們的考察做一個暫時的總結，並對進一步的研究做出展望。

第37節　感知的充實作用。最終充實的理想

就對象之物在表象中的被表象方式而言，充盈的完整程度是極為重要的。符號行為處於最底層；它們根本不具有充盈。直觀行為具有充盈，但帶有充盈程度大小的區別，並且在想象領域之內便帶有這種區別。但無論一個想象有多麼完整，它與感知相比還是有差異的：它所給予的不是對象本身，也不是對象的部分，它只給予對象的圖像，而只要這圖像還是圖像，就永遠不會是事物本身。給予事物本身的是感知。它所「給予」的對象也具有不同的完整層次，也具有不同的「映射」（Abschattung）程度。想象所具有的意向性特徵在於：它只是一種當下化（Vergegenwärtigung），與此相反，感知的意向性特徵則在於：它是一種當下擁有（Gegenwärtigung）（一種體現）。如我們所知，這些是行為的*內部*區別，更進一步說，是行為的代現形式（立義形式）的區別。但一般說來，這種體現並不構成一個真實的當下存在，而只構成當下的顯現（Erscheinen），在這個顯現中，對象的當下以及隨它

A589
$B_2$117

一同還有感—知[1]的完整性表現出各個層次。我們只要看一下相應的充實層次便可以了解這一點，在這裡和在任何地方一樣，對這個對象的表象的完整與否完全取決於這些充實的層次。這裡很明顯，感知的充盈是有區別的，我們試圖用感知性**映射**這個說法來公正地表達它，但這個區別並不是在其感覺內涵的充盈方面的區別，不是在其內部特徵方面的區別，而是意味著在其作為「充盈」的特徵，即立義的行為特徵的有層次擴展方面的區別。據此，我們必須將某些充盈的因素視作是相即的對象因素的**終極體現**「始終可以不去考慮所有發生的問題，因為我們完全知道，這些區別和其他相似的區別一樣，是以聯想的方式而產生出來的」：某些充盈的因素是與對象因素相同一的，它不僅是對象因素的被代現者，而且就是在絕對意義上的對象因素本身。另一些東西則被視為單純的「顏色映射」、「透視性的縮短」等等，而在這裡很明顯的是，在現象學的行為內容中，並且先於所有的反思，存在著某些與這種說法相符合的東西。我們在這裡已經涉及了這種映射的區別，並且發現它在想象中只能轉用於圖像之物。所有映射都具有代現性特徵，並且它們是透過相似性來進行代現，但是，這種代現可以將映射的內容立義為客體的圖像，也可以將它立義為客體的自身表露（自

1　胡塞爾在這裡將感知（Wahrnehmen）一詞分開：作「Wahr-nehmen」，用意在於強調德文中感知一詞的原意：認之為眞。——中譯注

身映射），因而透過相似性來進行代現的方式是有區別的。[2]就感知而言，映射充盈的發展所能夠達到的理想極限是絕對自身（正如在想像中所能達到的理想極限是絕對相同的圖像一樣），即是說，在每一個面、在對象的每一個被體現的因素上都達到絕對自身。

所以，對可能的充實關係的考慮表明，充實發展的終極目標在於：完整的和全部的意向都達到了充實，也就是說，不是得到了中間的和局部的充實，而是得到了永久的和最終的充實。這個終極的表象的直觀內涵就是可能充盈的絕對總和；直觀的被代現者就是對象本身，就是它自身所是。體現性內容與被體現的內容在這裡是同一個東西。只要一個表象意向透過這種理想完整的感知而達到了最終的充實，那麼「事物與智性的相即」（adaequatio rei et intellectus）也就得以產生：對象之物完全就是那個被意指的東西，它是現實「當下的」或「被給予的」；它不再包含任何一個缺乏充實的局部意向。

這樣，任何一個充實的理想，包括符號性充實的理想當然也就得以表明；智性（intellectus）在這裡是指思想的意向，是指意指的意向。而只要被意指的對象性在嚴格意義上的直觀中被給予，並且完全是作為它被思考和被指稱的那樣被給予，那麼相即

A590
$B_2$118

2　參閱本書第六研究，第八十三頁[3]。

[3]　在A版中為：第五五五頁。

（adaequatio）也就實現了。沒有一個思想的意向是沒有得到最終充實的，因為直觀的充實者本身不再包含任何未得到滿足的意向。

我們注意到，「思想」與「事物」之相即性的完善是一個雙重意義上的完善：一方面，與直觀的相應合（Anpassung）是完善的，因為思想所意指的東西都是充實的直觀完整地作為隸屬於思想之物而表象出來的東西。這裡顯然包容了前面所區分的兩種完善性：[3]它們構成了我們稱之為充實的「客觀完整性」的東西。另一方面，在完整的直觀本身之中還包含著一種完善。直觀對在它之中的確定意向進行充實，但這種充實本身並不是再次以一個需要充實的意向的方式來進行，而是相反，直觀對在它之中的確定意向的充實是**最終**的充實。因此我們必須區分與直觀的**相應合**（在自然的和**廣泛**的意義上的相即性）的完善和它以之為前提的**最終充實**（與「事物本身」的相即性）的完善。每一個對直觀對象和過程的忠實的、純粹的描述都提供了第一種完善的範例。如果這個對象之物是一個內部地被體驗之物，並且是在反思性感知中如它自身所是地被把握之物，那麼**第二**種完善也就形成了；這種情況表現在：例如：當我們就一個我們正在做出的範疇判斷而談論這個判斷的主體表象時。與此相

3　參閱本書第六研究，第九十九頁[4]。

[4]　在A版中爲：第五七一頁。

A591
$B_2$119

反，如果我們將矗立在我們面前的一棵樹稱之為一棵「改良過的」蘋果樹，或者，如果我們談論剛才發出的一個響聲的「頻率」，甚至談論一個感知客體的規定性，而這些規定性即使在感知意向中一同被意指，它們也不會以哪怕或多或少映射的[5]方式顯現出來，那麼，第一種完善就不存在了。

我們還要做如下的說明：由於最終充實絕對不能包含任何未得到充實的意向，因此它必須在一個純粹感知的基礎上進行；一個客觀完整的，但卻以一種非純粹感知的連續綜合的方式所進行的感知是不能滿足最終充實的。

以上的考察方式將所有意向的最終充實設定在感知之中，對此，人們會提出異議說：已經實現的普遍意識[6]為普遍概念表象提供充盈，並且使「普遍對象『本身』」直接被看到，這種普遍意識僅僅建立在想象的基礎之上，或者至少可以這樣說，它對感知與想象的區別不敏感。從這種說法中還可以得出，所有那些明見的總體陳述的情況顯然也與此相同，它們以公理的方式「僅僅根據概念」便能夠說明自身。

這個指責指出了在我們研究中存在的漏洞，我們已經多次接觸到這個漏洞。我們首先不言而喻地將感知看作是一種與感性感知相等同的東西，將直觀看作是一種與感性直觀相等同

A592
$B_2$120

[5] 在A版中爲：映射的、類比的。

[6] 在A版中爲：普遍性意識。

的東西。我們常常默默地、無意識地超越出這兩個概念的界限，例如：在考慮相容性問題時：每當我們談到對一個矛盾的直觀或對一個統一的直觀或對一個其他的綜合本身的直觀時，我們都會超越出這個界限。我們在有關範疇形式一般的下一章中將會證明對感知概念進行擴展的必要性。為了排除上述指責，我們在這裡僅僅說明，想象是總體抽象的基礎，因此它並不行使現實的和眞正的充實作用，即是說，它不是一種「一致性」直觀。我們已經多次強調，現象的個別個體本身不是普遍之物，而且也不將普遍之物作為實項的部分包含在自身之中。

第38節　在充實作用中的設定行為。在鬆散的和嚴格的意義上的明見性

至此為止，我們在意向性的標題下探討了設定的行為和不設定的行為。儘管具有充實特徵的普遍之物本質上受到質料的規定，並且在一組最重要的關係中也只有質料才受到考察，但在另一些重要的關係中，質性也同樣在發揮著規定的作用，並且這種規定作用是如此強烈，以至於關於意向、關於瞄向的說法似乎只適用於設定的行為。意指瞄向一個事物，它或者達到自己的目標，或者達不到自己的目標，這取決於它是否以某種方式與感知（在此是一個設定行為）一致或不一致。然後，設定與設定便達到一致，意指的行為和充實的行為在這個質性中便是相同的。但單純表象是被動的，「它將事物置而不論」。每當單純表象偶然與一個合適的感知相伴時，在相應的質料的基礎上便會形成充實的相合（Deckung）；但在

A593
$B_2$121

這個過渡的過程中，表象獲得了設定特徵，而相合統一（Deckungseinheit）本身肯定也以同質的方式具有這種設定特徵。每一個現時的認同，或者說，每一個現時的認同或區分都是一個設定的行為，無論這個認同或區分本身是否奠基於設定之中；而且這個命題還用簡短的幾句話附加了一個根本性的特徵描述，這個描述規定了我們對相容性關係所做的最後幾項研究的所有結果，這個描述顯示在一種比至此為止更高的程度上，認同和區分的理論是判斷理論的一個主要部分。是否只有設定的行為才能作為意指行為和充實行為發揮作用，或者，是否不設定的行為也能作為意指行為和充實行為發揮作用，隨著對這個問題的回答，類似於說明、舉例說明、以及證明（即證實，在相反的情況中則為反駁）之間的區別也就得以明瞭。證明這個概念只在與其設定性充實的關係中，而且最終在與它透過感知而得到的充實的關係中與設定性行為有關。

我們將對這個特別突出的事例進行進一步的思考。在這個情況中，相即性的理想是由「明見性」提供的。每當一個設定性意向（尤其是一個主張）透過一個一致性的和完全合適的感知，哪怕是透過相關的個別感知的合適綜合而得以證明時，我們便會談到在極為鬆散意義上的明見性。在這裡談論明見性的程度和層次是完全合理的。人們在這方面所考察的是：感知如何接近它的對象體現的客觀完整性，然後進一步達到最終的完善理想：相即感知的理想，對象的自身顯現的理想——只要它在某一個充實性意向中被意指。但是，在認識批判的確切意義上的明見性僅僅與這個最終的、不可逾越的目標有關，僅僅與這個最完善的充實綜合的行為有關，它為意向，例如：為判斷意向，提供了絕對的內容充盈、提供了對象本

A594
$B_2$122

身的內容充盈。對象本身不僅僅是被意指，而且就像它被意指的那樣，對象與意指是同一的，對象是在最嚴格的意義上被給予的；此外，這裡所說的對象是一個個體對象，還是一個普遍對象，是一個狹義上的對象，還是一個事態（一個認同的或區別的綜合的相關物），這個問題在這裡是無關緊要的。

我們說，明見性本身是一個最完整的相合性綜合的行為。像任何一個認同一樣，明見性也是一個客體化的行為，它的客觀相關物就叫作「**眞理意義上的存在**」，或者也可以叫作「**眞理**」——倘若人們並不願將眞理這個術語分配給另一個源自於那些完全植根於上述現象學事態之中的概念序列的概念。但這裡還需要做進一步說明。

第39節　明見與眞理

一、如果我們首先堅持剛才所說的眞理概念，那麼眞理作為一個認同行為的相關物便是一個[7]**事態**，而作為一個相合的認同的相關物便是一個**同一性**，即：**在被意指之物和被給予之物本身之間的完整一致性**。這種一致性是在明見性中被體驗到的，因為明見性就是相即認同的現時進行。另一方面，人們不能將明見性就是對眞理的「體驗」這個定理隨便地解

[7] 在A版中加以重點號。

釋成：**明見性**（如果我們將感知的概念加以足夠的擴展）就是感知，而嚴格的明見性就是對眞理的**相即感知**。因為，如果考慮到我們在前面[4]所表露的懷疑，我們就必須承認，認同的相合之進行還不是對對象的一致性的現時感知，相反，只有透過一個客體化立義的本己行為，只有透過一種對現存的眞理的特有觀向（Hinblicken），認同的相合才能成為對象性的一致。而眞理事實上是「現存的」。這裡先天地存在著這樣一種可能性，即：我們隨時有可能觀向這種一致性，並且使這種一致性在相即感知中成為意向性意識。

二、另一個眞理概念則涉及在那種被定義為明見性的相合統一中存在著的**觀念關係**，這種相合統一是指在各個相合行為的**認識本質**之間產生作用的統一。前一種意義上的眞理是一種與明見性行為相符合的對象之物，這一種意義上的眞理則是一種包含在行為形式中的觀念，也就是經驗偶然的明見性行為所具有的**合乎認識的並被理解為觀念的本質**，或者也可以說是**絕對相即性本身的觀念**。

三、此外，我們在給予性行為的充盈方面以**被意指對象的方式在明見性中**體驗到被給予的對象：這個被給予的對象就是充盈本身。這個對象也可以被稱之為存在、眞理、眞實之 A595 $B_2$123

4 參閱本書第六研究，第8節的補充，第三十五、三十六頁[8]，以及第七章。

[8] 在A版中爲：第五〇七—五〇八頁。

物，只要它在這裡不是像在單純相即感知中那樣被體驗，而是被體驗為一個意向的觀念充盈、被體驗為**使之為眞的**對象，或者說，被體驗為這個意向的**特殊認識本質**的觀念充盈。

四、最後，從意向的立場來看，對明見性關係的理解又產生出作為**意向的正確性**（特別是例如**判斷的正確性**）、作為意向與眞實對象之相即狀態的眞理，或者說，作為**種類意向的認識本質之正確**性的眞理。就最後一點而言，例如有命題的邏輯意義上的判斷的正確性：命題「朝向」事物本身；這個命題說：它是這樣的，而且它確實是這樣的。但在這個命題中表達了這樣一個觀念的可能性，也就是這樣一個總體的可能性，即：任何一個具有這種質料的命題都可以在最嚴格的相即性中得到充實。

我們尤其必須注意，這裡所涉及的（作為眞理的客觀意義和第一性意義的[9]）存在不能混同於「肯定性」範疇陳述的**係詞存在**。**在明見性中**[10]所涉及的是**總體相合**，而與這種係詞存在相符合的通常只是（屬性判斷的）局部的認同。

但是，即使一個完全的認同成為謂語判斷，前一個存在也不等同於後一個存在。因為我們注意到，在一個判斷明見性中（判斷＝謂語陳述），**在判斷眞理意義上的存在被體驗到**，**但未被表達出來**，也就是說，它永遠不會等同於那個在陳述的「是」中被意指和被體驗到的

[9] 在A版中爲：前面所說的第一種意義的。

[10] 在A版中爲：在**明見性**中。

A596
$B_2$124

存在。後一個存在是在眞實之物意義上的存在之物的綜合因素——它怎麼會表達它自己的眞實存在呢？我們恰恰發現，**多種一致性在這裡得到綜合：這**[11]**同一個**局部的、謂語陳述的一致性，它以論斷的方式被意指並且被相即地感知到，也就是說，自身被給予。（我們在下一章中將透過關於範疇客體化的一般學說來說明這句話的含義。）這是**主語與謂語之間的一致性**，是主語與謂語的相合。此外我們還具有構成[12]**明見性行為的綜合形式的一致性**，即在陳述所具有的含義意向和對事態本身的感知之間的完全相合；這當然是一個有步驟地進行的相合；我們在這裡不再對此做進一步探討。**這種**一致性顯然沒有被陳述出來，它不像第一種一致性那樣對象性地隸屬於被判斷的事態。它無疑**可以**隨時被陳述出來，而且是明見地被陳述出來。這樣，它就會成為一個新明見性的使之為眞的[5]事態，而同樣的情況也適用於這個新的明見性，可以如此周而復始。但在每一個步驟上我們都必須區分使之為眞的事態和構造著明見性本身的事態，區分被客體化的事態和未被客體化的事態。

5 「使之為眞」（wahrmachend）是胡塞爾造的一個詞，它相當於胡塞爾所說的「證實」（bestätigend）。胡塞爾在後面又將它等同於「相即的充實」。——中譯注

[11] 在A版中未加重點號。

[12] 在A版中加有重點號。

剛才所做的區分引導我們進行以下的一般說明。

在對明見性和眞理這兩個概念的關係[13]的闡述中，我們在行為（這些行為在明見性中找到其嚴格的相即性，無論它們是以意向的作用，還是以充實的作用在做這件事）的對象方面沒有區分事態和其他的對象。與此相符，我們也沒有顧及在關係行為——一致的和不一致的行為、謂語陳述的行為——與非關係行為之間的現象學區別；從而也就沒有顧及在關係含義、非關係含義與被觀念地把握的意向本質之間的區別。嚴格的相即性可以是關係意向與其完善的充實的統一，也可以是非關係意向與其完善的充實的統一；尤其是在表達的領域中，相即性並不必定是指作為陳述意向和陳述充實的判斷，稱謂行為同樣可以是相即的。但人們對眞理、正確性、眞實之物這些概念的理解通常要比我們的這種做法更為狹窄：它們僅僅與判斷和命題，或者說，僅僅與判斷和命題的客觀相關物、事態有關；同時，存在則主要是與絕對客體（非—事態）有關，雖然這裡缺乏可靠的劃界。毫無疑義，我們有權對這些概念做更為一般的理解。實事的本性要求我們將眞理與謬誤的概念至少先做這樣的擴展，使它們能夠包含客體化行為的整個領域。同時，最恰當的做法似乎是將眞理和存在的概念區分開來，這樣，眞理概念（這個概念仍然會不可避免地含有多義性，但透過對這些概念的說明，這種多義性幾乎是無害的）便與行為本身和它觀念地被理解的各個因素有關，而存在概念

A597
$B_2$125

[13] 在A版中「關係」爲單數（Verhältnis），在B版中改爲複數（Verhältnisse）。

（眞實—存在）則與那個所屬的**對象相關項**有關。與此相符，根據「二」和「四」，我們將眞理定義為相即性的觀念，或者定義為客體化設定和含義的正確性。這樣，在眞理意義上的**存在**便可以根據「一」和「三」而被定義為在相即性中同時被意指和被給予的對象的同一性，但也可以（這更符合這個詞的自然意義）被定義為可以在相即性中被感知之物，這個被感知之物與一個透過感知而可以使之為眞的（可以相即充實的）意向有著不確定的聯繫。

在對這些概念進行如此廣泛的理解並且做出現象學的確定之後，我們可以在顧及到關係行為和非關係行為（謂語陳述——絕對設定）之區別的同時對**較為狹窄的眞理概念**與[14]**存在概念**做出劃界。然後，較為狹窄的眞理概念便限制在一個關係行為與屬於此行為的相即事態感知的理想相即性上；同樣，較為狹窄的存在概念則涉及絕對對象的存在並將這種存在與事態的「存有」區分開來。

據此可以明瞭：如果將判斷定義為設定性行為，那麼從主體方面來說，判斷的領域與最廣泛意義上的眞理與謬誤概念的聯合領域便是相合的。如果用陳述和對陳述的可能充實來定義判斷，即是說，如果將判斷僅僅理解為關係設定的領域，那麼同一種相合也會形成，只要這裡的基礎也是狹義上的眞理和謬誤概念。

A598
$B_2$126

[14] 在A版中未加重點號。

至此為止，我們始終在單方面地討論明見性的情況，即被描述的行為的完全相合的情況。但在相關的衝突情況中，與明見性相對應的是**悖謬性**，它是對在意向和擬－充實（Quasi-Erfüllung）之間的完全衝突的體驗。在這種情況下，與眞理和存在概念相符合的是相關的**謬誤**和**虛無**概念。在我們做了所有那些基礎準備之後，要從現象學上澄清這些概念並不是一件特別困難的事。首先必須仔細地說明最終**失實**的否定性理想。

我們至此為止是以對明見性概念的嚴格理解為基礎的，根據這種理解，近來人們時常表露出來的那種懷疑，顯而易見是悖謬的，這種懷疑就是：同一個質料A難道不可以在這裡與明見性的體驗相結合，在那裡卻與悖謬性的體驗相結合嗎？這種懷疑是不可能的，除非人們將明見性和悖謬性解釋成為一種特有的（肯定的和否定的）**感覺**，這種感覺偶然地附加在判斷行為上，賦予它們我們在邏輯上評價為眞與假的特別標記。如果一個人體驗到明見性A，那麼明見無疑的是，不會有第二個人體驗到這同一個A的悖謬性；因為A是明見的，這就意味著：A不僅僅是被意指，而且它正是作為這個被意指的東西現實地被給予；它是在最嚴格的意義上自身當下的。這同一個A怎麼可能對第二個人來說是被意指的，但這個A的意指又被一個眞實的被給予之物非A眞實地排斥呢？可以看出，這裡所關係到的是一個本質－事態，這個事態與矛盾律（在前面第一二三頁[6]上所探討的相互關係當然也與這個矛盾律的多

A599
$B_2$127

6 即本書第六研究，A 595/B_2 123。——中譯注

義性有關）所表達的事態是完全同一的。[15]

從我們的分析中可以非常清晰地得出，存在［是］（Sein）與不存在［不是］（Nichtsein）不是兩個根據其起源來表達判斷**質性**之對立[16]的概念。在我們對現象學關係的理解的意義上，**每一個**判斷都是設定的，而設定並不是一個在質性上與「不是」相對立的「是」的特徵。判斷的**質性**對立面是對同一個質料的單純表象。在「是」與「不是」之間的區別是意向質料的區別。「是」以含義意向的方式表達謂語陳述的一致，與此相同，「不是」所表達的則是謂語陳述的衝突。

[15] 在A版中爲：事態，這個事態就是矛盾律所表達的事態。

[16] 在A版中爲：而從屬於判斷**質性**。

第二篇

感性與知性

A600
$B_2$128

第六章　感性直觀與範疇直觀

第40節　範疇意指形式的充實問題和對此問題之解決的一個指導思想

在至此為止的闡釋中，我們已經一再感受到有一個相當大的缺漏存在。它涉及範疇的客觀的形式，或者說，在客體化行為領域中的「綜合」作用，這些客觀形式就是透過這些作用而構造起自身，它們透過這些作用而成為「直觀」並且據此而成為「認識」。我們有勇氣來嘗試著彌補這個缺漏。我們再次與此項研究的第一章相連接，這一章的任務在於達到認識啟蒙的一個有限目標，即表達性的含義意向與被表達的感性直觀之間的關係。我們暫時仍以感知陳述和其他直觀陳述的最簡單情況為基礎，並且在此基礎上來澄清下列考察的課題：

在感知陳述的情況中得到充實的不僅僅是那個與它交織在一起的稱謂表象；這個陳述含義的總體都透過基礎性的感知而得到充實。至少就整個陳述而言可以說，它給予我們的感知以表達：我們不只是說「我看見這張紙」、「我看見一個墨水瓶」、「我看見幾本書」，而是也說「我看見，這張紙已經寫過字」、「我看見，這裡有一個銅質墨水瓶」、「我看見，幾本書被打開」，諸如此類。如果對於某人來說，稱謂含義的充實已經夠清楚，那麼我們現在就要問，如何來理解這**整個**陳述的充實，尤其是要問，如何來理解那些超越出這些整體陳述的「質料」的東西，它在這裡是指超越出它們的稱謂項（Termini）的東西。這些含義因素——「**範疇形式**」的因素——構成了命題形式本身，並且它們例如包含係詞，是什麼應當並且能夠為這些含義因素提供充實呢？

但更切近地看，這個問題也可以轉用於稱謂含義，只要它們不像專有含義一樣恰好是無形式的。與陳述一樣，名稱也已經在語法顯現中具有它的「質料」和它的「形式」。如果名稱被分解為語詞，那麼這個形式便一部分在於排列的方式，一部分在於特有的形式詞，一部分在於個別語詞的構成方式，而這個個別語詞自身又可以再區分出「質料」因素和「形式」因素。這類語法區分回溯地指明了含義的區分；語法的環節與形式至少是粗糙地表達著建立在含義本質之中的環節與形式；因此我們在含義中發現各種極不相同的特徵的部分，而在這些部分中我們在這裡尤其可以注意到這樣一些部分，它們透過「這個」、「一個」、「幾個」、「許多」、「少數」、「兩個」、「是」、「不」、「哪一個」、「和」、「或」等等一些形式詞而被表達出來；此外也透過名詞、形容詞以及語詞的單、複數構造形式等等而被表達出來。

所有這一切在充實中的狀態又是如何的呢？在本書第三章中所闡述的那個完全合適之充實的理想還能夠繼續得到堅持嗎？含義的所有部分和形式都與感知的各個部分和形式相符合嗎？在這種情況下也就可以說，在含義的意指和充實的直觀之間存在著「表達」這個說法所引發的那種對應性；表達也就是感知的圖像般的對應面（即在它們已經被表達的所有部分或形式方面），儘管它是由一個新的材料所構成——一個在意指材料中的擠—出（Ausdruck）。

因此，對意指和直觀之間關係的解釋典範是專有含義與相應感知的關係。誰熟悉「科隆」本身，並據此而具有「科隆」這個語詞的真實專有含義，他就在各個現時意指體驗中擁有一個與將要證實的感知完全相符合的東西。它不是感知的本真對應圖像，例如像相應的想

A602
$B_2$130

象那樣；但正如這個城市（被認為）本身在感知中成為當下一樣，如前所述，「科隆」這個專有名稱是在其專有含義中「直接地」意指這個城市本身，它如其所是地意指這個城市本身。素樸的感知在這裡並不借助其他建立在它之上的行為就使這個對象顯現出來，這個對象就是含義意向所意指的對象，並且也就是它如此地意指的對象。含義意向因此在單純的感知中找到那個它在其中完全合適地得到充實的行為。

如果我們撇開直接指稱的、無形式的表達而來考察有形式的和分環節的（gegliederte）表達，那麼事情看起來也不會有兩樣。我看白紙，並且說白紙，這樣我便完全合適地只表達出我所看的東西。在完整的判斷那裡也是這種情況。我看見，這張紙是白的，而我所表達的就是這個，我陳述說：這張紙是白的。

我們不能被這種在某種方式上正確的，但卻易於造成誤解的說法所迷惑。人們甚至會想借此來論證說，含義在這裡是處在感知之中，而如我們已經確定的那樣，這是不確切的。「白」這個詞所指的肯定是某種在白紙本身上的東西，這樣，這個意指便在充實的狀態中與那個與對象的白因素有關的局部感知相合。但僅僅設想一種與此局部感知的單純相合似乎還不夠。人們在這裡通常會說，顯現的白被認識為白的並且被指稱為白的。然而關於認識的通常說法更多地是將主詞對象標示為「被認識的」。在這種認識中顯然還有另一個行為，它或許包含著前一個行為，但至少有別於前一個行為。這張紙被認識為白，或者毋寧說，被認識為白色的，只要我們在表達感知時說「白紙」。「白」這個詞的意向只是局部地與顯現對象的顏色因素相合，在含義中還存有一個多餘、一個形式，它在顯現本身之中沒有找到任

A603
$B_2$131

何東西來證實自身。白的，這就是說，**是**白的紙。而這個形式在紙這個主詞那裡不也在重複著自身嗎？儘管是以始終隱含的方式？只是那些在紙的「概念」中得到聯合的各個特性含義才在感知之中具體地得到確定；即使是在這裡，這整個對象也被認識為紙，在這裡也有一個包含著「是」的補充形式，儘管它不是唯一的形式。素樸感知的充實功效顯然不能達到這些形式。

我們只需要進一步探問，與這兩個在同一感知基礎上進行的案例表達「這張白紙」和「這張紙是白的」的區別——亦即定語陳述形式和謂語陳述形式的區別——在感知的方面相符合的東西是什麼？這個區別在感知那裡的真正表現是什麼？那麼我們便會注意到同樣的困難。簡言之，我們明察到，事情在有形式的含義這裡不會像在專有含義以及它與感知的素樸相合關係那裡一樣簡單。人們當然可以用可理解的並且對聽者而言單義的方式說：「我看見，這張紙是白的」；但這個說法所指的並不一定是表達：被陳述的語句含義給予一個**單純的看**。它也可能是指，顯現的對象性在這個看之中作為自身被給予的而得到宣示，這個看的認識本質奠基著某個連結的（verknüpfend）、或聯繫的（beziehend）、或具有其他形式的行為，正是在**這些**行為上，表達用它的各個變換形式來進行衡量，而且表達也正是在這些行為中得到充實，這是就這些作為**根據**現時的感知而已經完成的形式而言。如果我們將這些被奠基的行為，或者毋寧說，這些行為形式連同其奠基性的行為聚合在一起，並且在「被奠基的行為」之標題下包容所有那些透過那種形式奠基而形成的複合行為，那麼我們就能夠說：在剛剛所指出的可能性之前提下又產生出一種相似性，只是這個相似性不是在表達的含義意

A604
$B_2$132

向和與其相應的單純感知之間的相似性，而是在含義意向和那些奠基於感知之中的行為之間的相似性。

第41節　續論：對事例領域的擴展

如果我們設想將這些事例的範圍加以擴展，使它包含述謂思維的整個領域，那麼便會產生出相似的困難以及相似的克服這些困難的可能性。在這裡尤其會出現這樣一些判斷，它們不具有與一個個體的、須透過某個直觀來給予的個別性的特定聯繫，而是以一種總體的方式表達著觀念統一之間的聯繫。這些判斷的總體含義也可以在「一致性」直觀的基礎上進行，就像它們的起源是直接或間接地處在直觀之中一樣。但直觀的個別之物在這裡並不是被意指之物，它至多只是作為通常被關注的那個普遍之物的一個單個情況、作為直觀普遍之物的例子發揮作用，或只作為一個與此例子相似的東西發揮作用。例如：如果我們總體地談及「顏色」或特殊地談及「紅」，那麼一個單個的紅事物的顯現可能會為我們提供舉證的（belegend）直觀。

此外，有時也會出現這種情況，即：人們將總體的陳述恰恰標示為對直觀的表達。例如：當人們說，一個算術公理表達著包含在直觀中的東西；或者當人們指責一個幾何學家，說他不是進行形式的演繹，而只是表達他在幾何圖形上所看到的東西，他從繪圖出發進行推斷，並且略過證明步驟。這些說法具有其好的意義（這個指責在相當大的範圍內涉及歐

A605
$B_2$133

幾里得幾何學的形式結論）；只是這裡的表達之所指，與在前面情況中並不相同。如果在前面的情況中表達已經不只是直觀的對應圖像的話，那麼在這裡就更非如此了，意向在這裡並不隨著思想而指向直觀被給予的顯現以及它們的直觀特性或關係，甚至在下面這個例子中則根本不能是如此：在幾何意義上的圖形如所周知是一個理想的極限，它在直觀上實際上是不可指明的[1]。但儘管如此，直觀在這裡，並且在所有總體領域中，都具有與表達及其含義的本質聯繫；因此，表達與含義構成了一個與直觀相關的普遍認識的體驗，它不是單純的聚合，而是一個可感受到的統一。在這裡，概念和命題也以直觀為定向，並且只有這樣才會在相應的合適性的情況下產生明見性，產生認識的價值。另一方面，只要略做考慮便可以明察到，這裡的表達之含義完全不處在直觀之中，相反，直觀只是賦予含義以清晰性的充盈，並且在有利的情況下賦予明見性的充盈。眾所周知的是，絕大多數的總體陳述，尤其是科學陳述，都是在沒有澄清性直觀的情況下發揮著含義作用，只有極少一部分陳述（也包括那些真實的和被論證的陳述）可以借助於直觀的完全透射（Durchleuchtung）而被達到，並且始終可以如此被達到。

與在個體區域中相似，關於認識的自然說法在總體區域中也涉及直觀被奠基的思維行為。如果直觀完全缺失，那麼判斷雖然不能認識任何東西，但它以其純粹的思想方式來意

[1] 在A版中「不可指明」為：「nachweisbar」，在B版中改為：「aufweisbar」。

指的仍然還是那個借助於直觀而被認識的東西——只要這個判斷的確是一個眞實判斷。但是，我們可以在每一個對總體判斷在直觀上補加證實的情況中觀察到，這個認識就像所有其他認識一樣具有充實和認同的特徵。

這裡出現一個困難：在這裡如何會形成認同，因為總體命題的形式，尤其是普遍性的形式應當無法在個體直觀中找到它所喜好的因素；與前面相似，一些被奠基行為的可能性提供了解決這個困難的辦法，這些被奠基行為進一步說，具有例如以下的構型：

只要總體思想在直觀中得到充實，那麼在這些感知和[2]其他等級的顯現上便會構造起某些新的行為，並且是這樣的行為，它們以一種與構造起顯現對象的那些直觀完全不同的方式與這些顯現對象發生聯繫。這種聯繫方式的差異性以一種不言自明的和前面已使用過的轉折方式表明，這個直觀對象並不是本身作為被意指的對象而矗立於此，只是作為對眞正的、總體的意指進行澄清的例子發揮作用。由於現在**表達性**的行為也遵循這些區別，因此它們的符號意向也不是朝向一個直觀的表象之物，而毋寧說是朝向一個普遍之物、一個只是由直觀來舉證的東西。而只要這個新的意向透過基礎性的直觀而得到相即的充實，那麼它就會表明它的客觀可能性，或者說，這個普遍之物的可能性或「實在性」。

A606
$B_2$134

[2] 在A版中為：或。

第42節　在客體化行為的總體領域中感性材料與範疇形式的區別

這些臨時的考察使我們認識到困難之處並且也為我們直接提供了可能解決這個困難的引導性思想，在此之後，我們試圖對這些考慮進行眞正的實施。

我們以此為出發點，即：一個在某種程度上，圖像般的表達之觀念完全不能用來描述在有形式的表達之情況下，在表達性的含義與被表達的直觀之間形成的關係。這一點無疑是正確的，並且現在只需受到進一步的規定。我們只是需要認眞地思考，什麼有可能是感知的事情、什麼是意指的事情，並且我們必須注意，每次只有**某些在單純的判斷形式中事先被給定的陳述部分才會在直觀中與某物相符合**，而**其他的陳述部分卻在直觀中不可能有任何東西與之相符合**。

讓我們來更切近地觀看一下這個實事狀態。

假定這裡討論的是一個正常的完整表達，那麼感知陳述就是關於變換著的構形的有環節的說法。我們很容易區分某些類型，例如「E是P」（E在這裡可以作為對[3]專名的指示），「一個S是P」，「這個S是P」，「所有S是P」等等。諸多困難產生於否定所具有的節制性影響，產生於對絕對謂語與相對謂語或絕對定語與相對定語之區別的引入，產生

A607
$B_2$135

[3] 在A版中還有：一個。

於聯言的、選言的、限定的銜接等等。在這些類型的差異性中表露出明確的含義區別。與在這些類型中不同的字母符號和語詞相符合的一部分是在從屬於這些現時陳述之含義中的各個環節，另一部分則是在其中的各個連結形式。現在可以輕而易舉地看出，在感知中得到充實的含義只能夠處在這些透過字母象徵而得到指示的「判斷形式」的位置上，而對於補充性的形式含義來說，要想在感知中直接尋找那種能夠賦予它們以充實的東西則是不可能的，甚至是根本錯誤的。自然，字母借助於它們的單純作用含義也可以接受複合思想的價值；那種建構極為複雜的陳述也可以從非常簡單的判斷類型之觀點出發而得到領會。據此，在那些被我們統一看作是「項」（Terminus）[4]的東西那裡，「材料」與「形式」的區別一再重複。但在每一個感知陳述中，並且與此相似地在每一個其他的、在某種第一性的意義上給予直觀以表達的陳述那裡，我們最終會進入到現有因素——我們將它們稱作材料的因素——的項之中，這些因素在直觀（感知、想像以及其他等等）中得到直接的充實，而補充性的形式儘管作為含義形式也要求得到充實，但它們在感知和同等的行為中，卻無法直接找到任何一個能夠與它們相符合的東西。

我們將這個基本區別自然的加以擴展，使它超出客體化表象的整個領域之外；在此擴展中，我們將這個基本區別標示為「範疇」區別，並且是在表象的「形式」與「材料」之間的

A608
$B_2$136

[4] 在A版中未加重點號。

「絕對」區別，同時我們將它區分於能夠與它密切相關的「相對的」或「功能性的」區別，後者在前面已經一同得到了暗示。

我們剛才在前面說到對此區別的自然擴展，使它超出客體化表象的整個領域之外。這就是說，我們將那些與含義意向的材料的或形式的組成部分相符合的充實之組成部分也理解為「材料的」或「形式的」組成部分；由此便很清楚，在客體化行為的領域中究竟什麼應當被看作是材料的和形式的。

此外，人們還在多種意義上談及材料（或者也談及質料）和形式（Form）。我們在這裡要明確指明，通常所說的與範疇形式相對立的質料根本不是與行為質性相對立的質料；例如：我們在含義中將質料區分於設定的質性或單純擱置的質性，這裡的質料告訴我們：在含義中對象性被意指為何物，被意指為如何被規定和被把握的東西。為了便於區分，我們在範疇對立中不說質料（Materie），而說材料（Stoff）；另一方面，在談及至此為止的意義上的質料時，我們則著重強調意向質料（intentionale Materie），或者也可以說：立義意義（Auffassungssinn）。

第43節　範疇形式的客觀相關項不是「實在」因素

A609
$B_2$137

現在的問題在於說明剛才所標示出的那個區別。為此目的，我們接著前面的事例進行下去。

我們曾說過，那種給予著形式的變化、那種在定語和謂語作用中的存在，是不會在任何感知中得到充實的。在這裡我們回憶起康德的命題：存在不是實在的謂語。如果這個命題也涉及實存的存在，涉及「絕對設定」的存在，就像赫爾巴特也[5]曾說過的那樣，那麼我們就不能將這個命題專門限定在謂語和定語的存在上。至少這個命題所指的恰恰就是我們在這裡所想闡明的東西。我可以看見顏色，但不能看見有顏色的－存在。我可以感受光滑，但不能感受光滑的－存在。我可以聽見聲音，但不能聽見聲音的－存在。存在不是處在對象中的東西，不是對象的部分，不是寓居於對象之中的因素；不是質性或強度，但也不是形態，不是內部的形式一般，不是一種構造標記（Merkmal），無論這標記被理解為什麼。但存在也不是一個附在一個對象上的東西，正如它不是一個實在的內部的標記一樣，它也不是一個實在外部的標記，因而在實在的意義上根本不是「標記」。因為這也與實事的（sachlich）統一形式無關，正是這些形式才將對象連結為更廣泛的對象，將顏色連結為顏色形態，將聲音連結為和諧，將事物連結為更廣泛的事物或事物秩序（花園、街道、現象的外部世界）。在這些實事的統一形式中建立起對象的外部標記，左和右、高和深、高聲與低聲，以及如此等

[5] 在A版中為：以前。

等，在這裡面當然無法找到像「是」[1]這樣一類東西。

我們曾談到**對象**、它們的構造標記、它們與其他對象的實事聯繫，這種聯繫創造出更廣泛的對象並且同時在部分對象上創造出外部的標記；我們曾說，在它們之中無法找到某種與存在相符合的東西。但所有這些都是可感知性，它們包容了可能感知的整個範圍，以至於在這裡立即[6]就可以說並且可以確定：**存在絕然**[7]**是不可感知的東西**。

但這裡需要做一個澄清性的補充。**感知與對象**是彼此密切相關的概念，它們相互指明各自的意義、相互擴展和縮窄各自的意義。但現在必須突出一點，即：我們在這裡所使用的是某個自然限定的最簡單的，但卻極為**狹窄的感知或對象概念**。如所周知，人們也在一種非常**展開的意義**上談及感知，尤其是談及看；這個意義自身包含著對整個實事狀態（Sachverhalt）的把握，並且最終甚至包含著規律的先天明見性（作為「明察」）。通俗而粗糙地說，在**狹義**上被感知的是我們用眼所能見、用耳所能聽、用某個「**外感官**」、或者也可以是「**內感官**」所能把握的所有對象之物。誠然，根據日常用語，「**感性地被感知的**」

A610
$B_2$138

1 「是」的德文原文是「Ist」，也可譯作「存在著」。——中譯注

[6] 在A版中為：同時。

[7] 在A版中「絕然」為：「schlechtdings」，在B版中改為：「schlechthin」。

只是**外部**事物與事物的連結形式（連同直接從屬的各個標記）。但如果要前後一致，那麼人們就必須在引入「內感官」的說法之後也對感性感知的概念做適當的擴展，從而使所有「**內**」[8]感知以及在感性客體的標題下的**內客體**——亦即自我和它的內體驗——之相關範圍也都被包容在內。

現在，在如此理解的感性感知之領域中以及與之相應地在整個**感性直觀**的領域中——我們堅持關於感性之說法的這個廣度——，像「存在」這個詞所具有的這種含義無法找到可能的**客觀相關項**[9]2，並因此而無法得到可能的充實。適用於存在的東西，顯然也對陳述中的其他範疇形式有效，即使它們現在將這些項的組成部分相互連結，或者將這些項本身連結為命題的統一。「一個」與「這個」、「並且」與「或者」、「如果」與「那麼」、「所有」與「沒有」、「某物」與「無物」、「量的形式」與「數的規定」等等，——所有這些都是意指性的命題要素，但是，在**實在**對象的領域中——而這無非就意味著，在**可能的感性感知**

2 在《胡塞爾全集》第十九卷，第二部分中，「相關項」一詞漏加重點號。這裡根據《邏輯研究》一九二二年第三版改正之。——中譯注

[8] 在A版中未加引號。

[9] 在A版中未加重點號。

之對象的領域中——，我們只是徒勞地尋找這些命題要素的對象相關項（如果我們還可以認為它們具有這種相關項的話）。

第44節　存在概念以及其他範疇的起源不處在內感知的區域之中

但是，我們必須明確強調，這一點既對「外」感官的領域有效，也對「內」感官的領域有效。有一種易於為人接受的學說自洛克以來普遍流行，但它卻是一個根本錯誤的學說，這個學說主張：這裡所說的含義或與它們相應的在稱謂上獨立化了的含義——邏輯範疇，如存在與不存在、一、多、全、數、原因、結果等等——是透過對某些心理行為的反思而產生的，亦即產生於內感官、「內感知」的區域。以這種方式會產生出感知、判斷、肯定、否定、合取和計數、預設和推斷——因此它們都是「感性」概念，即從屬於「內感官」領域的概念——，但永遠不會產生出前一序列的概念，這些概念根本不能被看作是心理行為的概念或心理行為之實在組成部分[10]的概念。「判斷」這個思想在對一個現時判斷的內直觀中得到充實；但「是」的思想卻沒有在其中得到充實。存在不是判斷並且不是一個判斷的實在組成部分。正如存在不是某個外部對象的實在組成部分一樣，它也不是某個內部對象的實在

[10] 在A版中為：描述內容。

組成部分；就是說，它也不是判斷的實在組成部分。在判斷中——在謂語陳述中——「是」作為含義因素出現，就像例如「金」和「黃的」也作為含義因素出現一樣，只是在不同的位置上和不同的作用中。「是」本身並不在其中出現，它只是在**「是」**這個詞中被意指，也就是說，符號地被意指。但在充實中，亦即那種在某些情況下會與判斷相符合的**充實**中，它是**自身被給予**的，或至少被認為是被給予的，這種充實就是：**對被意指的實事狀態的覺知**（Gewahrwerdung）。不僅在「金」以及類似的「黃的」的含義部分中被意指的東西現在自身顯現出來，而且「金—是—黃的」也顯現出來；判斷和判斷直觀在這裡結合為這個明見判斷的統一，在有利的情況下還會結合為在理想極限意義上的明見判斷之統一。

如果人們將判斷不只是理解為那些從屬於現時陳述的含義意向，而且也理解為可能的、與它們完全相配的（zugepaßt）充實，那麼這樣一點肯定就是正確的：**一個存在只能在判斷中被把握**；但這**絕不是**說[11]，存在的概念必定就是以及有可能就是在對某些判斷的**「反思中」**所獲取的。此外，「反思」是一個相當含糊的語詞。在認識論中它具有一個洛克所賦予它的至少是相對固定的意義，即內感知的意義；因此在解釋那個學說時，即那個相信可以在對判斷之反思中找到存在概念之起源的學說時，我們只能堅持這個意義。而**這樣一種**起源是我們所否認的。那個表達著謂語判斷的聯繫性存在，例如作為「是（ist）」、「是

A612
$B_2$140

[11] 在A版中未加重點號。

（sind）」以及其他等等，是一個非獨立之物；如果我們將它補完為（ausgestalten）完全具體之物，那麼各個實事狀態、完整判斷的客觀相關項便會形成。而後我們便可以說：感性對象與感性感知的關係如何，實事狀態與那個（或多或少相適地）「給予著」它的覺知行為（我們覺得有必要簡短地說，實事狀態與實事狀態感知）的關係也就如何。感性對象（實在之物）的概念並不是透過對感知的「反思」而產生出來的，因為這樣所得出的便是感知的概念或某些感知的實在構成物的概念了，與此相同，實事狀態的概念也不產生於對判斷的反思之中，因為我們由此只能得出獲得判斷的概念或判斷的實在構成物的概念。

A613
B₂141

不言而喻，在對感知的反思那裡被體驗的必定是感知，而在對判斷的反思這裡被體驗的則必定是判斷或判斷直觀（實事狀態感知），這樣，各個抽象才會成立。被體驗存在（Erlebtsein）不是對象性存在（Gegenständlichsein）。但「反思」就意味著，我們所反思的東西、現象學的體驗[12]對我們成為對象性的（被我們內感知到），並且它從這個對象性內容中實在地給出那些須被總體化的規定。

實事狀態和（係詞意義上的）存在這兩個概念的起源並不處在對判斷或對判斷充實的「反思」之中，而是眞實地處在「判斷充實本身」之中；我們不是在作為對象的行為之中，而是在這些行為的對象之中找到實現這些概念的抽象基礎；而這些行為的共形變異當然也會

[12] 在A版中為：心理狀態。

為我們提供一個同樣好的基礎。

從一開始便不言自明的是：一個其他的概念（一個觀念、一個種類的統一）只能在一個行為的基礎上「**產生出來**」，亦即被給予我們，這個行為至少以想像的[13]方式將某個與它相應的個別性置於我們眼前，與此相同，也只有當某**個存在**現實地或想像地[14]**被置於**我們**眼前**時，存在的概念才能夠產生出來。也就是說，如果我們將存在視作**謂語存在**，那麼就必定有某個**實事狀態**被給予我們，而且這當然是透過一個**給予著**它的**行為**——那個**通常感性直觀的相似者**。

同樣的情況也適用於所有範疇形式，或者說，適用於所有**範疇**。例如：一個總和在一個現時的聚合中被給予並且也只能在這種聚合中被給予，也就是說，在一個行為中被給予，這個行為在「A與B與C……」的聯言連結形式中得到表達。但這個總和的概念並不是透過對這個行為的反思而產生的；我們不是反思這個給予著的行為，而是關注它所給予的那個東西[15]，關注它具體地使之顯現出來的這個**總和**，並且將它的普遍形式提升到普遍概念的意識之中。

[13] 在A版中為：圖像的。

[14] 在A版中為：，無論是現實地還是圖像地，。

[15] 在A版中加有重點號。

第45節　對直觀概念的擴展，尤其是對感知和想像概念的擴展。感性直觀與範疇直觀

現在要提出一個問題：如果含義的範疇形式不是透過狹義理解的感知或直觀而得到充實，即透過那種為我們用「感性」的說法所試圖暫時勾畫的感知和直觀而得到充實，那麼它們是在哪裡得到充實的呢？——前面所做的考量已經為我們清楚地預先描繪出對此問題的回答。

首先，就像我們已經預設的那樣，**形式確實也會得到充實**，或者說，可以得到充實的是那些具有這種和那種形式的整個含義，而不僅僅是「材料」的含義因素。對一個忠實的感知陳述的每一個事例的設想都會表明這一點是無疑的；故而也可以解釋，人們將整個感知陳述都稱作一個感知表達，並且轉義地將它稱作對那些在感知中[16]被直觀到的和自身被給予的東西的表達。但如果表達所具有的這些與材料因素並存的「範疇形式」沒有在感知中（只要這感知被理解為單純的感性感知）得到具體的限定（terminieren），那麼關於感知之表達的說法在這裡就必定是以另一個意義為基礎，無論如何，在此必須有一個行為來同樣地服務於範疇的含義因素，就像單純的感性感知服務於材料的含義因素一樣。正是充實作用所具

[16] 在A版中加有重點號。

有的這種同類性以及所有與此作用有規律地相關聯的觀念聯繫所具有的同類性，它們才使得我們不可避免地要將每一個以此證實的自身展示之方式而充實著的行為都標示為感知，將每一個充實著的行為都標示為直觀，將它的意向相關項標示為對象。具有範疇形式的含義得到充實，它們在感知中得到證實，這意味著什麼；對這樣一個問題我們事實上只能回答說：這無非就意味著，它們與對象本身在它的範疇構形中[17]發生聯繫。對象連同這些範疇形式不僅被意指，而且它正是在這些形式中被置於我們眼前；換言之：它不僅被思想，而且也被直觀，或者說，被感知。據此，只要我們想要分析：關於充實的說法之目的何在，有形式的含義以及在它們之中的形式因素要表達什麼，那個與它們相一致的統一的或創造著統一的客體性是什麼；我們便不可避免地會遭遇到「直觀」或「感知」和「對象」。我們無法缺少這些語詞，當然，它們的擴展了的意義是顯而易見的。如果我們不能使用對象這個語詞，那麼我們應當如何來標示一個非感性的或含有非感性形式的主體表象之相關項，如果我們不能使用感知這個語詞，那麼我們又應當如何來指稱對象的現時「被給予存在」或作為「被給予」的顯現？所以，在一般常用的話語中，總和、不確定的多數、全數、數目、選言、謂詞[「是—正義的」（Gerecht-sein）]、實事狀態都成為「對象」，那些使它們作為被給予而顯現出來的行為則成為「感知」。

A615
$B_2$143

[17] 在A版中加有重點號。

在較為寬泛的和較為狹窄的、**超感性的**（即**超出**感性而建造的或範疇的）和**感性的**感知概念之間的聯繫明顯不是一個外部的和偶然的聯繫，而是一個建立在實事之中的聯繫。它被包容在這樣一個大的行為種類之中，這些行為的特性就在於，在它們之中有某物作為「現實的」，並且是作為「自身被給予的」而顯現出來。顯然，這種作為現實的和自身被給予的顯現（它很有可能是一種虛假的顯現）始終可以透過它與本質相近的行為的區別而得到描述，而且它只有透過這種方式才能獲得其完整的清晰性；也就是說，透過與圖像當下化以及與純粹符號性思想（Darandenken）的區別，這兩者都不可能包含當下的存在（即所謂自身顯現），儘管不排除對認之為存在（das für seiend Halten）的包含。就認之為存在而言，圖像代現與象徵代現都以雙重的方式是可能的：以設定的方式，作為圖像的或象徵的而認之為存在，並且以不設定的方式，作為「單純的」想像或思想而不帶有認之為存在。在前一篇完成了可以充分一般地得到闡釋的那些分析之後，我們沒有必要再做出進一步的闡述。無論如何很明顯，隨著感知概念的擴展，想像概念（連同它的多重特屬）也必須經歷一個**相應的展開**。我們不可能談論一個超感性的或範疇的被感知之物，如果「以同樣方式」（即：以不單是感性的方式）想像這同一個事物的可能性不存在的話。因此，我們必須完全一般地區分**感性直觀和**[18]**範疇直觀**，或者說，我們必須指明這樣一種區分的可能性。

A616
$B_2$144

[18] 在A版中未加重點號。

此外，對擴展後的感知概念還可以作狹義和廣義的理解：在最寬泛的意義上，普遍的實事狀態也叫作被感知的（「被明察的」、在明見性中「被觀看的」）。在較為狹窄的意義上，感知僅只指向一個個體的，亦即時間性的存在。

第46節　對感性感知與範疇感知之間區別的現象學分析

在下面的考察中，我們首先只考慮個體感知，然後在進一步的順序中再來考慮具有相同等級的個體直觀。

前面只是膚淺地暗示了並以粗糙的特徵描述方式對「感性」感知與「超感性」感知進行了劃分。關於外感官和內感官的過時說法實際上起源於日常生活連同其素樸的形上學和人類學，它可以暫時被用來指示那個將要被排除的區域；但以此還沒有對感性領域做出現實的規定和劃界，故而範疇感知的概念也還缺少描述性的底基。對這些區分的確定和澄清是極為重要的，因為在認識的範疇形式和感性的被奠基質料之間的基本劃分以及類似的在範疇和所有其他概念之間的劃分都完全地依賴於它。因此這裡的問題在於尋找更深層次的描述性特徵，它們會為我們提供對感性感知與範疇感知或整個感性直觀與範疇直觀所具有的本質不同的構造之明察。

但是，為了我們下面的諸目的，沒有必要對與此相關的現象進行詳盡的分析。這將是一項需要做出極為全面之考察的工作。在這裡只要注意較為重要的幾點便夠了，它們標示出這兩方面行為的相互關係。

A617
B_2145

就每一個感知而言都意味著，它對其對象[19]進行自身的或直接的把握。但是，感知可以是狹義的感知，也可以是廣義的感知，或者說，「直接」被把握的對象性可以是一個感性的對象，也可以是一個範疇的對象，換言之，它可以是一個實在的對象，也可以是一個觀念的對象，隨這裡的情況變化，這種直接的把握也就具有一個不同的意義和特徵。我們也可以將感性的或實在的對象描述為可能直觀的最底層對象，將範疇的或觀念的對象描述為較高層次上的對象。

在較為狹窄的「感性」感知之意義中，一個對象被直接地把握到，或者是自身當下的，它在感知行為中以[20]「素樸的」方式構造起自身。然而這便意味著：這個對象也在此意義上是直接被給予的對象，作為這個帶著這些確定的對象內容而被感知的對象，它並不是在聯繫的、連結的行為中以及在以其他方式分環節的行為中[21]構造起自身，這些行為是指那些「奠基於」其他的、使其他範圍的對象得到感知[22]的行為之中的行為。感性對象在感知中是處在一個行為層次上；它不屈從於這樣的必然性，即：它並不必須要以多束的方式

A618
$B_2$146

[19] 在A版中為：在其對象之中。
[20] 在A版中加有重點號。
[21] 在A版中為：顯現之物，它不是在聯繫的、連結的行為中，並且根本就不是在那樣一些行為中。
[22] 在A版中為：顯現。

（vielstrahlig）在那些更高層次的行為中構造自身，這些行為是要借助於其他的、在其他行為中已經自為地被構造出來的對象來構造它們自己的對象的。

但現在每一個素樸的感知，無論它是自為單獨的，還是與其他行為共處的，都可以作為基本行為而發揮作用，即作為那些新的、時而包含它，時而只預設它的諸行為的基本行為發揮作用，這些行為以其新的意識方式同時還使**一個新的、本質上預設著原初意識的客體性意識時間地生成**（zeitigen）。隨著這些新的行為的出現，即隨著聯言的、選言的行為，確定和不確定的個別立義（「這個－某個」）行為，總體化的行為，素樸的、聯繫的和連結的認識行為的出現，由此產生的並不是隨意的主觀體驗，也不是與原初行為相銜接的行為，而是這樣一些行為，即那些我們所說的**構造著新的客體性的**行為；在這些行為中，某物顯現為**現實的和自身被給予的**，而且是如此地顯現，以至於它在這裡作為什麼而顯現出來的東西在奠基性的行為中還未曾被給予過，並且也從未能被給予。**但另一方面，這個新的對象性又建立在老的對象性之中；前一個對象性與後一個在基本行為中顯現的對象性具有對象性的聯繫**。[23]它們的顯現方式本質上受到這種聯繫的規定。這裡關係到一個客體性領域，這些客體**性只有在這類被奠基的行為之中才能「自身」顯現出來**。

[23] 在A版中未加重點號為：但另一方面，這個新的或以新方式顯現的對象性又建立在老的對象性之中；前一個對象性與後一個在基本行為中顯現的對象性具有對象性的聯繫，而且。

直觀和認識的範疇之物便處在這種被奠基的行為之中，陳述性思維便在它們之中得到充實：與這些行為完整相適的可能性規定著作為陳述之正確性的陳述眞理。誠然，我們至此為止僅僅考察了感知的領域以及在此領域中的最原始情況。無論如何，可以看到我們對素樸的和被奠基的行為之區分，可以從感知轉用到直觀之上。同樣已經可以清楚地看到這樣一種複合行為的可能性，這種行為以混合的方式，一部分建立在素樸的感知之上，一部分建立在素樸的想像之上；此外還可以看到這樣的可能性，即新的奠基在被奠基的直觀上構造起自身，即是說，整個奠基的層次序列可以相互疊加地建造起來；再有，符號的意向根據這些較低和較高層次的奠基而得以構成，而後符號行為和直觀行為之間的混合又透過奠基而得以構成，它們也就是建立在這種和那種行為之上的被奠基行為。但問題首先在於最原始的情況以及對它們的完全充分澄清。

第47節　續論：將感性感知描述為「素樸」感知

因此我們要更切近地關注這些行為，在這些行為中，感性的具體之物及其感性的組成部分展示為被給予的；然後我們要關注與這些行為相對的、完全不同的行為，具體確定的實事狀態、集合狀態、分離狀態便是透過這些行為而作為複合「思維客體」被給予，作為「更高序列的對象」被給予，它們**在自身中實項地包含著為它們奠基的對象**；我們還要關注總體化類型的行為或不確定的個別立義類型的行為，儘管它們的對象也是更高層次的對象，但這些對象在自身中卻並**不如此**包含為它們奠基的對象。

A619
$B_2$147

「外部」事物在感性感知中一舉而顯現給我們，只要我們的目光落在它上面。這種感知使事物作為當下的而顯現出來的方式是一種素樸的方式，它不需要借助於奠基性的或被奠基的行為。當然，它發生地產生於哪些行為之中以及產生於哪些複雜的心理過程之中，這個問題在這裡是無關緊要的。

我們也並沒有忽略這樣一個顯然的複合，它可以在素樸感知行為的現象學的內涵[24]中，尤其是在其統一的意向中得到證明。

在這個事物中，即在這個內容上這樣或那樣顯現著的事物中確實包含著雜多的構造特性，在這些特性中有一個部分「自身落實在感知中」，而其他部分則只是被意指而已。但我們絕不會體驗到所有那些分節的（artikuliert）感知行為，這些感知行為是指：在我們注意到所有那些事物個別性時，更確切地說，在自為地注意到所有那些「朝向我們的面」的規定性時，在我們使它們成為自為的對象時——此時所產生的那種感知行為。對那些補充的，並不自身落實在感知中的規定性之表象也確實是「在心境上被引發的」，與它們相關的意向確實也一同流入到感知之中並且規定著感知的整個特徵；但是，事物在顯現中並不是作為無數個別規定性的一個單純總和而矗立於此，不是作為一個可以有別於後補的個別考察的單純總和，而且即使是這樣一個總和也不能將事物分裂成個別性的碎片，而只能在始終已經形成的

A620
$B_2$148

[24] 在A版中為：描述性內容。

和統一的事物上關注這些個別性；與此相同，感知行為也始終是一個同質的統一，它以簡單和直接的方式使對象成為當下。感知的統一因此並**不是透過特有的綜合行為**而形成，就好像綜合的形式唯有透過被奠基的行為才能使局部意向獲得對象關係的統一性一樣。這裡並不需要分節，因而也不需要現時的連結。感知統一是作為**素樸的**統一、作為[25]**在不添加新行為意向的情況下各局部意向的直接融合**而成立的。

此外，我們有可能並不滿足於「一個目光」，我們有可能是在一個**連續的感知進程**中全面地觀察這個事物，可以說是用感官來探測這個事物。但這個進程中的每一個個別感知都已經是對這個事物的感知。無論我是從上面還是從下面、從裡面還是從外面來觀看這裡的這本書，我所看到的始終是**這本書**。它始終是同一個實事，並且並不是物理學意義上的同一個，而是根據感知自身的意見是同一個。如果在這裡，在每一步驟之前和之中，變換地起著主導作用的也是各個個別的規定性，那麼這個事物本身作為被感知的統一本質上就不是在一個穿越性的、奠基於各特別感知中的行為之中構造起自身。

但仔細地看，我們並不能這樣來闡述這個實事，就好像這一個感性客體雖然**可以**在一個被奠基的行為中展示自身（即在連續進行的感知中），卻並沒有必要**必須**在這樣一個行為中

A621
$B_2$149

[25] 在A版中加有重點號。

展示自身一樣。在更仔細的分析中，連續的感知進程表明自身是一個由各個局部行為向一個行為的融合，而不是一個[26]本己的、奠基於部分行為之中的行為。

為了指出這一點，我們要做如下考慮：

這個進程的各個個別感知是連續統一的。這種連續不僅是指時間性相鄰的客觀事實；而是指個別行為的進程具有一個現象學統一的特徵，這些個別行為便融合在這個統一之中。這許多行為不僅在此統一中融合為一個現象學的整體，而且融合為一個行為，更進一步說，融合為一個感知。在個別感知的連續進程中，我們連續地感知這同一個對象。現在，既然這個連續的感知是由個別感知所構成，那麼我們能否就將它標示為一個奠基於這些個別感知之中的感知呢？在整體奠基於部分這樣一個意義上，它當然是被奠基的；但是，在這裡的對我們來說決定性的意義上，它卻不是被奠基的，根據這個意義，被奠基的行為應當製作一個新的行為特徵，它建立在底層的行為特徵之中，而且如果沒有底層的行為特徵也就是不可思議的。在眼前這個情況中，感知可以說只是得到了擴延；它可以從自身分片出各個部分（von sich Teile abstücken），這些部分已經可以自為地作為完整感知而起作用。但這些感知向一個連續感知的統一卻不是透過一個特有行為的統一，這樣一種特有行為將會意味著一個新的客體性意識（Objektivitätsbewußtsein）的構成。我們並沒有發現這種意識，而是發現：在

A622
B_2150

[26] 在A版中未加重點號。

這個被擴延的行為中，客觀上絕然沒有任何新的東西被意指，被意指的始終還是這**同一個**對象，它已經為那些被**視為是個別**的部分感知所意指。

人們可以強調這個相同性，並且可以說，這個統一是**認同的統一**。相互連接的行為之意向持續地得到相合，統一便因此而成立。這肯定是正確的。但**認同的統一**——不可避免地要做此區分——**與一個認同「行為」的統一，它們所說的並不是一回事**。一個行為**意指**某物，認同的行為意指同一性，表象這個同一性。現在在我們所說的情況中進行了認同，但卻沒有同一性**被意指**。在連續感知進程的不同行為中被意指的對象儘管始終是同一個，而這些行為是透過相合而合一的；但在這個感知進程中被感知的東西、在其中成為客觀的東西，僅僅是感性對象，而永遠不會是它與其自身的同一性。只有當我們使感知進程成為一個新行為的基礎時，只有當我們將個別感知分節並將它們的對象置於聯繫之中，在個別感知之間起作用的連續性統一（即透過意向相合而進行的融合）才會被用來作為一個同一性意識的支點；同一性現在本身成為**對象性**的；連結行為特徵的相合因素現在被用來作為一個**新感知的代現性內容**，這個感知**奠基於**被分節的個別感知之中，並且使我們達到這樣一個意向意識：這個現在和剛才被感知的東西是同一個東西。這樣，我們所涉及的當然就是第二組的一個普通行為。認同的行為事實上是一個新的客體性意識，它使一個新的「對象」顯現給我們，一個**只有**在一個這種被奠基的行為中才能「自身被把握」或「被給予」的對象。

然而，在進一步探討這類新的行為和客體之前，我們必須將那些對素樸感知的考察進行到底。如果我們可以將這種**素樸**感知，或者我們同樣也可以說，將這些感性感知的意義看作

A623
$B_2$151

是已經得到澄清的，那麼**感性**對象或**實在**對象（在最原初意義上的實在）的概念也就得到了澄清。我們乾脆就將它定義為一個**素樸**[27]感知的可能對象。由於在**感知**和**想像**之間存在著必然的相似性，根據這種相似性，每一個可能的感知都有一個關於同一實質的可能想像（更嚴格地說，一整個序列的想像）與之相符，據此，每一個素樸感知也都有一個關於同一實質的素樸想像與之相協調，這樣，**感性直觀**的更為寬泛概念也就同時得到了保證。我們據此而可以將**感性**[28]對象定義為素樸想像和素樸直觀一般的可能對象，不言而喻，這種定義並不意味著對前一個定義的本質上的更普遍化。根據剛才所強調的相似性，這兩個定義是等值的。

透過實在對象的概念，**實在部分**的概念，更特殊地說，**實在塊片**、**實在因素**（實在標記）、**實在形式**的概念也得到了規定。一個實在對象的每一個部分都是一個實在部分。

在素樸的感知中，整個對象叫作「**明確地**」被給予，它的每一個部分（在最寬泛意義上的部分）都叫做「**隱含地**」被給予。可以在素樸感知中**明確地或隱含地被給予**的對象之總和便構成了**最寬泛意義**[29]**上的感性對象領域**。

每一個具體的感性對象都以一個明確對象的方式而可被感知；並且這樣一個對象的每一個塊片也因此而可被感知。但在抽象的因素那裡，情況又是如何呢？根據它們的本性，它們

A624　$B_2$152

[27] 在A版中加有重點號。
[28] 在A版中未加重點號。
[29] 在A版中未加重點號。

不能自為存在；因而明見無疑的是，對它們的感知和想像也是不獨立的東西，因為，即使是僅僅透過類比而形成代現的情況下，那些代現性內容也不能自為地被體驗到，而只能在一個更廣泛的具體之中被體驗到。但這還不是說，這個直觀必須是一個被奠基的行為。倘若對一個抽象因素的把握必然要後行於對那個具體的整體的把握或對那些補充性因素的把握——把握作為一種直觀朝向的行為——，那麼這個直觀便是一個被奠基的行為：而我認為這並不是不言自明的。與此相反，可以肯定，將一個因素並且將一個部分把握為這個被給予的整體的**部分**，從而將一個感性標記把握為**標記**，將一個感性形式把握為**形式**，這些把握所指明的都是被奠基的行為，並且是那種聯繫類型的行為；這樣，人們便離開「感性」的領域而踏入「知性」的領域。我們馬上就要對剛才所標示的那組被奠基行為進行更切近的考察。

第48節　將範疇行為的特徵描述為被奠基行為

我們能夠以不同的方式來立義（auffassen）一個感性對象。首先當然是以素樸的方式。對這種可能性，就像這裡所說的所有可能性一樣，可以做觀念的闡釋，而正是這種可能性才使這個對象被描述為感性對象。如果它被如此立義，那麼它就可以說是單一地矗立在我們面前：構造著它的各個部分雖然在它之中，但對我們來說，這些部分在素樸的行為中並沒有成為明確的對象。但對這同一個對象我們也能夠以明確化的方式立義：在分環節的行為中我們「突出」這些部分，在聯繫的行為中我們將這些被突出的部分置於聯繫之中，無論是它們相

B$_2$153

互之間的聯繫，還是它們與整體的聯繫。唯有透過這種新的立義方式，那些連結的和聯繫的環節才獲得「部分」或「整體」的特徵。這些分節的行為，再向前回溯還有素樸的行為，它們都不僅只是在相續中被體驗；毋寧說，總有一些**貫穿的行為統一**在此，那些部分關係便是在這些行為統一中作為**新客體**而構造起自身。

讓我們首先來關注部分與整體之間的關係，在局限於最簡單事例的情況下也就是說，「A是（有）α」並且「α是在A中」的關係。證明那些被奠基的行為，即這些典型實事狀態在其中作為被給予的而構造出自身的被奠基行為，以及澄清剛才所使用的範疇陳述之形式（即回溯到它們的直觀起源上，回溯到它們的相即充實上），這兩者是一回事。但如果我們在這裡所要探討的不是行為質性，而唯獨只是立義形式的構造，那麼我們的分析（這個分析被看作是判斷分析）便將是不完善的。

一個感知行為將A以素樸的方式一下子把握為一個整體。第二個感知行為朝向α，朝向這個在構造上從屬於A的部分或不獨立因素。但這兩個行為並不僅僅是同時地或先後地以「無聯繫的」體驗的方式進行，它們毋寧說是共同連結成為一個唯一的行為，在這個行為的綜合中，A**才作為**[30]自身具有α的而被給予[31]。同樣，在聯繫性「感知」[32]的相反方向上，

A625

[30] 在A版中未加重點號。
[31] 在A版中為：顯現出來。
[32] 在A版中未加引號。

α則可以作為從屬於A的而成為自身被給予性[33]。

讓我們現在來試著更深入一些。對對象的直觀總體意指隱含地包含著對α的意向。感知以為把握住了對象本身，因此它的「把握」必須是在整個對象之中並且連同整個對象一起而涉及它的所有「組成部分」[34]。

當然，這裡所說的組成部分[35]僅僅屬於這樣一個對象，即在感知中**如此地**顯現出來、作為如此處在**它本身**之中的對象，而不是從屬於那種在「客觀現實性」中存在的對象，即透過後補的經驗、認識和科學才得到提出的對象。[3]

在將總體感知限制為特別感知的過程中，對α的局部意向現在並沒有從A的總體顯現中被拽出來，就好似A的統一被粉碎了一樣；相反，在一個**特有的**行為中，α成為一個特有的

B₂154
A626

3 德文原著中這個段落的字體比其他段落的字體要小一號。因此可以將這個段落看作胡塞爾加在正文中的注釋。——中譯注

[33] 在A版中為：顯現出來。
[34] 在A版中為：構造成分。
[35] 在A版中為：構造成分。

感知客體。但根據那些隱含的局部意向，這個持續產生作用的總體感知同時又是與特別感知「相合」的。與α相關的被代現者以雙重的方式作為同一個被代現者起作用，並且正因為它如此產生作用，相合才作為這兩個代現作用的特別統一而得以進行，即是說，這兩個**立義**彼此相合，而它們的載者是這同一個被代現者。然而，這個統一現在自身接受了代現的作用；它在這裡作為行為間的這種被體驗到的紐帶並不被看作是自為的；它本身並不作為對象而被構造，相反，它幫助構造另一個對象；它代現著，並且是以這樣一種方式代現，即：A現在顯現為**自身具有**α，或者在相反的方向上也可以說，α顯現為在A中[36]**存在**著。

隨「**立義的立場**」不同，或者說，隨部分向整體或整體向部分的過渡方向不同——而這是**新的**、有助於聯繫行為的意向總體質料的**現象學特徵**——，有兩種先天地得到預先標示的可能性，即「同一個相互關係」能夠成為現實被給予存在的兩種可能性。與此相符合的是兩種先天可能的「關係」[37]，它們是不同的、但根據觀念的規律性而必然共屬的客體性，這種客體性只能**在已經提到的那種被奠基行為中直接地構造起自身**，也就是說，只能在如此構建的行為中「自身被給予」，被「**感知**」[38]。

[36] 在A版中為：S**中**。
[37] 在A版中未加引號。
[38] 在A版中為：「自身」被**感知**。

這個闡述明顯適用於一個**整體**與其各個**部分**之間關係的所有特別情況。所有這些關係都具有範疇的本性，亦即觀念的本性。想要將它們置於素樸整體之中，並且在其中透過分析來發現它們，這實在是不智的。儘管在整體中隱藏著那個在所有分環節之前的部分，而且這個部分在對整體的感知把握中也**一併**被把握；但它隱藏在其中這個事實首先只是一個意念的（ideell）可能性，即：使它和它的部分存在，在相應的、分環節的和被奠基的行為中被感知的可能性。

在那些產生出諸如「A在B的右邊」、「A比B更大、更亮、更響」等等謂語判斷的**外部**相互關係那裡，情況顯然也是相似的。只要各個感性對象——自為的素樸可感知性——在不顧及其相互交切的封閉性的情況下組合成紐帶，組合成或多或少緊密的統一性，從根本上也就是說，組合成更寬泛的對象，外部相互關係的可能性便會形成。這些外部的相互關係可以一般地包容在**部分與一個總體的各部分**的相互關係之類型中。**這裡所說的實事狀態**、外部關係的**第一性**顯現又是在被奠基的行為中進行的。這樣就很明顯，對這整個複合的素樸感知以及從屬於它的各個環節的特別感知自身，它們都還不是那種只有在此複合中才可能的關係感知（Beziehungswahrnehmung）。只有當一個環節作為主要環節而受到偏好並且在保持其他環節的情況下受到考察，這時才會顯露出它的現象的、隨起作用的統一種類之特殊性的不同而變換不定的被規定狀態，所謂被規定是指受那些相關環節的規定，而這些環節在這裡自身也顯然必須得到突出。即使在這裡，對主要環節的選擇，或者說，聯繫性立義的方向也一般地規定著不同的並且以相關的方式被描述的關係形式，這些關係形式並不是**真實地**、而

$B_2$156

$B_2$155
A627

只是作為**觀念的**[39]**可能性**而包含在對此紐帶的不分環節的感知中（即在這個作為素樸對象而如此得以顯現的紐帶中），這種可能性是指進行相關被奠基行為的可能性。

將這些部分關係實項地置入整體之中的做法將會意味著對根本不同事物的混淆：即混淆**感性的**或**實在的**連結形式與**範疇的**和[40]**觀念的**連結形式。感性的連結形式是實在對象的因素，是它的現實因素，它現存於實在對象之中，儘管是隱含的，並且需要透過一個抽象的感知才能從中被提取。與此相反，範疇連結的形式是從屬於行為綜合方式的形式，亦即在綜合的、建立在感性之上的行為中客觀構造起來的形式。在外部相互關係的構成中，感性形式可以提供構造一個與之相符的範疇形式的基礎；就像如果我們在「A與B相鄰」或「B與A相鄰」的綜合形式中理解並有可能表達這個在對一個寬泛的G的直觀中被給予的A與B內容的感性相鄰狀況一樣。但隨著綜合形式的構造也會產生出新的對象，即從屬於**實事狀態**這個種屬的對象，這個種屬只包含「較高序列的對象」。在感性整體中，A與B的部分透過將它們感性連結在一起的相鄰因素而結合在一起。但是，對這些部分和因素的突出，對A、B以及對相鄰狀態之直觀的構成還沒有提供「A與B相鄰」的表象。這種表象要求有一個新的行為，這個行為占取這個表象，適當地為它構形並且對它進行連結。

A628

[39] 在A版中為：單純的。

[40] 在A版中為：**或**。

第49節　關於稱謂構形的附論

在這裡我們要對至此為止的分析加入一個重要的補充，它與每一個綜合連結的表象各自所經歷的那種**構形**（Formung）有關。我們已經在一種特別的情況中研究過這個重要之點；我們在本書的第五研究中曾說明，一個陳述永遠不可能在未變異的形式中成為一個建立於其上的綜合行為的基礎，永遠不可能成為一個新的陳述的主語環節或賓語環節。我們曾說，這個陳述首先必須被接受到稱謂的形式中，這樣它的實事狀態才會以新的方式、以稱謂的方式成為對象。[4] 正是在這個事實中明確地顯露出直觀的區別；我們在這裡要關注這個區別，它不僅適用於那些至此為止所考察的、建立在感性上的最低階段的綜合聯繫環節，而且也適用於所有那些占取了隨意階段和類型的（多束）綜合的表象。

也許我們首先可以一般地說：**純粹自為的客體化行為**以及**「同一類」具有構造某些聯繫的聯繫點之作用的客體化行為**，它們實際上並不是同一類，它們在**現象學上相互有別，而這種區別是就我們所說的意向質料而言**。**立義意義**發生了變化，因而就有在相適的表達中**含義**

B₂157
A629

4 本書第二卷，第一部分，第五研究，第35節和第36節，第四六六—四七六頁[41]。

[41] 在A版中為：第四三六—四四四頁。

的變化。這並不是說：在這些不變化的表象之間插入了一個中間塊，作為一個只是從外部將這些表象連結在一起的紐帶。綜合思維的作用（智性作用）對這些表象進行改造，對它們進行新的構形，儘管是以範疇的方式，作為範疇的作用；據此，顯現對象的**感性**內涵便以此方式而始終**不變化**。對象並不帶著新的實在規定性顯現出來，它作為這同一個而矗立於此，但卻是**以新的方式**。由於被納入到範疇關係之中，因而它在其中獲得一個確定的位置和角色，一個**聯繫環節**的角色，尤其是一個**主語環節**或**賓語環節**的角色；而這就是以現象學的方式宣示出來的區別。

當然，突顯性表達的含義變化比直接表象本身的變異更容易被注意到；例如：[42]在素樸直觀的範圍內，在對一個聯繫作用以內和以外的同一些直觀進行比較時，境況就並不完全清楚。因此，我在前一項研究中沒有去詳細探討這個境況。對感性的個別[43]感知被等同於起稱謂作用的行為。5就像對象在素樸感知中直接地與我們相對置一樣，實事狀態或其他具有範

5 例如在本書第二卷，第一部分，第五研究，第33節，第四五九頁[44]。

[42] 在A版中為：尤其是。

[43] 在A版中為：敢去詳細探討：對感性的素樸、。

[44] 在A版中為：第四三〇頁。

$B_2$158
A630

疇形式的對象也在稱謂行為中與我們相對置。對象的逐漸構造**已經**進行，它作為完成的對象而成為聯繫的環節。——似乎它毫不變化地保持著它的構造意義。——但人們肯定也可以說，我們首先在感知過程中沒有注意到它在進入到聯繫行為時所經歷的現象學變化，這恰恰是因為新的形式在自身中包含著整個舊的立義意義，並且僅僅賦予它以一個新的「角色」的立義意義。感知仍然是感知，對象就像它曾經所是的那樣被給予，「只是」它恰恰「被置入到聯繫之中」。這種綜合作用的構形並不改變對象本身，即是說，如果我們將它看作是從屬於我們單純主觀活動的，那麼我們便在現象學的、朝向認識澄清的反思過程中忽略了它。——於是我們必須前後一致地說：儘管實事狀態在主語的以及所有稱謂的作用中也是同一個實事狀態，並且**在最底層的基礎上也是透過同一個行為而在原初直觀中被構造出**來，這同一個行為就是指已在**孤立**作用中構造出它的那個行為；但實事狀態在那個它作為聯繫環節而起作用的最高階段之行為中是帶著一個**新的形式**而被構造的（可以說是帶著它的**角色**的特徵性外衣），這個形式在相適的表達中透過稱謂的表達形式而宣示出來。——為了對這個剛剛只是被接觸到的現象學境況做出最終澄清，這裡還需要進一步的研究。[45]

[45] 在A版中為：對象的逐漸構造**已經**進行，它現在作為完成的對象而成為聯繫的環節並且幾乎被當作是一個素樸的對象。這曾是主導性思想。也許人們可以說，我們首先在感知過程中沒有注意到它在進入到聯繫行為時也經歷的現象學變化，這乃是因為新的形式在自身中包含著整個舊的立義方式並且僅僅與它相融合。感性感知仍然是感知，對象就像它曾經所是的那樣被給予，只是它恰恰「被置入到聯繫之中」，以至於它得到

第50節　在範疇理解中、但不是在稱謂作用中的感性形式

我們至此為止只談及聯繫環節，如整體與部分所經歷的[46]構形。但在外部的相互關係中我們看到，感性形式是如何進入到相互關係的統一之中（進入到它的謂語之中），而且是如何感性地規定著相互關係的形式，同時卻不必經歷稱謂的獨立化。例如：「A比B更亮」、「A在B的右邊」。我們在這裡區分兩種情況，一種情況是：亮的形式得到素樸的關注，而後以「這個［在A與B之間的］亮度關係要比那個［在M與N之間的］亮度關係更容易被注意到」的表達形式而成為稱謂對象；另一種完全不同的情況是：同一個亮度形式以前面的那個「A比B更亮」的表達方式被意指。我認為，在這兩種情況之間的現象學區別——立義意 A631

比較和區分等等。我們並不將這種綜合作用的構形看作是從屬於對象的，而是看作從屬於我們單純主觀活動的，這樣我們便也很容易在現象學的、朝向認識澄清的反思過程中忽略它。我們於是便必須前後一致地說：實事狀態在主觀的以及所有稱謂的作用中也不只是同一個實事狀態，而是在最底層的基礎上也是透過同一個行為而被構造出來的，這同一個行為就是指已在孤立作用中構造出它的那個行為——這兩方面當然都預設了直觀的情況；只是實事狀態在那個它作為聯繫環節而起作用的行為中是披著一個新的形式、可以說是披著它的角色的特徵性外衣而被構造的，這個形式在相適的表達中透過稱謂的表達形式而宣示出來。——這裡需要對這些已被考慮的可能性進行一再的檢驗，並且為了最終澄清還需要進一步的研究。

[46] 在A版中還有：那些。

義的區別——是明白無疑的。在後一類情況中我們又發現一種範疇形式，它指明了在聯繫整體中的一個特殊作用。根據我們在這裡和在前一節中對這些形式的了解，像「聯繫環節」、「聯繫形式」、「主語」、「賓語」以及其他一些並不始終突顯出來、至少至此尚未得到充分澄清的概念，顯然都可以回溯到這些形式的區別之上。

第51節 集合與分離

作為範疇的，並且是綜合的對象形式的例子，我們至此為止只考慮了幾個最簡單的實事狀態，例如：總體的和局部的同一性聯繫以及簡單的外部相互關係。作為進一步的例子，我們現在來關注兩個綜合形式，它們本身不是實事狀態，但在實事狀態關係中起著重要的作用；集合（Kollektiva）與[47]分離（Disjunktiva）。它們在其中得以構造的那些行為就是為連詞「和」與「或」的含義提供充實直觀的行為。

我們在前面曾以較為粗糙的方式表達說，那種與「和」與「或」、「兩者」與「兩者之一」這些語詞直觀地相符的東西，是無法用手抓住的、是無法用某個感官來把握的；它實際上也不能在圖像中被展示，例如：不能被畫出來。我可以畫A，並且可以畫B，也可以在同一個圖像空間裡畫這兩者；但我不能畫這「兩者」，不能畫A「和」B。在這裡只有一個隨

[47] 在A版中未加重點號。

時敞開著的可能性：我們根據這兩個個別直觀行為而進行新的聯言判斷（合取）行為，並透過這種方式來**意指**A「和」B客體的**總和**。在它之中，在我們剛剛作為例子而關注的境況中，對A「和」B的**圖像**表象得以構造，而這個總和是以感知的方式「自身」被給予的，並且恰恰只有在這樣一個僅僅是共形變異的行為中才能被給予，但這個共形變異的行為是奠基於對A和B的**感知**之中的行為。

我們所說的之所以是一個聯合著這些感知的行為，而不是某個連結，或者甚至不是這些感知在意識中的總和，這當然是因為在這裡有一個**統一的**意向聯繫被給予，並且與它相符地有一個對象被給予，這個對象[48]只能在這個行為連結中得以構造，完全就像一個實事狀態只能在對表象的聯繫結合中被構造一樣。人們在這裡同時可以認識到出色的現代邏輯學家們所犯下的根本性的錯誤，這個錯誤在於他們以為可以用一個單純的稱謂行為和論題行為的聚合意識（Zusammenbewußtsein）來解釋名稱或陳述的聯言結合，並且因此而放棄了作為客觀邏輯形式的「和」。[6]

6　例如我們在西格瓦特（《邏輯學》第一卷、第二版、第二〇六頁）那裡讀道：「用『和』來進行的對命題的語言連結……首先無非是對在一個意識中的總和這個主觀事實的陳述，因而它不具有任何客觀的含義。」也可參閱同上書第二七八頁。

[48]　在A版中還有：也。

$B_2$161

人們也必須避免將那些對感性統一的集合、序列、群集等等的素樸感知混同於聯言感知，唯有在聯言感知中才自身地和本真地構造出多的意識。我曾試圖在我的《算術哲學》中證明，感性的一的特徵（我在那裡將它稱作感性直觀的形態因素或擬—質性因素）如何可以作為感性的多的符號起作用；這也就意味著，作為感性的支點而服務於（透過它而得到符號中介的）對多本身的認識以及對作為有關種類的多的認識；這種認識現在已不再需要分環節的個別立義和個別認識，但卻因此也不具有集合本身的真正直觀特徵。[7]

第52節　在普遍直觀中構造的普遍對象

我們至此為止所探討的簡單綜合行為是如此地奠基於素樸感知之中，以至於那個綜合意向也一同地朝向奠基性感知的對象，因為它在意念上將這同一個對象歸總理解（「總和」）或使它成為聯繫的統一。而這是所有綜合行為的一個普遍特徵。我們現在要取例於另一組範

7 對多的估計和對數的估計究竟如何可能在一瞥之中，亦即在素樸的，而非被奠基的行為之中進行，而現實的集合與計數同時又預設了更高階段的分環節行為；恰恰是這個問題使我自發地注意起直觀的一的特徵（Einheitscharaktere），馮·埃倫菲爾茲在他較早發表的、受完全不同觀點引導的文章中敏銳地探討過這些特徵並將它們稱作構形質（〈論構形質〉，《科學哲學季刊》，一八九〇年）。參閱筆者的《算術哲學》，第十一章。

$B_2$162　A633

疇行為，在這些行為那裡，奠基性行為的對象並不一同進入到被奠基行為的意向之中，並且只是在聯繫行為中才宣示出它們與這些行為的相近關係。這裡便是普遍直觀的區域，——當然這個表達對於一些人來說聽上去並不比木質的鐵這種表達更好。

在第一性直觀的基礎上進行抽象，由此便出現一個新的範疇行為特徵，在此特徵中顯現出一種新的客體性，這種客體性又只能在這些被奠基的行為中顯現為是現實地或圖像地被給予的。我在這裡所說的自然不是那種意義上的抽象，即對某個在一個感性客體上的不獨立因素的突出，而是指觀念化的抽象，在這種抽象中，被意識到、成為現時被給予的不是那個不獨立的因素，而是這個客體的「觀念」、它的普遍之物。要預設這個行為，這樣，與同一種類的個別因素之雜多性相對的這個種類本身——而且是作為同一的——才能夠在我們面前出現。因為我們是在對這種行為的一再進行中根據多個個體直觀而意識到這個普遍之物的同一性，而這顯然是在一種貫穿的、使所有個別抽象行為得以綜合的認同行為中進行的。而後，借助於這種抽象行為，我們又進一步在它與新的行為形式的交織中獲得普遍規定的行為，即：將對象一般規定為屈從於某些A的種類的對象；我們同樣也獲得這種行為，在這些行為中A這樣一類不確定的個別客體得到表象，以及如此等等。

在那些並不必須例如必然地借助於一個指稱來進行的抽象行為中，普遍之物自身被給予我們；我們並不像在對普遍名稱之單純理解的情況中那樣，只是以單純符號性的方式來思考它，而是把握它、觀視（erschauen）它。也就是說，在這裡，關於直觀的說法，並且更切近地說，關於對普遍之物的感知之說法確實是一個完全合理的說法。

$B_2$163　A634

但在另一個方面卻有疑慮生成。關於感知的說法預設了一個相應的想像，而我們曾說過，[8]對這兩者的區分一同屬於關於直觀之一般說法的自然意義。我們剛好在這裡沒有發現這種區分，這似乎是因為：這些抽象的行為並不根據奠基性的素樸直觀的特徵而有所差異；無論奠基性行為是設定性的還是不設定的、是感知性的還是想像性的，這些抽象的行為都完全不會有所變化。單純想像的「紅」、「三角」與在感知中的「紅」、「三角」是同一種類型。普遍性意識既可以建造在感知的基礎上，也可以建造在共形的想像之基礎上，而一旦它得以建造，普遍之物、「紅」的觀念、「三角」的觀念便被自身把握到，它以一個唯一的方式被直觀到，對這種方式無法作圖像和原本的區分。

然而必須注意，這裡所提到的例子恰恰就是那種對普遍之物的相即感知。普遍之物在這裡是根據現實相應的個別情況而現實地被把握到並且被給予的。每當出現這種情況，那麼看起來就的確是缺少一個具有相同直觀內涵的相似想像，——每一個相即感知的情況就是如此。一個內容即便在個體區域中也無法與它自己相類似，因為被理解為它自身的它不能同時又被意指為它的相似者。而如果被意指的內容就是被體驗的和被給予的內容，那又怎麼可 A635

8　參閱本書前面第45節，第一四四頁[49]。

[49]　在A版中為：第六一六頁。

能缺少**設定**的特徵。一旦我們例如透過數學分析而構想出某個三次方程曲線的屬的觀念，而這個屬的曲線卻從未直觀地顯現給我們，那麼情況就會完全不同。這時可能會有一個直觀的形態，例如一個我們所熟悉的三次方程的特型（無論是一個描繪出來的，還是單純被想像出來的特例）作為直觀的圖像、作為被意指的普遍性的相似者而服務於我們：也就是說，普遍性意識是作為直觀的，然而又是作為類比的意識而建構在個體直觀上。而且，那種通常的粗糙的描繪難道不正是在與觀念形態的比較中起著類比的作用嗎？它難道不正是一同制約著「**普遍**」表象的**想像特徵**嗎？我們同樣是根據一個蒸汽機的模型來直觀蒸汽機的觀念，在這裡當然還談不上一個相即的抽象或構想。在這類情況中，我們所涉及的並不是單純的符號行為，而是一些透過類比而進行的普遍代現，亦即普遍想像。但是，如果缺少單純類比的意識，例如在對[50]一個模型進行直觀時便可能會出現這種情況，那麼這裡發生的便是**對普遍之物的感知**，儘管是**不相即**的感知。

同樣，我們現在也發現了剛才沒有被找到的那個區別，即在**設定性的和擱置性的普遍性意識**之間的區別。只要我們只是類比地、想像地構想一個普遍對象，我們就能夠以設定的方式來意指它，而這個行為可以像任何設定性意指一樣在未來的合適感知中得到證實或反駁。設定性的普遍性意識在於：普遍意指在一個相即的感知中，亦即在一個新的普遍性意

[50] 在A版中為：根據。

識中得到充實，這個普遍性意識是在一個對相應個別情況的「現實」抽象之基礎上構造起自身。這樣，普遍對象便不僅被表象和被設定，而且它是自身被給予的。以類似的方式，我們又能夠表象普遍之物，但卻不設定它。我們構想它，但卻將它擱置起來。現在，這種建立在直觀基礎上的對普遍之物之意向並不決定「存在」還是「不存在」，但卻決定著[51]：普遍之物和它以相即抽象方式的被給予究竟是否可能。

[51] 在A版中為：亦即不決定。

第七章　關於範疇代現的研究

A637
$B_2$165

第53節　向第一篇的各項研究的回溯

我們在有所選擇的例子中分析了被奠基的行為，我們將這些被奠基的行為看作是直觀，並且是對一種新型對象的直觀，它們能夠使這些對象顯現出來，而且這些對象也只能夠在那些具有與它們各自相符的方式和形式的被奠基行為中被給予。顯然，對直觀概念的這一擴展所具有的啟蒙價值只能在於，這種擴展並不是一種非本質的、僅僅分離性的概念擴展，作為這樣一種擴展，一個已有概念的領域可以伸展到隨意的異質概念的領域以外；[1]相反，這種擴展是一種眞正的、建立在本質標記之共同體基礎上的更普遍化（Verallgemeinerung）。我們將這種新的行為稱作直觀，因為它們具有直觀的所有本質特性，被放棄的只是與對象的

1　如果α代表著一個概念的構造標記，而ß代表另一隨意概念的構造標記，那麼人們便隨時可以構成這樣的形式：例如：是α或ß。我將這種外部的概念擴展稱作分離性的擴展，它在某些情況下仍然是相當有用的；例如：對於工藝數學技術的發展來說，它起著極為重要的作用，並且這個作用迄今還沒有得到邏輯學家們的充分重視。當然，數理邏輯還處在開端上，似乎只有少數幾個邏輯學家注意到，這是一個很大的問題領域，對於數學的理解，因而也對於數學自然科學的理解來說，這些問題是基礎性的問題，雖然存在著許多困難，但這些問題嚴格地說是可以解決的。

「素樸」聯繫（即那**種**[1]**特定的**「直接性」，它被我們定義為素樸性）；我們在它們那裡發現了同樣的本質區分，它們同樣也表明自身具有本質相同的**充實**成效。對於我們來說，最後一點尤為重要，正是因為這種成效的緣故，我們才進行這裡的整個研究。認識作為充實統一不是在素樸行為的基礎上，而是在範疇行為的基礎上進行的，而且與此相符，如果我們將**思維**（作為意指）與**直觀**對置，那麼直觀就不能被理解為是單純的感性直觀。

只有將範疇行為理解為直觀，在思維與直觀之間的關係——至今為止，任何一個認識批判都沒有能對這個關係做出使人可以忍受的澄清——才能得到透視，從而認識本身的本質和成效才能得到理解。本書第一篇的那些臨時性確定僅僅包含著對此概念擴展方面的適當驗證。在這個最寬泛意義上的所有直觀，無論它們是貼近感性的還是遠離感性的，都有突出的含義作為它們的可能的、觀念的對應圖像而與它們相符合。我們在認識本質範圍內所作的那些區分以及我們所建構的與此相關的那些概念雖然就一個較為狹窄的領域而言是有限的，但它們在更為寬泛的領域中仍然保留著它們的有效性。 A638 $B_2$166

因此，每一個範疇直觀行為都具有：

一、它的質性。

二、它的（意向）質料，即它的立義意義。

[1] 在A版中未加重點號。

三、它的被代現者。

這個區分並不還原為那些例如從屬於*奠基*性行為的區分。這個整體行為的質性可以是一個不同於一個基礎行為的質性，就像如果基礎行為是多個行為，就可以具有不同質性一樣：例如對一個臆想的客體和一個被認之為現實的客體之相互關係的表象便是如此。

此外，不僅每一個奠基性行為都具有一個質料，而且這個被奠基的行為還帶來一個*本己的*質料，在這裡有效的是這樣一個定理：這個*新的質料*，或者，只要它包括基礎行為的質料，我們就也可以說，這個在它之中的*新增生之物*，是「*奠基於*」*基礎行為的質料之中的*。最後，這個新的行為也具有它的*被代現者*。但在涉及這些被代現者時——以及在涉及這樣一個問題時：*是否必須認為*，*有了新的質料也就有新的被代現者*，並且*哪些是新的被代現者*——，我們發現了嚴重的困難。

第54節　關於範疇形式的被代現者的問題

當人們開始對範疇行為進行分析時，首先會以貌似無可辯駁的方式湧現出這樣一個說明：撇開質性[2]不論，範疇行為的所有區別都可以還原到那些為它們奠基的行為之相應區別

A639
$B_2$167

[2] 在A版中還有：之物。

上，即是說，範疇作用所能帶來的新東西是在一個內容方面的附加，對它不能再做區分。如果不是透過其各個環節的意向被給予方式，對一個集合的想象表象又如何能夠以其他方式區別於對這同一個集合的感知呢？人們會說，在連結形式中已經不能再做任何可以理解的區分了。或者，是否（由「和」這個語詞所顯露的）集合形式應當在顯現方式中被區分為感知或想像呢？但這樣我們便必須將以下情況視為可能的：各個想象顯現是透過感知的集合形式而結合為一，各個感知的顯現是透過想象的集合形式而結合為一，並且是以各不相同的方式。這顯然是不可設想的，甚至是不可理解的。

人們當然會指責說，這是最容易不過的事了。誰也沒有阻止我們將幾個感知客體集合在一起思考，這樣我們便可以想像地意指一個其他的總和；並且我們也可以集合地思考幾個想象顯現，但卻僅僅意指想象顯現的這個總和，即感知這個總和。——的確，在這方面我們沒有受到任何阻止。然而如此一來，那些感知客體就是圖像，也就是說，這個集合行為就不是直接奠基於感知之中，而是更多地奠基於那些建立在感知基礎上的想像之中。同樣，在另一個情況中，被集合的不是想象表象的對象，而是這個表象本身，即是說，這個集合行為不是直接奠基於想象顯現之中，而是奠基於那些與它們相關的內感知之中。這並不證明任何一個在根據對被感知客體而進行的「現實」合取與根據被想象客體而進行的「想像」合取之間的區別，而且這樣一種區別根本不存在，除非它是作為奠基性行為的區別。

同樣的情況似乎也對集合意識所能表明的所有其他變異有效。普遍性或特殊性、確定性或不確定性，以及在奠基性行為那裡所能觀察到的其他在範疇形式方面的東西，它們也規定著集合表象的特徵，但卻是如此地進行規定，即：在這種連結特徵中無法找到現象學的區別；它始終是同一個「和」。隨奠基性表象的方式不同，顯現給我們的或者是一個普遍對象的集合（例如顏色種類：「紅和藍和黃」），或者是一個個體對象的集合（「亞里斯多德和柏拉圖」），或是確定對象的集合（如至此的例子），或是不確定對象的集合（「一個人和另一個人」；「一個顏色和一個聲音」）。無法預計，除了透過奠基性行為的差異而形成的集合行為之差異以外，還有哪些差異應當是可能的。

而在聯繫性的直觀（beziehende Anschauung）那裡也非常明顯地顯現出同樣的情況。聯繫始終展現出同一個形式，所有變化都依附於底基性的行為。

但我們在這個境況下究竟還能否期待在**被代現者**和[3]**立義意義**之間的可確定區別呢？這個區別是就被奠基行為中的那個**新增生之物**而言的區別，在綜合行為那裡則是就其**連結形式**而言的區別。在**素樸**直觀那裡，儘管立義意義（質料）和被代現者密切相結合，它們相互聯繫並且在其變更中也不是完全獨立的；但是，它們在這時仍然可能經歷相互對應的充分變動（Verschiebung）。在立義意義變換的情況下，感性的被代現者可以保持同一，但在立義意義固定不變的情況下，感性的被代現者則可以變更；例如：一個想象表象不僅就質料而言，而且甚至就充盈的範圍而言始終與自身相同一，但在其生動性方面則會發生醒目的變

A641
$B_2$169

[3] 在A版中加有重點號。

化。因此，在感性領域中，質料與被代現者之間的區別是可以輕易指明的，並且可以當作確定無疑的來使用。然而在範疇行為那裡的情況又是如何呢？在這裡，撇開奠基性行為不論，似乎根本不存在可變更性。難道我們應當說，它們在形式方面完全缺乏有關的區別，它們不具有任何超出奠基性行為之被代現者以外的被代現者？而且只要奠基性行為本身已經是範疇行為，例如：已經是觀念化的行為，那麼這些行為也就缺乏代現，代現僅只處在最終奠基性的直觀之中？

第55節　那種認為有本己的範疇的被代現者的論據

為了對此問題做出表態，首先需要注意：在以上闡述中，相對於總體行為及其基礎的多形變化，形式的完全無區別性或許是被誇張了，甚至是被誤解了。因為，如果總體行為是一個感知表象，那麼它的形式作為一個感知表象的形式無論如何也具有與想象表象不同的特徵。如果形式是範疇表象中真正的新東西和本質之物，那麼它必定也會一同被包容在每一個貫穿於整體並為整體所具有的本質特徵之中。如果反思並不以這個形式向我們表明立義意義的這些區別，或者至少不以綜合行為的形式「在抽象行為那裡，這個問題實際上已經透過前面第52節的考慮而解決了」向我們做此表明，那麼這一點便會透過以下方式而得到解釋：由於這些立義特徵沒有標示和劃定綜合的這個因素，而是同等地貫穿在完整的、被奠基的行為之中，因此我們便無意識地從這些立義特徵中抽象出來，並且為此而唯獨只關注那個在所有

A642
B$_2$170

形態中，例如：在集合綜合中湧現出來的共同之物。這個共同之物可能剛好就是我們所尋找的被代現者。正如在素樸感性感知中，感知意義是一個同質的、貫穿於整個代現的統一之物一樣，正如它雖然與代現性內容的每一個可劃定部分都具有一定聯繫，但在內反思中卻並不顯現為被劃定部分之立義的複合詞一樣；與此相同，在範疇直觀這裡，立義意義也貫穿於整個行為以及它的整個代現，同時並不根據在反思中可區分的被代現者而明確地得到劃定。但是——如果我們可以做如此詮釋的話——在前面的闡述中包含著這樣一個重要的眞理：**在奠基性行為和立義形式的所有變換過程中**，**對於每一種被奠基的行為來說**，**代現性內容都是同一個**。為了代現的目的，素樸的、感性的直觀可以支配過於豐富的感官質性、可感覺的形式等等之雜多性。在集合性直觀中或在同一性直觀以及其他等等之中，我們每次僅僅局限在**一個**方式上：和—形式始終是同一個，是—形式也是同一個，如此等等。但這些形式在這裡被理解為**感性核心的相似者**、**那個**[4]在感性直觀中可感覺之物的**相似者**，而質性和立義意義則被抽象掉了。

人們可能會產生這樣一個懷疑：願望在這裡是思想之父，它使我們注意到：從我們先前的考察中已經可以得出，被代現者並不構成行為的完全本質組成部分。所有符號行為的特性便在於，缺乏被代現者——應當強調的是，這是指缺乏本眞的被代現者，這種被代現者具有

A643
$B_2$171

[4] 在A版中未加重點號。

與對象本身之內容組成的聯繫。因為符號行為也具有非本眞的被代現者，而這種被代現者不是將那個在此行為中被意指的對象當下化，而是將某個其他的對象，即奠基性行為的對象當下化。如果非本眞的被代現者便已足矣，那麼我們便不會再持此懷疑；因為在我們的情況中顯而易見並不缺乏非本眞的被代現者，奠基性行為隨時都在向我們提供著這些非本眞的被代現者；奠基性行為的本眞被代現者可以在被奠基行為中被立義為非本眞的被代現者。

然而，恰恰是與單純符號行為的比較，使我們獲得了這樣一個生動的意識：在這些被奠基的行為那裡，如果沒有本眞的被代現者，並且是在範疇形式方面的本眞被代現者，事情便行不通；這個被代現者使我們回憶起可能充實的狀況，回憶起直觀行為為符號行為所提供的那種「充盈」，回憶起那些在直觀行為之內受變換不定的充盈所制約的上升序列連同那個作為理想極限的最終相即性。構成「空乏的」符號行為與「豐滿的」直觀行為之區別的是被代現者，那些「充盈」之所以要歸功於它們，是因為它們恰恰對充盈的這一個詞義做出了規定。[2]只有直觀的行為才使對象「顯現」出來，使它被「直觀」到，即透過以下方式：一個被代現者在此，立義形式[6]將它立義為對象的相似者或對象本身。這是一個建基於充實

2　參閱本書第六研究第22節，第七十八頁[5]。

[5]　在A版中為：第五五〇頁。

[6]　在A版中為：意義。

狀況的普遍本質之中的境況，因而它也應當可以在現在的這個領域中得到證明。在現在的領域中，我們同樣可以發現「符號的」與「直觀的」對立，即在這兩種行為之間的對立：一方面是符號地意指一個範疇對象性的客體化行為，另一方面是在同一個立義意義中將同一個對象性直觀地當下化的相似行為，無論是「在圖像中」的當下化，還是「自身的」當下化。由於這兩方面的意向質料是同一個，所以我們對範疇直觀這方面的新東西還是只能做如此理解，即：範疇直觀就是代現，它將對象之物在內容上置於我們眼前，它將被體驗的內容立義為被意指對象的被代現者。但這個代現不能*僅僅在*奠基性行為中進行，不僅它們的客體被當下化了，而且整個事態、整個總和等等也被當下化了。

第56節　續論：連結行為的心理紐帶與相應客體的範疇統一

人們此時可能會想，在一個聯繫的情況中被當下化的只是聯繫點，而新的東西僅僅在於那個對兩個顯現加以連結的心理特徵。但對行為的一個連結並不就是對客體的連結；對行為的連結至多只能幫助一個對客體的連結顯現出來，但前者本身不是在後者中顯現的連結。有可能在行為之間的心理紐帶已經被製作出來，並且因此而顯現出對象的聯繫，而這個聯繫卻還根本不存在，縱使它將現實存在的各個客體設定為一。如果我們以符號的方式並且不帶有對被判斷事態的直觀當下化而進行判斷（例如：在通常的算術判斷那裡），那麼這個行為的聯繫統一就是一個分環節的統一，它具有其心理的結合形式以及那個完全相似的形

A644
$B_2$172

式，就像在相應的直觀情況中一樣。但確切地說，事態沒有「顯現」，它只是被意指。倘若我們反之以直觀當下化的情況為例，例如：當我們辨認兩個被感知的或透過記憶而被重新當下化的面積的顏色，或者當我們辨認一個在兩個想像表象中所表現出來的人，那麼這裡就會再次意指同一性，但卻是以給予著對象的感知之方式意指，或者是以將對象圖像化的圖像性之方式意指。是什麼使得這些區別得以可能？難道我們應當說，這整個區別都在於奠基性的行為？但我們又會對以下情況抱有疑義：例如：在符號認同中，被意指對象的同一性並不是**被體驗到**，而只是**被意指**；還有，在對對象的直觀情況中，同一性雖然是被感知的或被想像的同一性，但它只是在相即性的情況中才是在完整的和嚴格的意義上被給予的和被體驗的同一性。**那個製作著綜合的心理紐帶因而只是意指**，並且作為意指而**或多或少地得到充實**。它雖然只是總體意指的一個不獨立的組成部分，一個符號意指的符號組成部分，一個直觀意指的直觀組成部分；但無論如何也是一個組成部分，這個組成部分本身分有意指的特徵，並且因此也分有充盈的區別。據此，我們可以合理地將這個境況闡述為：**這個組成部分**也在行使**一個代現的作用**，在對不同情況的比較考察中以及在前面所考慮的可能性之方式中，我們相信，可以將那個在現時的（「現時的」，即是說，本真的、直觀的）認同或合取等等之中被體驗到的心理紐帶還原為一個**始終共同的東西**，它可以在分離於質性和立義意義的情況下被思考，而且它在這個還原中提供了那個特別從屬於範疇形式之因素的被代現者。

A645
$B_2$173

第57節　奠基性直觀的被代現者並不透過綜合形式的被代現者而得到直接的連結

在這裡自然要附加幾個並非完全不重要的說明。

客觀地看，綜合，例如：同一性綜合、定語聯繫的綜合等等，都從屬於**奠基性**的客體；同一性例如是這個人的同一性，定語聯繫例如是在主語「樹」和謂語「載有果實的」之間的聯繫。被連結的客體現在是借助於它們的被代現者而顯現給我們，於是人們便會想，綜合的紐帶──連結作為形式便在這個紐帶中（或者說，借助於這個紐帶而同樣以一個被代現者的方式）顯現給我們──以現象學的方式簡單而直接地將奠基性客體的那些被代現者相互結合在一起。

但與此相對，我們確定，**綜合的因素並不在從屬於基礎行為的被代現者之間製作出任何直接的結合**，相反，例如現象學的認同形式本質上**建基於**[7]**奠基性行為本身之中**，亦即建基於那些**超越出它們的**[8]代現性內容並包含著這些內容的東西之中。

A646
B$_2$174

[7] 在A版中未加重點號。

[8] 在A版中為：**超越出它們的**。

假如被體驗到的同一性因素、心理特徵是代現性感性內容的直接紐帶（我們可以局限在最簡單的情況上，即奠基性行為或對象是感性的），那麼透過這個因素而製作出來的統一也就會是一個**感性的**統一，例如有關感性內容在其他方面所論證的空間造型或質性造型或其他的統一種類便是如此。但所有感性（實在）統一都是奠基於感性之物的內容屬之中的統一，正如在本書第三研究中已經闡述過的那樣。具體的內容自然是多方面的，它們自身承載著各種抽象的因素，它們論證著變化與連結的多重可能。據此，我們將某些連結種類回歸為這些因素，將某些連結種類回歸為另一些因素。但如果各個聯合並不始終奠基於複合整體的各個屬連同其完整的種類內涵之中，那麼它們至少還奠基於那些與各個整體的**因素**相符合的原始屬之中。與此相反，範疇行為形式與其基礎的感性內容在實事上的無聯繫性則表現在，這些屬的內容是無限可變更的，換言之，如果一個內容屬不能在任何一種範疇行為的基礎中起作用，那麼它就是先天不可能的。範疇之物恰恰不屬於代現性的感性**內容**[9]，而是必然地從屬於「對象」[10]，並且同時仍然不是根據其感性（實在）內涵而從屬於這些對象。但在這裡包含著這樣的意思：**範疇形式構造於其中的心理特徵在現象學上從屬於那些在其中構造出對象的**「**行為**」。在這些行為中，感性內容作為被代現者是當下的，因而就此而言，它

A647
$B_2$175

[9] 在A版中未加重點號。

[10] 在A版中未加引號，而加有重點號。

們當然也一同屬於這些行為。但它們並不構成這些行為的特徵本質；即使沒有那種首先使它們成為被代現者的立義，它們也仍然可以存在；這時它們存在，但並沒有什麼隨它們一同顯現出來，並且因此也就沒有什麼可以被連結，沒有什麼能夠以範疇的方式被理解為主語或謂語等等。綜合的被奠基行為的範疇因素所連結的並不是奠基性行為的這些非本質要素，而是它們兩方面的本質之物；它在任何情況下都連結著它們的意向質料，並且是在眞實的意義上奠基於它們之中。我們在前面已經做了這樣的一般陳述；我們曾說，在所有範疇行為中，被奠基行為的質料都奠基於奠基性行為的質料之中。同一性例如並不直接是感性內容的統一形式，而是一個「意識的統一」，它建基於關於同一個對象的這一個或另一個（「重複的」或內容上不同的）意識之中。而情況始終是如此。現在，這一點自然是正確的，即：任何一種直觀，無論是素樸的還是範疇的，都根據其種類而可以經歷相同的範疇構形；但這僅僅是說，範疇構形在現象學上奠基於客體化行為的普遍之物之中，或者說，這是一個本質上束縛在客體化行為之種屬上的作用。只有這個屬的體驗可以承受範疇綜合，而這種綜合直接連結著意向本質。

A648 $B_2$176 尤其是在那些直接奠基於個體直觀中的相即綜合直觀之情況中，人們必須拒斥那種欺騙性的假象：似乎至少在範疇綜合的最底層上，始終有一個直接的現象學聯合在進行著，這個聯合也就是指對這個奠基性行為的感性被代現者與另一個奠基性行為的感性被代現者的聯合。由於整體行為的相即性（明見性）在作用上倚賴於奠基性直觀的相即性，因而這裡的境況看起來有了如下的形態：因為奠基性行為是相即的，所以代現性內容與被代現的對象便恰好相互疊合。如果在這樣的基礎上對一個聯繫的直觀得以成立，例如：對一個部分與整體之聯繫的直觀得以成立，那麼聯繫的行為也就具有明見性的特徵；聯繫是帶著眞實被給予的內容本身而眞實被給予的。因而，聯繫的心理紐帶——在這條紐帶上，感性內容與客體被立義為聯繫——在這裡以一個直接紐帶的方式聯合著這些被體驗到的感性內容。

我們將指責說，絕非如此。並非感性內容，而是對這些內容的相即直觀在這裡為聯繫行為的統一奠基。與在其他地方一樣，我們在這裡也必須觀向（hinblicken）對象、觀向那些代現著同時又被代現的感性內容，而後才能進行聯繫行為，才能將這個作為整體的內容置於與那個作為部分的內容的關係中。關係只能在被給予對象的基礎上被給予；但對象卻並不是透過那種單純的、自身盲目的體驗而被給予我們的，而是唯獨地、僅僅地透過感知而被給予我們的，而在這裡的例子中則是透過對被體驗到的並且不再超越出自身的代現性內容的感知。

但由此而得到證實的僅只是我們原初對作為被奠基行為的範疇行為之引入。一切智性都構成於這種範疇行為之中，這種行為的本質就在於，它們是分階段進行的；在客體化行為的基礎上，客體化行為得以進行並且構造起對象，這些對象作為在已擴展的、智性的意義上的對象、作為更高序列的對象而只能在這些被奠基的行為中顯現。但這樣一來，那種代現的直接統一，即那種聯合著素樸直觀的所有被代現者的直接統一，在綜合行為這裡便是不可能的了。於是，整個綜合直觀（如果前面所嘗試的並且需要得到最仔細審查的詮釋是正確的話）都以這種方式而得以成立，即：將奠基性行為加以聯合的心理內容被立義為這些被奠基對象的客觀統一，被立義為它們的同一性關係、它們的部分與整體的關係，如此等等。

A649
$B_2$177

第58節　這兩個區別的關係：外感官與內感官以及範疇官能[11]

至關重要的是，現在也要對那兩個在我們此番考慮之初便立即被引入的區別之關係進行最終的澄清，這兩個區別一方面是指外感性和內感性之間的區別，另一方面是素樸行為和範疇行為之間的區別。

作為心理體驗的表象，無論它是素樸的還是被奠基的，即是說，無論它是感性的還是範疇的，都屬於「內感官」的領域。但這裡是否含有一個矛盾？一個「反思著」一個行為的內感知，甚至是「反思著」一個被奠基行為、例如：對2＋1＝1＋2之同一性的現時明察的內感知，難道它實際上不就是被奠基的行為，因而也不就是非感性的行為嗎？在這個感知的行為中，被奠基的行為與為它奠基的那個行為一同被給予，並且是在最嚴格的意義上被給予。它同屬於這個感知的實項組成。只要這個感知在這裡朝向這個行為，此感知就與此行為發生聯繫，因而這個感知本身是被奠基的感知。

A650 $B_2$178

我們顯然將不得不說：對一個無論帶有何種屬性的行為或行為因素或行為複合的感知就是指一個感性的感知，因為它是一個**素樸**的感知。而且這是確定無疑的，因為感知行為與一個被感知行為的聯繫**不是**一個奠基聯繫，而且即使當一個被奠基的行為被看作是被感知的行

[11] 在A版中為：官能與範疇。

為時，這種聯繫也不是奠基聯繫。一個行為的被奠基狀態並不意味著，它——無論在何種意義上——建立在其他行為之上，而是意味著，被奠基的[12]行為根據其本性，即根據其種屬而只可能作為這樣一種行為存在，這種行為建立在奠基性行為屬的行為上，因而被奠基[13]行為的對象相關項具有一個普遍之物、一個形式，而以此形式，一個對象就只能直觀地顯現在這個種屬的一個被奠基行為中。所以，沒有底基性的個體直觀，直觀的普遍性意識就不能存在；沒有那些與被認同客體相關的底基性的行為，一個同一性也就不能存在，如此等等。

但朝向一個被奠基行為的感知同樣也可以朝向一個不是被奠基的行為以及可以朝向隨意的外感性客體，可以朝向馬匹、顏色等等。無論如何，這種感知就在於對客體的素樸觀向。這個感知的質料（它的立義意義）並不處在與被感知行為之質料的任何必然聯繫之中；毋寧說，這個行為的整個現象學內容都具有一個被代現者的單純特徵，根據感知的立義形式[14]，這個被代現者受到對象性的解釋，即被解釋為這個行為本身。

出於這個原因，**每一**個建立在內感性之上的抽象，例如建立在對一個被奠基行為的**觀向**之中的抽象，都是一個感性的抽象。相反，一個建立在**一個被奠基行為本身**之上的抽象則是

[12] 在A版中為：奠基性的。
[13] 在A版中為：奠基性。
[14] 在A版中為：意義。

一個範疇的抽象，只要這個被奠基行為本身具有一個直觀的特徵，哪怕是一個範疇直觀的特徵。如果我們觀向一個認同的直觀行為[15]——即一個對同一性的直觀——並且在這裡抽象出認同的因素，那麼我們在這裡便進行了感性的抽象。但如果我們在**置身於認同行為之中的過程**中觀向客觀的同一性，並且使它成為一個抽象的基礎，那麼我們便在進行一個範疇的抽象。[3]「同一性」這個客觀因素不是行為，不是行為形式，它是一個對象性的[17]範疇形式。另一方面，與此完全相反，那個將被奠基行為現象學地[18]結合在一起的認同因素則是一個感性的和範疇的行為形式[19]。此外，這個區別本質上也將兩種概念劃分開來，一種是根據對某些直觀行為的**反思**而構成的概念，而完全不同的另一種概念則是根據這些直觀行為本身所構成的。我感知一棟房屋，在對這個**感知**的反思中，我構成「感知」這個概念。但我如果簡單

A651
$B_2$179

3 進一步的闡釋可以參閱本書第六研究第60節，第一八二頁[16]。

[15] 在A版中加有重點號。

[16] 在A版中為：第六五四頁。

[17] 在A版中還有一個逗號。

[18] 在A版中加有重點號。

[19] 在A版中為：而非範疇的形式。

地觀向房屋，也就是說，如果我不是利用對此感知的感知，而是利用這個感知本身來作為抽象的奠基性行為，那麼這裡產生的便是「房屋」這個概念。

據此便可以理解我們以下的說法：那些在內感知中感性地被給予的（因而在其中起著感性被代現者作用的）因素可以在一個帶有範疇感知或想像特徵的被奠基的行為中構造一個範疇形式，亦即在這裡承載一個完全不同的範疇代現。

範疇形式作為形式的不獨立性在內感性的領域中便反映在：那些在其中可以構造一個範疇形式的因素（而這些因素對於每一個形式來說都是[4]如此狹窄，以至於每一個形式的類都只有唯一的一個因素的類與之相符）展示著不獨立的心理內容，這些內容奠基於行為特徵之中。但由於所有行為特徵最終都奠基於外感性的內容之中，[5]因此我們注意到，在感性領域上存在著一個本質[21]現象學的區分。首先，

一、「反思內容」將自身規定為這樣一種內容，它們或者本身是行為特徵，或者奠基於行為特徵之中。

A652
$B_2$180

4　根據本書第六研究第55節，第一七〇頁[20]。

5　當然不是在這些內容的各個特別屬中，而是在所有這些內容的總體屬中。

[20]　在A版中為：第六四二頁。

[21]　在A版中為：本質的、。

二、「第一性」內容將自身規定為[22]這樣一種內容，即所有反思內容都直接或間接地奠基於其中的那種內容。它們或許可以是「**外**」感性的內容，但外感性在這裡似乎並不是透過外與內的區別（這是一個形上學的區別）之聯繫，而是透過它們的被代現者的本性而得到定義的，這些被代現者是最終奠基性的、在現象學上被體驗到的[23]內容。第一性內容構成一個唯一的、儘管分裂為幾個種類的最高屬。反思內容透過第一性內容而經歷的奠基方式顯然是可想像的最鬆散方式，即這樣一種方式：反思內容永遠不會被束縛在第一性內容的一個較為狹窄的屬上。

而後，與純粹感性客體和純粹範疇客體之區別相符合的還有一個代現性內容的區別：**唯有反思內容**才能夠作為[24]**純粹範疇的被代現者而發揮作用**。

人們現在也可以試圖對範疇概念做如下的規定：它[25]**自身包含著所有那些產生於立義形式而非產生於立義材料之中的對象性形式**。誠然，這裡會產生出以下的顧慮：如此一來，只要感性直觀構造對象性的形式，它不也就具有一個範疇行為的特徵了嗎？被感知之物不僅**在**

[22] 在A版中為：亦即。
[23] 在A版中為：心理。
[24] 在A版中加有重點號。
[25] 在A版中未加重點號。

感知之中，而且還在它之中作為對象而被給予。[26]然而對象概念是在與感知概念的相互關係中構造起自身，因而它不僅預設了抽象行為，而且也預設了聯繫行為。就此而論，這個概念也是一個在至此為止意義上的範疇概念。

[26] 在A版中為：是當下地（gegen-wärtig）、對立地（Gegen-stand）被給予。在這裡始終可以抽象於偶然的感知主體。

第八章　本眞思維與非本眞思維的先天規律

A653
$B_2$181

第59節　向愈來愈新的形式之合併。可能直觀的純粹形式學說

那些不是構造素樸的、感性—直觀的對象，而是構造具有範疇形式和綜合地被連結的對象的被奠基行為具有各種不同的形式，只要範疇統一能夠一再地（並且是根據某些先天類型的範疇合規律性）成為新的連結的、聯繫的或觀念化的行為之對象，那麼這些不同的形式就可以得到多重的合併，從而形成新的形式。例如：人們可以將普遍對象加以集合的連結，而後將如此構成的集合再與其他的同樣類型或不同類型的集合加以集合的連結，如此類推，直至無限。無限合併的可能性在這裡是先天的和明見的。同樣，人們也可以將事態結合為新的事態，儘管只是在規律性的界限以內，人們可以廣泛無限地在所有可能的統一之間搜尋那些內部的或外部的相互關係，可以將這些確定的結果再用做新的聯繫客體，如此等等。不言而喻，這種合併是在愈來愈高階段的奠基性行為中進行的。在這裡產生作用的合規律性是[1]純粹邏輯語法合規律性的直觀對應項。這裡所涉及的也不是那種可以決定著各個階段的被表象對象之眞實存在的規律。無論如何，這些規律至少並不對相即充實的可能性之觀念條件做出任何直接的陳述[2]。在這裡，與純粹的含義形式學說相符合的是一門**純粹的直觀形式學說**，

[1] 在A版中為：構成。

[2] 在A版中為：並不涉及相即充實的可能性之觀念條件。

在這門學說中，簡單直觀與複合直觀的最原始類型透過直觀的總體化而必定可以被表明為是可能的，並且它們向愈來愈新的和愈來愈複雜的直觀的逐步合併之合規律性必定可以得到規定。只要相即直觀本身展示著一個直觀的類型，直觀的純粹形式學說便包含著所有那些與相即直觀形式有關的規律：然後這些規律便具有與符號意向的相即充實或已是直觀意向的相即充實之規律的特殊聯繫。 A654 $B_2$182

第60節　質料與形式的相對區別或作用區別。純粹的知性行為和混有感性的知性行為。感性的概念與範疇

範疇直觀本身有可能再成為新的範疇直觀的基礎，並且而後在相應的表達和含義中得到表達，與這個可能性密切相關的是在材料與形式之間的相對的、單純作用的區別。我們在前面[1]已經匆促地暗示過了。在絕對的意義上，奠基性的感性為那些建立於其上的範疇形式的行為提供了材料。在相對的意義上，奠基性行為一般的客體構成了材料，這裡的相對是指相

1 參閱本書第六研究第42節，第一三六頁[3]。

[3] 在A版中為：第六〇八頁。

對於那些在被奠基行為中為這些客體所新產生的範疇形式。如果我們將兩個已經是範疇的客體、例如兩個事態，置於一個聯繫之中，那麼這兩個事態便是材料，即相對於那個將它們兩者置於一體的聯繫形式而言的材料。對材料和形式概念的這種規定完全符合於傳統的在陳述方面的質料與形式的區別。這些術語所表達的恰恰是整個「聯繫表象」的奠基性行為，或者也可以說，這些術語指稱著奠基性的對象，並且因此也展示著那個場所，唯有在這個場所才能尋找感性的貢獻。[2] 但奠基性對象本身可能已經是範疇種類的對象。顯然，充實在這種情況下便是在一個行為鏈中進行的，亦即奠基的層次序列向下延伸的鏈[5]；因為無論如何，間接的表象在這裡起著一個本質性的作用，對這個作用的仔細研究是一項對於認識思維的複雜形式之澄清來說極為重要的任務。

我們曾將素樸直觀的行為稱作感性行為，將被奠基的、可直接或間接地回溯到感性之上的行為稱作範疇行為。然而，至關重要的是在範疇行為領域之內區分「純粹範疇的」行為、「純粹知性的」行為和「混合的」、摻雜著感性的知性行為[6]；這個事情的本性就在於，所

2 參閱本書第一三五頁[4]。

[4] 在A版中為：第六〇七頁。

[5] 在A版中未加重點號。

[6] 在A版中為：純粹範疇的行為、純粹知性的行為和混合的、「摻雜著」感性的知性行為。

A655
B$_2$183

有範疇之物最終都建立在感性直觀的基礎上，甚至可以說：如果沒有奠基性的感性，那麼一個範疇直觀、亦即一個知性明察、一個最高意義上的思維就是一個悖謬。「純粹智性」的觀念——它被詮釋為是純粹思維（在這裡是範疇行為）的「能力」並且已經完全擺脫了[7]任何「感性能力」——只能在對認識及其明見無疑不可揚棄之組成進行要素分析之前被構想出來。這個已經表明的區分，即純粹範疇行為的概念，或者也可以說是一個純粹知性的概念，它具有好的意義。即是說，如果我們觀察觀念化抽象的特性：觀念化的抽象必然要建立在個體直觀的基礎上，但它卻並不因此而就意指這個直觀的個體之物；如果我們觀察到，觀念化抽象毋寧是一種新的立義方式，這種立義方式所構造的不是個體性，而是總體性；那麼就會產生普遍直觀的可能性，這些普遍直觀不僅從其意向內涵中排除了所有個體之物，而且還排除了所有感性之物。換言之，我們區分為我們提供了「感性概念」——並且是純粹感性的或與範疇形式相混雜的概念——的「感性抽象」與為我們提供了「純粹範疇概念」的「純粹範疇抽象」[8]。「顏色」、「房屋」、「判斷」、「願望」是純粹感性的概念，「有顏色狀態」（有顏色—存在）、「德行」、「平行公理」等等是範疇混雜的概念，「一」、「多」、「聯繫」、「概念」是純粹範疇的概念。每當我們絕然地談及範疇概念，我們所指

A656
$B_2$184

[7] 在A版中未加重點號。

[8] 在A版中未加引號。

的始終是純粹範疇的概念。感性概念在感性直觀的被給予性中找到其直接的基礎，而範疇概念則是在範疇直觀的被給予性中、並且是在與這個整體的、範疇地被構形的客體的範疇形式的純粹關聯中找到其直接的基礎。如果例如抽象是以一個聯繫直觀為基礎，那麼抽象意識或許會朝向那個種類的聯繫形式，並且是如此地朝向，以至於[9]這些聯繫基礎的所有感性之物都被排斥出去。這樣，「各個範疇」[10]便產生出來，但如果在確切的意義上理解這個標題，那麼它只包含那些原始地從屬於此的概念。

我們剛才——這實際上已包含在前面所做闡釋的全部意義之中——將概念與種類加以等同。但如果人們將概念不是理解為普遍對象，而是理解為普遍表象，無論它們是那種普遍直觀，還是那種與它們相符合的普遍含義，那麼這個區分也就完全可以轉用到普遍表象之上；同樣也可以轉用到對「一個A」的形式上，即一同顧及到，種類A可以含有感性之物，或者相反，可以排斥感性之物。據此，所有邏輯形式和公式都是純粹範疇的，例如「所有S都是P」、「沒有一個S是P」，如此等等；因為S、P等等字母是對「某些」[11]不確定的和「隨意的」[12]概念之單純、間接的指示，因此，在公式的總體含義中與它們相符合的是一

[9] 在A版中為：與此同時，。
[10] 在A版中未加引號。
[11] 在A版中未加引號。
[12] 在A版中未加引號。

個複合的、由純範疇因素所構成的思想。整個純粹邏輯學是如此，整個純粹算術、純粹流形論、簡言之，在最寬泛意義上的「純粹數理」[13]也都是如此，「純粹」[14]是在這個意義上的「純粹」，即：它在其整個理論組成中不包含任何感性的概念。

第61節　範疇的構形不是對對象的實在重構

從前面的一系列考察中已經[15]可以看到，我們是在一種自然的、在我們對行為與對象的徹底區分上無害的雙重意義上來使用關於範疇形式的說法。一方面，我們將它理解為被奠基的行為特徵，它賦予素樸的直觀行為或自身已經被奠基的直觀行為以形式，並將它們改變為新的客體化行為。這些新的客體化行為構造著一個與奠基性行為相比以特殊的方式發生了變異的對象性；原初的對象現在自身展示為某種以新的方式對它們進行理解和連結的形式，而這便是在第二種意義上、在對象意義上的範疇形式。我們能夠以「A和B」這個連詞的連結為例，它作為統一行為所指的是對象的範疇統一（「這兩個對象」的總和）。

A657
$B_2$185

[13] 在A版中未加引號。
[14] 在A版中未加引號。
[15] 在A版中還有：處處。

「A和B」這個表達向我們表明，尤其是在觀向（Hinblick）「和」的含義時向我們表明，關於範疇形式的說法此外還有一個進一步的意義，根據這個意義，那些在被奠基的行為特徵中得到其可能充實的符號形式也被標示為範疇形式，或者更小心地說，在非本真意義上的範疇形式。

在完成了這些預設之後，我們就要來完全澈底地澄清一個極為重要的命題，這個命題已經被陳述出來，並且就我們已做的整個闡釋而言實際上是不言自明的：即範疇作用並不因為給感性對象「構形」而觸及這個對象的實在本質。對象透過智性，特別是透過認識（它自身便是一個範疇作用）而智性地被理解，但並不被篡改。為了說明這一點，我們回憶一下那個已經順帶提到過的兩種統一的區別：一種是在對象意義上被理解的範疇統一，另一種是實在的統一，例如：作為一個事物的各個部分的統一，一條林蔭大道的各個樹木的統一，諸如此類。一個心理體驗的實項組成部分的統一以及在個體意識中所有共存的體驗的統一也都屬於實在的統一。所有這些統一從總體上看都與它們的部分一樣是在第一性的和素樸的意義上的對象；它們在可能的素樸直觀中是可以被直觀到的。它們恰恰不是單純地在範疇上被結合為一的，它們不是在某種透過集合、分離、連結等等而進行的單純共同觀察中構造起自身；相反，它們「自身」是一致的，它們具有一個統一形式，這個形式可以在總體上以一種實在統一因素的方式，亦即以一個實在規定的方式而被感知到；而且它們是在同樣的意義上被感知到，正如某個被連結的環節以及它們的內規定性被感知到一樣。

A658
$B_2$186

範疇形式的情況則完全不同。它們所創造的新對象不是在第一性的和原初的意義上的對象。範疇形式並不黏合、聯合、拼合各個部分，由此而產生一個實在的、感性可感知的整體。它們並不是在陶土匠構形的意義上進行構形。否則那個感性感知的原初被給予之物就會在其本己的對象性中發生變異，聯繫的和連結的思維與認識就不會是對那個存在之物的思維與認識，而是將其篡改地重構為另一種東西。但範疇形式並不觸及第一性的東西；而且它們也不能損害這些第一性的對象，不會改變它們的本己存在，因為那樣一來，結果便會是一個第一性的和實在的意義上的新對象，而範疇行為（如集合行為或聯繫行為）的結果明見無疑地在於對第一性被直觀之物的客觀理解，這種客觀理解僅僅只能在這樣一種被奠基行為中被給予，以至於對有形式之物的素樸直觀的想法，或者對有形式之物在一個其他素樸直觀中被給予的想法都將會是悖謬。

第62節　對在先被給予的材料進行範疇構形的自由及其限制：純粹範疇規律（「本眞思維」的規律）

實在的、外感性的或內感性的統一形式是由那些要被連結的部分之本質本性所規律性地規定了的，並且是由這些部分的完全個體化所絕對地規定了的。所有統一都指明著規律性，實在的統一指明著實在的規律性。實在地為一的東西，必定也可以被實在地結合為一。每當我們談到結合或不結合的自由時，我們恰恰都不是在其完全的實在性中接受那些內

A659
$B_2$187

容，在這個實在性中甚至一同包含著時間－空間的規定性。以這種方式，對實在內容的意識，尤其是對實在內容的素樸直觀，實際上就是這些內容的實在連結或形式的意識，而在範疇形式方面的情況則與此完全不同。沒有一個與實在的內容相適合的範疇形式是必然地連同這些內容一起被給予的，在這裡，在連結和聯繫之中、在總體化和歸集化等等之中存在著充分的自由。我們可以將一個感性統一的群組隨意地並且以多重的方式分化為各個部分群組；我們可以對這些可多重區分的部分群組隨意地進行整理，並且在同一階段上進行相互連結，或者也可以將第二、第三層次……的集合相互疊加地建造起來。由此便形成在同一個感性材料基礎上集合構形的許多可能性。同樣，我們可以將同一個感性複合的任意一個環節與其他環節中的這些或那些環節加以比較，或者將它區分於後者；我們可以在這裡使每一個環節成為主語環節，或者透過對有關關係的任意反轉而使每一個環節成為賓語環節；我們而後可以將這種關係本身置於相互聯繫之中，將它們以集合的方式相互連結，相互分類等等。

但無論這種範疇結合[16]和構形的自由有多大，它都有其規律性的局限。統一和規律相互間也是不可分的。範疇形式是在被奠基的行為特徵中，而且也只在它們之中構造起自身，在這裡已經包含著某種必然性聯繫。否則，假如任意一個材料可以被置於任意一個形式之中的話，也就是說，假如奠基性的素樸直觀可以隨意地與範疇特徵連結在一起的話，那麼我們怎

A660
$B_2$188

[16] 在B版中為：一致性。

麼還能談論範疇**感知與直觀**。當我們例如直觀地完成在整體與部分之間的關係時，我們雖然能夠以通常的方式反轉這個關係，但並不能如此反轉，以至於我們現在竟能夠直觀到作為整體的部分（在不變的實在內容那裡）和作為部分的整體。我們也不能自由地將這個關係理解為一個總體同一性或總體排他性的關係，如此等等。誠然，我們可以「思考」在每一種聯繫點之間的每一種關係，以及在每一個材料基礎上的每一個形式——思考在這裡是指單純符號行為意義上的思考。但我們並不能夠在每一個基礎上**現實進行**地奠基，我們不能在隨意的範疇形式中**直觀**這個感性材料；尤其不能**感知**它，並且最主要是不能**相即**地感知它。

在這個擴展了的感知概念的特性中事實上宣示出某種被束縛性。這並不是說，感知特徵實項地被束縛在感性內容上。感知特徵永遠不會如此；因為這將意味著，任何東西都是**被**感知到的並且**須**被感知到。但很可能沒有什麼東西是不能被感知到的。而在這裡卻包含著這樣的意思：恰恰在這些材料的基礎上，或者更確切地說，在這些素樸直觀的基礎上，範疇[17]行為的現時進行在觀念的意義上是**可能的**。而這種可能性與所有觀念可能性一樣，受到規律性的局限，只要有某些不可能性、觀念的不相容性與它們合規律地相並列。

那些制約著這些可能性與不可能性之聯繫的**觀念規律**從屬於**種類的**範疇形式，亦即從屬於在客觀意義上的範疇。它們規定著，**在預設了特定的、但隨意的材料之同一性的情況**

[17] 在B版中為：現時。

A661
$B_2$189

下，已有範疇形式的哪些變更是可能的；它們限定著範疇形式在始終同一的材料之基礎上進行重整（Umordnung）和重構（Umgestaltung）的、觀念上封閉的雜多性。在這裡，唯有當材料必須在意向上得到自身同一的堅持時，它才會被關注。但只要材料的種類是完全可以自由變更的並且僅只服從於自明的意念條件，只要它們作為各個預先獲取的形式之載者具有作用能力，那麼這裡所說的規律便具有完全純粹的和「分析的規律」[18]之特徵，它們便完全獨立於材料的特殊性。對這些規律的普遍表達因而不包含任何材料種類方面的東西，相反，這種表達只是利用代數符號來作為一些不確定的—普遍的表象的載者，這些表象是指關於一定的、在其他方面是隨意的、但自身保持同一的材料一般的表象。

因此，為了明察這些規律也並不需要現時地進行一個將其材料直觀化的範疇直觀；相反，只要進行某一個範疇直觀便夠了，它將有關範疇構型的可能性置於眼前。在對整個可能性的總體化抽象中進行著對此規律的統一直觀「明察」[19]，而這種明察在我們所說的意義上具有相即的、總體的感知之特徵。在這個感知中自身被給予的普遍對象就是範疇規律。我們

[18] 在A版中未加引號。

[19] 在A版中為：因此，為了明察這些規律也並不需要現時地進行一個給予某個材料本身、甚至是在最本眞的意義上給予材料本身的範疇感知；相反，只要進行某一個範疇想像便夠了，它將有關範疇複合的可能性置於眼前。在對整個複合可能性的總體化抽象中進行著對此規律的同一直觀「明察」。

可以說：與範疇直觀一般[20]可能性的觀念條件相對應的是範疇直觀對象的可能性條件以及絕然的範疇對象之可能性條件。一個從範疇上這樣或那樣被構形的對象性是可能的，與此本質相關的是[21]，一個範疇直觀——[22]一個單純想像——可以將一個這樣的對象性完整適當地置於眼前；換言之，有關範疇綜合以及其他範疇行為可以根據有關的奠基性[23]直觀（哪怕是想像）而現實地進行。

但是，一個隨意的、無論是感知地還是想像地在先被給予的材料實際上可以獲得哪一種範疇構形，哪一些範疇行為可以在構造著材料的感性直觀基礎上現實地進行，對此，這裡所說的觀念條件、分析規律並未做出任何陳述。前面的例子說明，在這裡不可能有無限制的隨意，而且「現實的」可進行性並不具有經驗現實的特徵，而是具有觀念可能性的特徵。而且這些例子還說明，正是材料的各個特性才限定了這些可能性，以至於我們例如能夠說，G確實是g的一個整體，γ確實是G的一個特性，以及如此等等。——誠然，在這裡，範疇形式不同於實在形式，它們並不局限在G、g、γ等等這些內容屬上，就好像其他屬的內容根

A662
$B_2$190

[20] 在A版中還有：對象。

[21] 在A版中為：這本質上就意味著。

[22] 在A版中還有：即使是。

[23] 在A版中還有：感性。

本不會去考慮它一樣。相反，明見無疑的是，所有屬的內容都可以透過所有範疇而得到構形。範疇形式恰恰不奠基於材料內容之中——正如我們在前面[3]已經闡釋過的一樣。那些純粹的規律因此不能規定，一個被給予的材料[25]可以接受哪種形式；它們只是說明，如果這個材料，以及任何一個隨意的材料，接受了某個形式或者有能力接受某個形式，那麼對於這同一個材料來說，有一批範圍確定的形式可供選擇；或者說，有一個觀念上封閉的重構範圍，這個重構是對各個已成立的形式向愈來愈新的各個形式的重構。這裡所說的在此先天前提下的「分析」規律為在同一個材料基礎上的新形式的觀念可能性提供了保證。

這就是「本眞思維」[26]的純粹規律，它們被理解為範疇直觀在其純粹範疇形式方面的規律。範疇直觀恰恰是在理論思維中作為現實的或可能的含義充實或含義失實而起作用，並且根據它們作用的不同而賦予陳述以眞和假的邏輯價值。因此，對思維，無論是純粹符號思維，還是摻雜符號的思維之規範性調節，都依賴於剛才所闡釋的那些規律。

A663
$B_2$191

3 參閱本書第六研究第57節，第一七四—一七五頁[24]。

[24] 在A版中為：第六四六—六四七頁。

[25] 在A版中未加重點號。

[26] 在A版中未加引號。

但是，為了更仔細地闡明這個事態以及為了澄清關於「本眞」思維規律的區分性說法，我們還需要進一步觀察含義領域，或者說含義意向領域。

第63節　符號行為和混有符號的行為的新[27]有效性規律（非本眞思維的規律）

我們在至此為止的考察中將範疇行為視為是擺脫了所有符號性附屬物的行為，也就是說，它們被進行，但不為任何認識行為和指稱行為奠基。而每一個無成見的分析家肯定都會承認，例如：我們直觀總和或一些其他的原始事態，同時不必將它們稱謂地或論題地表達出來。我們現在將單純直觀行為的情況與單純符號行為對置，我們注意到，所有範疇直觀行為連同其具有範疇形式的對象都能夠有純粹符號行為與之相符合。這顯然是一個先天的可能性。任何一個從屬於此的行為形式都有一個可能的含義形式與之相符合；而每一個含義都可以被想像為是不帶有相關直觀而進行的。邏輯合適的語言之理想是這樣一種語言的理想，它能為所有可能的材料和所有可能的範疇形式創造出單義的表達。於是，在語詞中便單義地包含著某些符號意向，它們即使在「相應的」直觀（這當然是指充實的直觀）不在場的情況下也可以復活。於是，與所有可能的第一性的和被奠基的直觀相平行的是那個（可能地）表達著它們的第一性的和被奠基的含義系統。

A664
$B_2$192

[27] 在A版中為：純粹。

但含義的區域要比直觀區域寬泛得多，即是說，要比可能充實的整個區域寬泛得多。因為在含義方面還要加上那些無限雜多的缺乏「實在性」或「可能性」的複合含義；這是含義的構成物[28]，它們雖然合併為統一的含義，但不會有任何可能的統一的充實相關項能夠與這些統一的含義相符合。

據此，在範疇類型，或者說，範疇直觀的類型，與含義類型之間也不存在完全的相似性。較低和較高階段上的每一個範疇類型都有一個含義類型與之相符；但是，在我們可以自由地將這些類型符號地連結為複合類型的情況下，並非每一個如此形成的類型都有一個範疇對象性類型與之相符。我們回想一下分析矛盾的類型，例如「一個是非A的A」、「所有A是B並且某個A不是B」，如此等等。僅僅只是在原始類型方面才有可能並且也必定存在著相似性，因為所有原始的含義類型都「起源」於相關直觀的充盈之中；或者更清楚地說：由於這裡所說的只是被合併之物和須合併之物的領域中的相容性與不相容性，所以，簡單的含義，作為對一個簡單之物的表達，永遠不可能是「想像的」[29]；這也涉及每一個簡單的含義形式。「一個同時是A又是非A的東西」是不可能的，而「一個A和B」則是可能的，這個「和—形式」作為一個簡單形式具有一個「實在的」意義。

A665 $B_2$193 如果我們將「範疇」這個術語轉用於含義區域，那麼每一個本真的範疇形式，無論是在

[28] 在A版中為：複合體。

[29] 在A版中未加引號。

對象意義上的範疇形式，還是從屬的範疇直觀形式（即在其中感知地或想像地構造出範疇對象之物的那個直觀），都會有一個特有的符號形式，或者也可以說，有一個特有的種類含義形式與之相符。在符號行為的這個形式中進行著對一個集合或分離、一個同一性或非—同一性等等的符號意指。當人們談及本眞表象與非本眞表象的對立時，人們所看到的通常是「直觀」與「符號」的對立（只要這裡的目的不是——這種情況也會時而出現——在於「相即」與「不相即」的另一個對立）。據此，這裡的情況就會是「非本眞的」集合、分離、認同、抽象等等的情況。

如果人們在思維行為的標題下包容所有這些範疇行為，亦即那些使判斷（作為謂語的符號行為）獲得其充盈並且最終獲得其全部認識價值的範疇行為，那麼我們就必須在本眞的和非本眞的思維行為之間進行區分。非本眞的思維行為就將會是陳述的含義意向，並且在自然擴展的意義上是所有那些能夠有可能作為這種謂語意向的部分而起作用的符號行為：但不言自明的是，所有符號行為都可以如此起作用。本眞的思維行為就將會是相符合的充實，並且因此而是事態直觀和所有能夠作為事態直觀的可能部分而起作用的直觀：而這又是所有直觀都能夠做到的；尤其是沒有一個範疇形式不能成為一個事態形式之組成部分。關於符號判斷[30]（陳述含義）之形式的普遍學說包容著含義形式一般（純粹邏輯—語法[31]形式）的普

[30] 在A版中加有重點號。

[31] 在A版中為：純粹—語法的。

遍學說，同樣，關於**事態直觀之純粹形式**（或者說，關於純粹的事態形式）的普遍學說包容著關於**直觀一般的範疇形式**（或者說，關於客觀範疇形式）的普遍學說。

如果人們像常常所做的那樣將**思維**與**判斷**認同為一，那麼就必須區分**本真的**與**非本真的判斷**。於是，判斷的概念便透過陳述意向和陳述充實的共同點，亦即透過作為質性和意向質料之統一的意向本質而得到規定。這樣的話，不僅判斷行為，而且判斷的所有可能部分自然都必須被看作是較為**寬泛**意義上的思維行為，這樣我們便可以回歸到一個與前面對思維行為概念之界定相等值的界定上。

在非本真思維的、單純符號行為的領域中，我們自由地擺脫了所有範疇規律的限制。在這個領域中，所有一切都可以達到統一。但確切地看，這個自由也受到一定的局限。我們在本書第四研究中已經談及這一點，我們指明了「**純粹邏輯—語法的**」[32]**規律**，這些規律作為複合和變異的規律劃分了意義與無意義的領域。在非本真的範疇構形與改形中，我們是自由的，只要我們不去無意義地混雜各個含義。但如果我們也拒斥形式的和實在的悖謬，那麼非本真思維的、符號可連結之物的最寬泛領域便會變得非常狹窄。這樣我們所涉及的便是複合含義的**客觀可能性**，亦即它們與一個將它們作為整體而統一充實的直觀之適合的可能性。**含義有效性**的、**它們的合適直觀化的觀念可能性**的「**純粹**」**規律**顯然是與那些調節著**本真範疇**

[32] 在A版中為：「**純粹—語法的**」。

A666　B$_2$194

形式之連結和變化的純粹規律相平行的。

含義有效性的純粹規律又不是指這樣一種規律，在這種規律中可以找到任意的在先被給予的含義的有效性，而是指純粹在範疇上確定了的含義連結和含義變化的可能性，這種連結和變化在每一個隨意的現有情況中都可以進行，都可以被設定為「保眞」（salva veritate），[4]即是說，如果含義充實可能性從一開始就存在的話，那麼它不會以任何方式受到損害。例如：倘若「g是G的一個部分」這個陳述是有效的，那麼「G是g的整體」這種形式的陳述也就有效。如果「有一個α是β」為眞，那麼「某個α是β」或者「並非所有α都不是β」等等也就為眞，如此等等。在這類命題中，材料是可以無限變更的，因此我們可以用間接的和完全不確定的代數符號來替代所有材料含義。但透過這種方式，這些命題便被描述為**分析的**命題。在此境況下，問題又不在於，材料究竟是在感知中還是在想像中被構造出來。可能性與不可能性所涉及的是在一個隨意的材料底基上製作出那種合適地將含義形式直觀化的行為；簡言之，這裡的問題在於那些**完全合適的符號行為一般所具有的純粹可能性條件**，而這些條件本身又回溯地指明了**範疇直觀一般的純粹可能性條件**。自然，這些含義有效性規律並不是同一的，並且自身不是本眞的範疇的規律，但含義有效性規律忠實地追 A667 $B_2$195

4 「保眞」是由萊布尼茲最早提出的同義詞條件：所謂同義詞，應當是指在各個陳述中可以相互替代、卻同時可以保持這些陳述之眞値的表達。——中譯注

隨本眞範疇規律，這種追隨是在那個調節著含義意向與含義充實之關係的合規律性的基礎上進行的。

剛才所進行的這整個考察需要得到自然的和自明的擴展。我們簡化了境況，因為我們僅僅考慮了兩個極端，我們將這兩者對置：一方面是完全直觀的、因而是確實進行了的範疇行為構成物，另一方面是純粹符號的、因而是實際上根本未進行的並且只是在可能的充實過程中才能實現的行為構成物。但通常的情況是混合；思維在一些時段上是直觀的，在一些時段上是符號的；在前一種情況中，一個範疇綜合、一個謂語陳述、一個總體化等等現實地得以進行，在後一種情況中，一個朝向這樣一種範疇綜合的單純符號意向附著在直觀的或僅僅言辭表象（verbal vorstellige）的環節上。由此而形成的複合行為作為整體具有非本眞範疇直觀的特徵；它們的整個對象相關項都不是現實地、而只是「非本眞地」被表象出來；它們的「可能性」，或者說，它們的相關項的客觀可能性沒有得到保證。「非本眞思維」的領域據此而必須得到如此寬泛的理解，以至於它也可以接納這些混合的行為構成物。我們所做的所有闡釋都應當在這個擴展的前提下以修正了的方式繼續有效。這樣，我們所要談論的便不是單純含義、單純符號判斷等等的有效性規律，而是要談論摻雜符號的表象和判斷的有效性規律。只要我們所說的是單純的符號思維，我們就大都是指這類混雜。

第64節　純粹邏輯—語法規律[33]不僅僅是人類理智的規律，而且是每一個理智一般的規律。這些規律在不相即思維方面的心理學含義以及規範性作用

不言而喻，前一類規律和後一類規律一樣，都具有**觀念的**[34]本性。一個感性的材料只能在一定的形式中得到理解，並且只能根據一定的形式而得到連結，這些形式的可能變化服從於純粹的規律，在這些規律中，材料是可以自由變化的因素；因此，如果表達性的含義沒有喪失它們的本真表達能力，那麼它們只能接受某些形式，或者說，只能根據規定的類型來改變它們的形式：所有這一切都不是因為意識進程的經驗偶然性，也不是因為我們的、哪怕是普遍人類的智性組織之經驗偶然性。毋寧說，這一切都在於**有關行為種類的特殊本性**，在於它們的意向本質與認識本質[35]；這一切並不屬於恰巧是我們的（個體的或普遍人類的）感性本性，或者說，並不恰巧屬於我們的知性本性，而是屬於**感性和知性一般的觀念**。一個帶有不同於純粹邏輯規律之規律的知性將會是沒有知性的知性；如果我們將這個處在與感性之對立中的知性定義為範疇行為的能力，並且最多再定義為朝向這些行為、因此是「正確的」

$B_2$197
A669

[33] 在A版中為：純粹語法的。
[34] 在A版中未加重點號。
[35] 在A版中「本質」為單數（ihrem ... Wesen），在B版中改作複數（ihren ... Wesen）。

表達或意指的能力，那麼這些建基於這些行為種類之中的總體規律便從屬於知性的確然性本質。其他生物可能觀看著其他的「世界」，它們也可能配備了有別於我們的其他「能力」；只要它們是心理生物，只要它們具有意向體驗連同所有那些這裡所涉及的區別：在感知與想像之間、素樸直觀與範疇直觀之間、意指與直觀、合適與不合適認識之間的區別，——那麼它們也就會具有感性與知性，並且「服從於」那些所屬的規律。

因此，本眞思維的規律當然也一同從屬於人類意識的組成，屬於普遍人類的「心理」組織。另一方面，這些規律對於這個組織的特性而言並不具有特徵性。我們曾說過，這些規律建基於某些行為的純粹種類之中；這就是說，它們與這些行為的聯繫並不只是在於：這些行為恰恰聚合在一個人類組織之中；它們毋寧說是從屬於所有那些由這類行為所構成的可能的組織一般。各個心理組織類型所具有的不同特性，所有那些例如以自然歷史種屬的方式界定著人類意識本身的東西，它們根本不會為這些作為思維規律的純粹規律所觸及。

與「我們的」心理組織的關係或與「意識」一般（被理解為意識的普遍人類之物）的聯繫並不定義著純粹的和眞正的先天，而是定義了一個嚴重歪曲了的先天。普遍心理組織的概念與心理組織的概念一樣，仍然具有一個單純「經驗的」含義，具有一個單純的「實際事情」（matter of fact）的含義。而純粹規律恰恰是純粹於實際的事情的，它們並不告訴我們，在這個或那個省分的習俗是什麼，而是告訴我們，完全擺脫了所有習俗以及所有實在領域之界定的是什麼，而且這是因為，它屬於存在之物的實質性配備。因而眞正的邏輯先天所涉及的是所有那些從屬於理智一般的觀念本質、從屬於它的行為種類和行為形式之實質的東

A670　$B_2$198

西，即是說，從屬於一種不可能被揚棄的東西，只要知性或定義著知性的行為是其所是：具有這樣或那樣的種類，同一地保持著它們的概念本質。

據此，邏輯規律、首先是「本眞」思維的觀念規律在何種程度上也要求一種**心理學的**含義[36]，並且它們在何種程度上也調節著實際心理發生的進程，這是不言自明的。每一個表達著一個建基於種類的本性之中的相容性與不相容性的眞正「純粹」[37]規律，如果它與心理上可實現的內容種類相聯繫，那麼這個規律便限制著心理學上的（現象學上的）並存與順延的可能性。在種類上已被明察為不相容的東西，在經驗的個別情況中就不可能一致，因而不可能相容。只要經驗邏輯思維絕大部分是以不相即的和符號的方式進行，那麼我們現在便思考、意指著許多實際上根本不能一致的東西，亦即以本眞思維的方式、以單純被意指的綜合的現實進行方式根本不能一致的東西。正因為如此，**本眞思維與本眞表達的先天**規律便成為**單純意指的和非本眞的思維或表達之**規範。或者換而言之：在「本眞」思維規律的基礎上建立起新的、同樣[38]被闡釋為實踐規範的規律，它們被納入到符號表象或摻雜符號的表象之領域中，這些規律陳述了一個可能眞理一般（＝正確性一般）的觀念條件，即在這個摻雜符號

[36] 在A版中加有重點號。
[37] 在A版中為：和純粹。
[38] 在A版中為：可能。

A671
$B_2$199

的意指領域之內的「邏輯的」（因為是與可能的相即有關的）相容性之觀念條件。而「非本眞思維」的規律在心理學上又不被評價為是這種思維生成與變化的經驗[39]規律，而是被評價為純粹觀念的被奠基的可能性與不可能性，這裡的可能性和不可能性是指那些這樣和那樣被構形的非本眞思維行為與相應的本眞思維行為的相即之可能與不可能。

第65節　邏輯之物實在含義的悖謬問題

我們現在也完全理解，為什麼這樣一個想法會是悖謬，即：世界的進程可能會違背邏輯規律——那種本眞思維的分析規律或建基於其上的非本眞思維的規範——，或者，經驗、感性的實際事情必定會或可能會首先為這些規律提供論證並且對它們的有效性界限做出規定。我們且不考慮，在事實基礎上的或然性論證恰恰就是自身服從於觀念規律的論證，這些規律（如我們所預見的那樣）就其種類的組成而言並且作為總體規律是奠基於「本眞的」或然性體驗之中。在這裡毋寧需要指明，事實的所謂事實之物從屬於感性，並且，這樣一種想法，即透過感性的幫助來論證純粹範疇規律——這些規律根據它們自身的意義排除了所有感性和事實性，並且只是對範疇形式，即作為可能的正確性或眞理性一般的形式，做出純粹的

[39] 在A版中為：自然。

本質陳述[40]——，這種想法所表明的是一種最明顯的「向另一個類的越度」（μετάβασις εἰς ἄλλο γένος）。那些不意指任何事實的規律是不可能透過任何事實而被證實和反駁的。因此，那個為偉大的哲學家們如此嚴肅和深刻地探討過的問題，即「**邏輯的實在含義或形式含義**」之問題，是一個悖謬的問題。我們不需要任何形上學理論或其他理論來解釋自然之進程與天賦「理智」之合規律性的相互應合；我們不需要**解釋**（*Er*klärung），而只需要**現象學的澄清**（*Auf*klärung）[41]，即對意指、思維、認識以及由此而產生的觀念與規律的澄清。

世界作為一個感性統一構造起自身；根據它的意義，它是現實的和可能的素樸感知的統一。但根據它的眞實存在，它並未在任何一個完成了的感知過程中無保留地、甚或相即地被給予我們。對於我們來說，它隨時都只是[42]一個完全不相即的、部分是透過素樸的和範疇的直觀行為，部分是透過符號行為而被意指的理論研究的統一。我們的知識愈是進步，世界的觀念對自身的規定也就愈好並且愈豐富，從這個觀念中分離出去的不相容性也就愈多。世界 A672 $B_2$200

---

[40] 在A版中為：特別**抽象**於所有感性，亦即事實性，並且只是對**範疇**形式的相容性或不相容性做出總體的和明見的陳述。

[41] 在A版中「Erklärung」與「Aufklärung」二詞的前綴未作斜體字，但加有重點號。

[42] 在A版中為：自在世界是一個感性統一；因為個體意義上的存在與感性可感知的存在是等值的。但自在世界並不是在素樸的感知中被給予**我們**；對於我們來說，世界只是。

究竟是否眞的像它顯現給我們的那樣存在，或者眞的像在各門理論科學中被認為的那樣、或被合理地堅信的那樣存在，這樣一種懷疑具有其好的意義；因為無論歸納科學將我們帶得有多遠，它永遠不可能相即地對世界表象進行構型。但如果懷疑眞實的世界進程、自在世界（Welt an sich）的實在聯繫是否不會與思維形式發生爭執，那麼這種懷疑也是悖謬的。因為這就是說，一個確定的、[43]假言地預設的感性，即那個可以（在無限感知過程的一個意念完成的雜多性中）使自在世界相即地自身展示出來的[44]感性，它雖然能夠接受範疇形式，但它必須強行將這些形式加以統一化，而這些形式的普遍本質又在總體上排除了這種統一化的可能。但這些形式的確就是如此，並且範疇的規律作為純粹規律而有效，這些純粹規律可以抽象於所有感性材料，因而根本不可能為此感性的無限變更所觸及。——這**不僅僅是我們的意見**，而且是**我們的明察**，它是在最完整的相即性中被給予我們的。自然，這種明察在主體方面是在某一個偶然經驗直觀的基礎上進行的；但它是總體的並且是純粹與形式有關的明察；抽象的基礎在這裡和在其他地方一樣，它並不為那個被抽象出來的觀念之觀念可能性和有效性提供任何前提保證。

我們還可以略嫌多餘地指明：如果人們在符號思維中設想一個反邏輯的世界進程之**可能**

[43] 在A版中還有：符號地和。

[44] 在A版中為：使自在世界相即地自身展示給我們的。

性，並且因此而提出要求說：這種可能性可以成立，以及，如果人們可以說是一舉取消那些賦予這個和每一個可能性一般以有效性的規律，那麼這裡將會包含有何種荒謬性。此外，我們可以指明，從存在一般的意義中無法分離出與能夠—被感知、被直觀、被意指、被認識的相關性，因而從屬於這個種類可能性的觀念規律永遠不可能透過各個存在者本身的偶然內容而被取消。但這裡的論證已經夠了，它們最終只是對同一個境況的各種說法，而且它們在《導引》[5]中已曾引導過我們。

第66節　對在「直觀」與「思維」之通常對置中被混淆的幾個最重要的區別之劃分[45]

透過上面的研究，一般可以說，在「思維」與「直觀」之間被運用得如此之多、而又被澄清得如此之少的關係已經獲得了可以滿意的明晰性。我們將下列對立聚合在一起，對它們

5 即本書《邏輯研究》第一卷：《純粹邏輯學導引》。——中譯注

[45] 在A版中「直觀」與「思維」二詞上未加引號；「混淆」一詞在A版中為「mengend」，在B版中改為「vermengend」。

的混淆曾使認識論的研究產生過混亂，而我們現在可以完全清晰地將它們區分開來：

一、**直觀行為**與**符號行為**的對立，**直觀**作為感知或想像（無論這個直觀是範疇的還是感性的，是相即的還是不相即的）被置於與**作為符號意指的單純思維**的對立之中。誠然，在括弧中所提出的那些區別往往被忽略；我們要給予它們以最大的重視，並且在這裡特別將它們列出：

二、**感性直觀**與**範疇直觀**的對立，即是說，我們將這兩者對置：一方面是感性直觀、在通常的、素樸的意義上的直觀，另一方面是**範疇直觀**、在擴展了的意義上的直觀。被奠基行為所描述的是範疇直觀，它們現在則被看作是使感性直觀智性化的「思維」。

三、**不相即直觀**與**相即直觀**的對立，或者更一般地說，相即表象與不相即表象的對立，因為我們將直觀表象與符號表象聚合在一起。在不相即表象中，我們只是想像，這是如此（這顯現為如此），在相即表象中，我們觀視著境況本身，並且**是在其完整的自身性中**[46]**直觀到它**。

四、**個體直觀**（通常的並且在明顯未得到論證的狹窄意義中被理解的感性直觀）與**普遍直觀**的對立。根據這個對立，一個新的直觀概念得到規定；這個直觀與總體化相對置，而後又進一步與隱含著這種總體化的範疇行為相對置，並且在一種與行為的含糊混淆中也與這些

[46] 在A版中為：本眞地。

B$_2$202　A674

行為的符號對應項相對置。現在便可以說，「直觀」僅僅給出個別性，「思維」則朝向普遍之物，它是透過「概念」而進行的。人們在這裡通常所說的是「直觀與思維」的對立。

康德的認識論的總體特徵便在於缺乏對這些對立的任何確定劃分，對這門認識論的批判將會表明，將這些對立融合為一的趨向有多麼強烈。在康德的思維中，儘管範疇（邏輯）作用發揮著重要的作用：[47]但他沒有能夠對感知與直觀這兩個概念做出超越於範疇領域的基本擴展；而且其所以如此，乃是因為他沒有重視在直觀行為與符號行為之間的巨大差別、它們的可能區分與通常的融合，因而沒有完成對意指與直觀的不相即合適性與相即合適性之區別的分析。因此他也沒有區分作為普遍語詞含義的概念與作為本眞的普遍表象之種類的概念，以及還有作為普遍對象的概念，即作為普遍表象之意向相關項的概念。康德從一開始便因此而駛入了形上學認識論的航道之中，因為，在對認識本身、對那些前邏輯客體化與邏輯思維進行於其中的行為之總體領域進行澄清性的本質分析和批判之前，並且在將那些原始的邏輯概念與規律回歸到它們的現象學起源之前，他就想批判地「拯救」數學、自然科學與形上學。康德（儘管所有這一切，我們仍然感到與他很親近）的噩運在於：他以為，對最狹窄意義上的邏輯領域只要做這樣一個說明便可：它服從於矛盾律。他不僅從未注意到：邏輯規律處處都不具有在那個由他本人所定義的意義上的分析命題之特徵；他也沒有看到：要想澄

A675
$B_2$203

[47] 在A版中為：康德發現了範疇作用；。

清分析思維的成效，僅僅指明分析命題的一個明見原則是遠遠不夠的。[48]

補充：康德理性批判的所有原則模糊性都與此相關，即康德從未弄清純粹的「觀念化」（Ideation），從未弄清對概念本質、對本質規律之普遍有效性的相即觀視（Erschauung），即是說，他缺乏現象學的眞正先天概念。因此他永遠不能達到一門嚴格科學理性批判的唯一可能目的，這個目的也就是研究純粹本質規律的目的，這些規律制約著作為意向體驗的行為連同其所有客體化意義給予和「眞實存在」之充實構造的樣式。只有透過對這些本質規律的明察認識，所有那些對「認識之可能性」所能夠提出來的有意義的理解問題才能得到絕對充分的回答。

---

[48] 在A版中為：，並且他從未注意到，邏輯命題處處都不具有在那個由他本人所說的意義上的分析命題之特徵，並且，要想澄清分析思維的成效，僅僅指明分析命題的一個明見原則，哪怕是最平凡的原則，也是不夠的。

第三篇

對引導性問題的澄清

A676
$B_2$204

第九章　非客體化行為作為虛假的含義充實

第67節　並非每一個意指都包含著一個認識

在與一些更為普遍的問題的聯繫中，我們充分地研究了在含義與一致性直觀之間的關係，並且與此同時也充分地研究了本眞表達與非本眞表達的本質；在完成這些研究之後，那些在此項研究的入口處曾困擾過我們並為此項研究提供最初推動的困難問題便得到了完全的澄清。

我們首先不能再屈從於那個在前面[1]已經觸及到的誘惑，這個誘惑自身帶有一個在重要的認識論聯繫中一再湧現出來的想法，即：對表達的意指必須以某種方式被視為是一種認識，甚至必須被視為是一種分類。人們說：一個表達必定會表達說者的某個行為；但這個行為要想得到合適的言說形式，它必須以一種從屬的方式被統攝、被認識。進一步說，表象必須被統攝、被認識為表象，屬性必須被統攝、被認識為屬性，否定必須被統攝、被認識為否定，如此等等。

我們回答：關於認識的說法與思維行為和充實直觀的關係有關。但思維行為在陳述[2]與

1　參閱本書第六研究第1節，第八頁[1]。

[1] 在A版中爲：第四八〇頁。

[2] 在A版中「陳述」爲複數（Aussagen），在B版中改作單數（Aussage）。

陳述部分中，例如：在名稱中，並不是透過它們又再被思維和被認識而得到表達。否則，新的思維行為便是含義載者了，**它們**便會先被表達，而後又再需要新的思維行為，如此無限延續下去。如果我將這個直觀對象稱作「鐘錶」，那麼我便在指稱中進行一個思維行為和認識行為，但我所認識的是這個鐘錶，而不是這個認識行為。所有含義賦予的行為的情況當然都是如此。如果我在與表達性話語的聯繫中說「或」，那麼我便進行了一個析取行為，但這個思維行為（析取行為是它的一個部分）並不與析取行為有關，而是與析取狀態有關；正如[3]它從屬於這個事態的統一一樣。這個析取狀態被認識並且對象地被標示。據此，「或」這個詞不是一個名稱，也不是一個不獨立的對此析取的標示，它只是傳訴這個行為。這當然也對整個判斷有效。如果我進行陳述，那麼我便會思想那些實事；這些實事具有這樣和那樣的狀況：我表達它，並且有可能我也認識它。但我並不思想這個判斷行為，就好像我也使它成為對象，並且現在將它歸類為判斷，並且還透過表達形式來指稱它一樣。 A677 $B_2$205

但是，表達與有待表達行為的語法應合不正指明了一個此應合在其中得以進行的認識行為嗎？在一定的方式上肯定是這樣，或者說，在一定的情況中肯定是這樣，這些情況是指：每當那個在此項研究開始時我們曾探討過的關於表達之說法的意義得到運用時。但在另一些情況中則不是如此，即：只要這裡所涉及的是用表達來進行的單純傳訴，從而每一個

[3] 在A版中加有重點號。

含義給予的行為都被視為是透過語詞——語音——而被表達的；而且在下列情況中也不是如此，這些情況是指：只要表達行為所說的與意指行為一樣多，而且被表達之物就是同一的含義。在後面這兩個意義上，每一個陳述，無論是單純符號的陳述，還是直觀充實的陳述，都在表達著某些東西，即判斷（信念）或判斷內容（同一的語句含義）。但在前面所指出的意義上，只有直觀充實了的或直觀可充實的陳述才表達某些東西，在這裡，不是這個語音，而是這個已經啟動了意義的話語在展示著對相應直觀的「表達」。含義賦予的作用首先並且始終作用於那些附著在語詞上的符號意向的統一複合。當這些意向缺乏任何充實性直觀時，它們便構成單純符號的判斷；在這裡，那些「表達著」符號總體意向的一致性綜合或非一致性綜合並不是「本眞地」被進行，而只是符號地被意指。如果情況相反，這個被指出的綜合得到了本眞的進行，那麼「本眞的」與「非本眞」[4]的綜合（符號行為[5]中的綜合）便得以相合：這兩者在同一意向本質中合而為一，這個意向本質展示著同一個含義、同一個判斷，無論這裡所做的是單純符號的判斷，還是直觀的判斷。如果只有幾個語詞意向才配備了直觀充盈，那麼情況顯然也會與此相似。符號行為包含著與直觀行為同樣的意指，但不帶有它的充實；符號行為只是將這個意指「表達出來」，而且這個比喻還可以更好地適合於下面的情

B₂206
A678

[4] 在A版中未加引號。
[5] 在A版中爲：含義。

況：在直觀行為消失時，符號行為仍然能保持直觀的意義，即作為無直觀核心的空殼。在直觀判斷的情況中，相合統一現在雖然確實也就是認識統一（即便不是聯繫認識的統一），但我們知道，在認識統一中的被認識者並不是充實行為，在這裡亦即是指「本真的」判斷綜合，而是它的客觀相關項，即那個事態。在對實事的直觀中，我們進行一個判斷的綜合，一個直觀的「是如此」或「不是如此」；帶有聯想語音的表達性意向（即語法的表達）以這個事態直觀的行為來衡量自身，正是透過這種方式，對被直觀的事態的認識才得以進行。

第68節　關於對那些被用來表達非客體化行為的特別語法形式的爭執

我們現在轉向對那個不顯眼的、但進一步看卻既重要又困難的有爭議問題[2]的最後考慮，這個問題是指：語言為願望、疑問、意願意指——一般地說，為那些不屬於客體化行為種屬的行為——所創造的那些已知語法形式究竟是否可以被看作是關於[6]這些行為的**判斷**，或者，不僅客體化的行為，而且這些非客體化行為本身究竟是否也可以作為「被表達的」行

A679
$B_2$207

2 參閱本書第六研究第1節及以後各節。

[6] 在A版中加有重點號。

為、亦即作為意義給予的或意義充實的行為起作用。即是說，這裡所涉及的是像「π是一個超越數嗎？」、「願天助我們！」等等這樣一類語句。

這個問題的棘手性表現在：自亞里斯多德以來的重要的邏輯學家無法對此達成一致的決定。如所周知，亞里斯多德就已經反對那種將這些語句同等對待的做法。陳述就是對某物存在或不存在的表達，它們做出主張，它們對某物做出判斷。只有在陳述那裡才能談及眞與假。一個願望、一個疑問不主張任何東西。人們在這裡不能對說者指責說：你所說的是錯誤的。他根本就不會理解這種指責。

鮑爾查諾想使這個論據無效。他說：「一個問題，例如『一個圓的直徑與圓的面積處在何種關係之中？』的問題，當然不會對它所提問的東西做出陳述，但它因此卻仍然還陳述了某個東西，即我們的要求：我們要求在我們所提問的對象上獲得教誨。它恰恰既可以為眞，也可以為假。而如果這個透過提問所提出的要求被標明為是不正確的，那麼它便為假。」[3]

A680 $B_2$208 但這裡會有疑問產生，鮑爾查諾在這裡是否將這兩者混為一談，即：一方面是表達——在這裡是語音——與思想的合適性或不合適性，另一方面是與思想內容以及它與實事本身的合適性相關的眞或假。可以在雙重的意義上談論一個表達（作為語音）與思想的合適性；

3 鮑爾查諾：《科學論》，第一章，第22節，第八十八頁。

或者是在**不合適**的話語之意義上——說者為了表達那個充實著表達[7]的思想而選擇了這樣的語詞，這些語詞的通常語言含義與這個思想相爭執——或者是在**不眞實**的、亦即有意欺瞞的、欺騙性的話語之意義上：說者根本不想表達那些現時地充實著表達的思想，而是想表達另一些與這些思想相爭執的並且只是透過這個表達而被表象出來的思想；並且說者是想以一種好像是充實著表達的方式來表達這些思想。關於**眞**的說法與此類事情無關。一個合適的和眞實的表達可以陳述這兩者，即眞與假，也就是說，根據它**透過其意**義所表達的是或不是；換言之，根據它的意義透過相即感知所能得到的相即充實或失實，這個表達既陳述著眞也陳述著假。

人們現在可以反駁鮑爾查諾：在**每一**個表達那裡都同樣可以談論眞實性或不眞實性，甚至可以談論合適性與不合適性。但唯有在陳述那裡才能談論眞與非眞。因而對陳述者可以進行多重指責：你所說的不是眞的。——這是**實事性的**反駁。還有：你說得不眞實。——這是對**不眞實的和不相即的話語**[8]的指責。對提問者只能進行後一種指責。他也許是在裝腔作勢，或者是對他的語詞使用不正確，以及他所說的與他確實想要說的不一樣。但人們無法對他提出實事性的指責，因為他恰恰沒有主張任何實事。如果人們用那個與表達之合適性有關

[7] 在B版中缺。

[8] 在A版中未加重點號。

的指責來證明，疑問句陳述著一個判斷，即那個以「我詢問，是否……」的形式而完整得到表達的判斷，那麼人們就必須前後一致地對待每一個表達一般，即是說，也在每一個隨意的陳述那裡將這樣一個意義作為它的本眞意義而附加給它，這個意義在「我陳述，……」的話語形式中得到表達。但這一點必須同樣也對變化了的話語有效，這樣我們便會進入無窮後退（unendliche Regresse）：在這裡可以輕易地明察到，愈來愈新的陳述之洪流不是單純的語詞洪流，毋寧說，它提供了變更的陳述，這些陳述與原初的陳述並不等值，也就更不能說是含義同一的了。——因此，那個悖謬的結論難道不會迫使我們承認，在這些和另一些語句形式之間存在著一個本質區別嗎？[4]

但人們在這裡還可以採取一種雙重的態度。或者人們說，關於眞實性的問題切中了每一個話語：因此在每一個話語本身之中都包含著一個判斷，即與說者的有待傳訴的體驗相關的判斷。誰言說，誰就在傳訴著某個東西，與這個東西相符的便是傳訴著的判斷。但被傳訴的東西或被表達的東西，是一個不同的東西；在疑問句中是問題，在命令句中是命令，在陳述句中是判斷。據此，每一個陳述句都隱含著一個雙重的判斷，即一個關於這個或那個事態的判斷，以及第二個由說者本身對這個作為其體驗的判斷所做的判斷。

A681
B$_2$209

4 下一節將會告訴我們：應當如何來眞實地理解這個區別（參閱結尾段落）。

這似乎便是西格瓦特的立場。我們讀道5：「誠然，命令式也包含著一個主張，這個主張就是：說者現在恰恰就要他所要求的行為，而祈願式則包含著這個主張：他期望被陳述出來的東西。但這個主張**在於**[9]**說話的事實**，而不在於被陳述之物的內容；同樣，每一個A是B這種形式的陳述句都透過說話的事實而含有這個主張，即：說者思考和相信他所說的。**這些關於說者主觀狀態的主張包含在他的話語的事實之中**，並且在他的眞實性的前提下才有效，**這些主張以相同的方式伴隨著所有話語**，因而不能論證不同語句的區別。」[10]

但還有**另一種**觀點，即：人們將那種在陳述句情況中的傳訴性判斷、因而也將那種判斷的雙重化批評為一種偶然的、只是例外地加入的、此外還是透過描述性反思才納入的複雜化，並且與此相對地提出：在任何一個合適地、並且不是機遇性地被簡化的話語情況中，被表達之物本質上是同一個，亦即在疑問句中的問題、在願望句中的願望、在陳述句中的判斷。我本人在進行這些研究之前曾認為，這個態度是不可避免的，即使它似乎很難與其他現象學事實達到一致。我曾認為自己受到以下的論據的束縛，現在我將對這些論據加以合適的批判。

A682 $B_2$210

5 西格瓦特：《邏輯學》，第一卷，第二版，第十七—十八頁，注釋。

[9] 在A版中未加重點號。

[10] 在A版中採用小號字體。

第69節　贊成和反對亞里斯多德觀點的論據

一、在那門與亞里斯多德相悖的學說看來，例如：誰表達了一個問題，他便向另一個人傳達了他在有關事態上得到教誨的願望。人們說，與任何一個傳達一樣，這個與說者的現時體驗有關的傳達也是一個陳述。誠然，在問題式本身之中現在並沒有明確地說出：「我詢問，是否……」；這個問題式只是將問題標示為問題。這個話語恰恰是一個機遇性地被簡化了的話語。表達的狀況已經明確地說明，說者本身就是在此提問的人。因此這個語句的完整含義並不在於這個語句本身根據其語音所意指的東西，相反，這個完整的含義是受機遇所規定的，即受與當時的說話人的關係所規定的。

對此可以做出有利於亞里斯多德觀點的多重反駁。

(α) 這個論據同樣也適合於陳述句；即是說，我們必須將「S是P」的表達解釋為對「我判斷，S是P」這個新的表達的機遇性簡化，如此地無限進行下去。

(β) 這個論據所依據的是，疑問句的明確意義不同於現實意義。也不能否認，在疑問句和願望句本身之中，並不必然地表露出願望與願望者的聯繫，就像在陳述句中沒有表露出判斷與判斷者的聯繫一樣。但如果這個聯繫不包含在這個語句的明確內容中，而只包含在那種機遇變換的意義中，那麼這裡所承認的，便和人們所能願望的一樣多了。在某些狀況下，明確的含義可以發生變異，但在另一種狀況下，明確的含義完全就是被意指的含義。這樣，單純的問題（單純的請求、單純的命令等等也是如此）便以完全合適的方式得到表達。

A683
B_2211

(γ)如果更為仔細地比較那些規範陳述句，那麼情況會有利於亞里斯多德的觀點。在交往的話語中，一個規範陳述句傳達著一個判斷行為，而正是這個陳述句的語法形式，才使判斷本身得以表露出來。因此，關於一種語法形式的說法的表達，無疑與這樣一種效果相連結，即：被言說者［被招呼者］將說者理解為判斷者。但這種效果並不能構造這個表達的含義，因為這個表達在孤獨的話語中所意指的與在交往的話語中所意指的是同一個東西。含義毋寧說是包含在作為同一判斷內容的判斷行為中。

同樣的情況現在也可以適用於疑問句。疑問句的含義始終是同一個，無論它所涉及的是一個內部的問題，還是一個提問。與在前面的比較情況中一樣，說者與說話對象的聯繫從屬於單純的交往作用。在那裡是「判斷內容」，即那個在內容上這樣和那樣被規定的判斷所具有的某個種類特徵構成了陳述句的含義，而在這裡則是問題內容構成疑問句的含義。在這兩種情況中，規範含義都經歷了機遇性的變異。我們可以說出一個陳述句，而我們的第一性意向卻並不在於傳達那個有關的事態，而是在於傳達這個事實，即：我們具有這個信念並且打算維護這個信念。這個意向或許可以透過異語法的（heterogrammatisch）手段（加重語氣、手勢）的支持而被理解。這裡的基礎在於一個與明確判斷有關的判斷。同樣，在一個疑問句或願望句的情況中，第一性的意向可能並不在於單純的願望，而在於這個事實：我們想將這個願望表達給聽者。當然，這個解釋並不可能始終確切。在這樣一種情況中，例如當一個迫切的願望自發而由衷地迸發出來時，這個解釋便不確切。這時，這個表達便與願望密切相一致，它與這個願望素樸而直接地緊貼在一起。

A684
B_2212

批判。——如果我們更切近地看，那麼透過這個論據所證明的僅僅是：不可能在每一個語句的意義中都包含著一個與交往關係相關的思想。被反駁的是建立在這樣一個錯誤假設上的對立論據，即：每一個表達都是一個傳達，而每一個傳達都是一個對說者的內心的（被傳訴的）體驗的判斷。但對立論據的命題卻並沒有得到反駁——至少沒有在適當的變異中受到反駁。這裡並沒有排除這樣一種可能性，即：那些有爭議的語句、願望句、祈求句、命令句等等因此還是關於有關體驗的判斷，即關於願望行為、祈求行為、意願行為的判斷，並且正因為如此，它們才能夠給予這些體驗以合適的表達。如果這裡沒有為在較為狹窄的意義上的判斷、即在謂語陳述的意義上（誠然，亞里斯多德便是將這些有爭議的語句視作謂語陳述）的判斷留下位置，那麼也許為在較為寬泛意義上的判斷、即在設定性的客體化行為一般之意義上的判斷留下了位置。

對(α)我們還要再說明，陳述以及例如問題，對於這兩者來說，境況仍然是不盡相同的。在「S是P」這個語句向「我判斷，S是P」的語句或某個相似的、不確定地表達著與判斷者之聯繫的語句的變化過程中，我們不僅獲得變化了的含義，而且還獲得了甚至與原初含義不等值的含義；因為素樸的語句可以為真，主體化了的語句則可以為假，或者反之。在那個比較的情況中則完全不同。在這裡人們完全可以拒絕談論眞與假：人們始終可以找到一個與原初的問題式、願望式等等「**本質上意味著同一個東西**」的陳述，例如「S是P嗎？」就等於「我期望知道」或「人們期望知道，S是否是P」等等。在這類語句形式中難道不正隱含著一個與說者的聯繫，即便是一個不確定的並且是順帶被一同意指的聯繫嗎？在陳述句

A685
$B_2$213

變化過程中對「本質意指」的保持難道不正指明，含義給予的行為至少必須像判斷那樣從屬於同一個種屬？這樣也就解決了(β)；對於含義來說，問題恰恰不在於單純的願望體驗或意願體驗，而在於對這些體驗的內直觀（以及與它相符合的符號行為）。——但這個觀點恰恰觸及到了下一個論據。

二、人們還可以以其他的方式來嘗試著將這裡所說的表達形式解釋為判斷。只要我們說出一個願望，哪怕是在孤獨的話語中，我們便在語詞中對它和所期望的內容進行理解，亦即對它和構造著它的東西進行表象。但願望不是一個隨意的、單純被表象的願望，而是那個剛才被感知的、生動的願望。而我們所要傳訴的是這個願望。因此，得到表達的並不是這個單純的表象，而是內感知——據此而確實是一個判斷。當然，這個判斷並不是那些通常的、對某物做出謂語陳述的陳述種類之判斷。在願望表達中，問題僅僅在於：在素樸的設定中概念地（＝合乎含義地）理解那個被內感知的體驗，並且表露出它的素樸此在；但問題並不在於，對此體驗進行一種與體驗主體發生聯繫的謂語陳述。

反對這種觀點是這樣一種指責，即：被陳述的判斷的境況與所有其他的明確體驗的境況是完全相同的。只要我們在陳述，我們便在判斷；而在語詞中，我們不僅能夠理解作為判斷之基礎的表象，而且也能理解判斷本身（即在陳述形式中的判斷）。所以我們在這裡也必須推斷：判斷被內部地感知到，而陳述的含義則包含在對這個被感知之物、亦即對這個判斷的素樸設定的判斷之中。如果沒有人認為可以在陳述的情況中接受這種觀點，那麼這種觀點在其他的獨立語句中也不可能得到認真的對待。我們回憶一下在前一節中所做的闡釋。那種與

A686
$B_2$214

被表達的體驗相銜接的表達無法作為名稱或類似名稱那樣與這些體驗發生聯繫：就好像這些體驗剛剛得到對象性的表象，而後在概念中得到把握一樣，就好像因此隨著每一個新出現的語詞也發生著一個歸總和一個謂語判斷一樣。如果有人判斷，金是黃的，那麼他並不是判斷，他隨著金這個語詞而一同具有的那個表象就是金；他並不判斷，他在「是」這個詞那裡所進行的判斷方式要歸入到「是」這個概念之中，如此等等。實際上，「是」這個語詞並不是用於判斷的語詞符號，而是從屬於事態的存在符號。「金」也不是一個用於體驗表象的名稱，而是用於金屬的名稱。只有當體驗在反思中成為表象的對象或評價的對象時，表達才是用於體驗的名稱。同一種情況適用於所有的語詞，也適用於那些與對象之物相聯繫的合義的（synkategoremetisch）語詞，它們根據其種類來標示這個對象之物，儘管不是作為名稱來指稱這個對象之物。

因此，表達並不是以規範性標誌的方式附加給那個每每占據著我們的行為，那個我們生活於其中、而不對它進行反思評判的行為；毋寧說，表達從屬於行為本身的具體組成。明確的判斷就是判斷，明確的期望就是期望。對一個判斷或一個願望的指稱並不是判斷或願望，而恰恰是指稱。被指稱的判斷永遠不必為指稱者所判斷，被指稱的願望永遠不必為他所期望。即使在相反的情況下，指稱也不是對判斷或願望的表達，而是對與此相關的表象的表達。

批判。——這個指責也揭露了那個事先被提出並且起初是如此易於理解的論據之缺陷。根據這個指責，並且根據我們前面的考慮已經可以肯定，並非每一個表達本身都預設一個判

A687
$B_2$215

斷或一個其他的、使被傳訴的體驗成為對象的行為。但以此仍然沒有反駁這個命題本身，這裡沒有證明：這些有爭議的語句形式恰恰不是對各種願望體驗、疑問體驗、祈求體驗的判斷，或者說，不是對這些體驗在說者之中的素樸此在的表達。當然，對一個願望的指稱**還不會因此**就是願望；對一個願望的體驗並與此一致地對它的指稱難道不**恰恰**[11]**也**就是願望嗎？因此，即使明確的願望**必然**是一個指稱性的願望或陳述性的願望，這個命題也仍然有效：明確的願望恰恰是願望，而不是單純的指稱。

三、這些有爭議的表達具有語句的形式，並且在某些情況下還具有那種帶有主語和謂語的範疇語句形式。從這裡便已經可以得出，人們也可以在內容上將它們理解為謂語陳述，雖然這個謂語陳述並不恰巧關係到始終同一的東西，但卻關係到緘默的主語——我。例如：「願上帝保佑君主。」「弗蘭茲應當保重自己。」「馬車夫應當套車了。」一個期盼、一個應然被說出，有關的主語被理解為是屈從於一個要求或責任的。

人們在這裡可以指責說：只要這個應然被視為客觀謂語並且本身事實上被附加進來，這個應然句就不具有一個願望或命令的含義，或者它不僅僅具有這種含義。一個客觀的責任可以作為有效的而被陳述出來，而陳述者本身卻不必同時體驗一種構成了現時責任意識的行為。如果我知道一個人的意願受其雇傭關係或受風俗和品德的束縛，那麼我便可以判斷，他

A688
B$_2$216

[11] 在A版中未加重點號。

應當並且必定會做某些事情。但我並不因此而表達任何生動的願望、欲求或應然。當然，應然—陳述在機遇性的作用中也可以被用來表達這類行為，例如：「約翰應當套車了！」很明顯，這裡被表達的不只是客觀的責任，而是我的意願。它沒有在這些語詞本身之中得到表達，但卻可能透過語調和狀況而得到表達。在這種狀況下，謂語形式無疑會極可能地替代著願望式或命令式，亦即應然—謂語陳述，這種謂語陳述包含在語音之中，它根本沒有被進行，或者成為次要的事情。最後，同樣還可以無疑地看出，這種謂語陳述的解釋也只是在幾個情況中才顯現出來。它肯定不能被運用在問題上，正如埃德曼所做的那樣，[6]他雖然大都傾向於這種解釋，但也建議不將它運用在問題上。

批判。——值得一問的是，這種反駁究竟是否充分。應然—謂語常常具有一個客觀的意義和價值，這是毫無疑問的；但這裡根本沒有證明：如果這種情況不發生的話，那麼也就沒有進行謂語陳述，無論如何是沒有進行判斷。人們可以說，如果我們向某人發出一個命令，例如對馬車夫約翰：他應當套車，那麼他就被我們視為是屈從於我們意願的人，他被我們理解為這樣的人，並且據此而以表達的形式而被言說「被招呼」。我們說，「約翰，套車！」他作為應當套車的人在這裡得到謂語的陳述，而他當然是在對相應實踐成就的期待中得到謂語陳述，而不是在對這樣一個事實的單純確定之意圖中，這個事實是指，他被我視為

6 參閱埃德曼：《邏輯學》，第一卷，第一版，第45節，第二七一頁以後。

是這樣的一個人。對命令的表達是一個相對的表達。如果沒有命令者，我們便不能將某人表象為一個被命令者，哪怕是以確定的或不確定的方式一同被表象。只要我們自己下命令，我們便將自己理解為命令者。但這裡並不需要作為自明性的明晰表達。我們不是使用「我命令……」這種複雜形式，而是使用簡短的、透過其形式而指明著交往關係的命令式。帶有應然（與必須）的話語形式原初並不是由命令者在現時的話語形式中用在（與他相對立的）被命令者之上，而是始終被用在事關一個更多是對本己的或陌生的意願意指的客觀表達之情況中；例如：由第三個傳遞命令的人所使用，或者作為對法律中的立法意願的表達被使用。在發出命令者和接受命令者之間的交往關係以外，那個在這類與前者意識狀況相符合的命令式恰恰會喪失它的可使用性。這種觀點可以到處得到實施。人們會說：在祈求式中，被期望之物作為被期望的而得到表象、得到指稱，而後無論如何還得到陳述。同樣，在請求式中，被請求之物則作為被請求的，在疑問式中，被詢問之物則作為被詢問的等等。這些行為被合乎表象地置於與其意向對象的聯繫之中，並且如此而作為在這些對象上的反思性謂語自身成為對象性的。

在交往關係中，與命令一樣，其他一些相關的表達也具有這樣的作用，即以本質上機遇性的表達方式對聽者說，說者在與他、即與聽者的意向聯繫中進行被傳訴的行為（請求行為、祝福行為、哀悼行為等等）。只要每一種表達都能夠完全有意識地承載這樣的願望，即：用這些表達來向他人進行傳達，向他人告知本己的信念、懷疑、希望等等，所有這些表達便都有可能伴隨著對這些內體驗的反思行為，而且更進一步說，伴隨著對內體驗的直觀的

A689 B_2217

A690 B_2218

行為，這些直觀行為使那些內體驗與自我和那個被招呼的人發生聯繫。因此這也對交往性的陳述有效。所以這些反思行為和聯繫行為並不從屬於陳述的含義或其他表達一般的含義；然而的確可以說，包含在這些含義中的是那樣一類有爭議的表達，它們作為這類表達完全朝向於說者的內體驗。

在孤獨的心靈生活中缺乏（撇開自言、自問、自己願望、自己命令自己這些例外的情況不論）與被招呼者的聯繫，而這時還能被使用的有關主語表達便成為對內體驗連同或多或少清晰的自我聯繫的素樸存在之表達。獨白的問題或者意味著：「我問（自己），是否……」；或者則完全缺少對自我的顧及；疑問表達成為單純的名稱，從根本上說甚至連名稱都不是。因為規範的作用為名稱指定了一個在謂語或定語聯繫中的位置，但在這裡卻談不上這一點。由於表達以認識的方式與被直觀的內體驗結合為一，一個複合便得以產生，這個複合具有一個自身封閉的現象之特徵。只要在這個複合中問題是那個我們主要生活於其中的行為，而表達只是作為陳說的、將它分節的表達而與它相緊貼，那麼我們便將整個複合都稱作是一個問題。認識在這裡並不是理論性地發揮作用——它只能在謂語陳述中才能這樣做，而在這裡並沒有進行謂語陳述，雖然問題被認識並且被表達，但沒有被主語化，沒有成為謂語陳述行為的主語或賓語。顯然，疑問句的這個直接表露性意義是謂語陳述疑問句的組成部分，或者說，是與變化了的狀況相符合的含義之組成部分。

第70節　決斷

如果人們將判斷理解為謂語陳述，那麼根據這些考慮，這些有爭議的語句**就不會在所有情況下都是對判斷的表達**。在這些情況中彷彿也有一個不可逾越的鴻溝，將我們與那些與亞里斯多德相伴的邏輯學家分割開來。按照他們的看法，名稱、陳述、願望句、疑問句、命令等等是**同等序列的**表達形式，並且是在以下這些意義上：名稱給表象以表達，陳述給判斷以表達，願望句給願望以表達，如此等等。作為含義賦予的行為，表象、判斷、願望、問題等等，簡言之，任何一種行為，都可以以完全相同的方式發揮作用；因為「給行為以表達」在這裡始終意味著同一個東西，即在這些行為中找到它的含義。相反，我們在對名稱和陳述與那組有爭議表達的比較中發現了**一個基本區別**：那些在名稱與陳述中「被表達的」表象行為或判斷行為雖然是含義給予的（或者說，含義充實的），但卻恰恰並不因此而意味著：這些行為在指稱和陳述中不是**對象性的**，而是**構造著對象**的。另一方面則恰恰與此相反，我們在所有這些有爭議的表達上都發現，這些「被表達的」行為對於我們來說是**對象性的**，儘管它們據說是含義給予的。但我們已經認識到，這種情況之所以發生，一方面是借助於那些反思地朝向這些行為的內直觀，並且大都是借助於奠基於這些直觀之中的聯繫行為；而另一方面則是借助於某些可能只是部分地被說出的符號行為，這些符號行為以認識的方式緊貼在那些內直觀和聯繫上，以至於這些內直觀和聯繫的對象，即疑問行為、願望行為、命令行為等等成為被指稱的和以其他方式被陳說的對象，並且有可能成為被陳述的事態的

A691
B_2219

組成部分。這些有爭議表達的眞實含義現在便包含在客體化的行為之中。在這些行為那裡所關涉的並不是根本上新種屬的含義賦予行為；而是含義意向這個唯一種屬的偶然殊相化（Besonderungen）。同樣，含義充實的行為並不屬於不同的種屬，而是屬於**直觀**這個唯一的種屬。並不是願望、命令等等**本身**透過語法構成物和它們的符號行為而得到表達，而是對這些行為的直觀在作為充實起作用。如果我們對陳述句和疑問句進行比較，那麼我們不可以將**判斷**與願望相互並列，而只能將**事態**與願望相互並列。

據此而得出這樣的結論：

那些對非客體化行為的所謂表達是對客體化行為的陳述或其他表達的殊相化，它們在實踐上、尤其是在交往上極為重要，除此之外也是偶然的。

但這個被談論的問題的根本重要性就在於，人們是否能夠宣導這樣一門學說，這要取決於對這個被談論的問題的決斷，這門學說是指：所有在意向與充實中的意指行為都屬於一個種屬——即客體化行為[12]種屬連同其符號行為和直觀行為的基本劃分——，或者毋寧說是取決於：人們是否必須決定，可以將任何一個種屬的行為都看作是含義給予的或含義充實的行為。這個有爭議問題又因此而具有相當重要的意義，即：它首先使人注意到關於被表達行為

A692
$B_2$220

[12] 在A版中「行爲」爲複數（Akte），在B版中改作單數（Akt）。

之等值說法的基本三重意義，此項研究便致力於對這個三重意義的分析。[7] 據此，「**被表達的行為**」可以是指：

一、**符號行為**，它們賦予表達一般以含義，並且以其符號的方式意指某個對象性。

二、**直觀行為**，它們常常充實著表達的符號意指，即是說，將符號地被意指的對象直觀地當下化，並且是在一個相同的直觀的「意義」上。

三、這樣一些行為，即每當一個表達在表達（即在第二種意義上的表達）說者的**本己暫時體驗**時，它們是符號行為的**對象**，並且同時也是直觀。如果這些行為從屬於客體化的行為，所以它們就其本性而言可以具有在第一點和第二點中所標示的那些作用。

但所有的困難的根源都在於，在將表達或表達行為直接運用於那些直觀地被把握的內體驗的過程中，符號行為透過那些從屬於它們的內直觀而得到完整的充實，因而這兩者是最密切地融合在一起的，而直觀作為內直觀則同時溶解在對被意指行為的素樸體現之中。

最後還要說明的是，嚴格地看，前面那個被用來[14]反對鮑爾查諾的區分——究竟是只能

A693
$B_2$221

7　參閱本書第六研究第2節，第十—十一頁[13]。

[13]　在A版中爲：第四八二—四八三頁。

[14]　在A版中「被用來」一詞爲「gewendet」，在B版中改爲「angewendet」。

進行**主語的反駁**（與表達的眞實性或合適性相關），還是也可以進行**實事的反駁**（與客觀的眞與假相關）——與這裡的這個有爭議問題並不具有本質聯繫。因為它完全一般地涉及這兩種表達的區別，一方面是那些與直觀地被把握的本己行為體驗有關的表達，另一方面則是與此無關的表達。但在第一種表達中還有許多完全無爭議的謂語陳述。例如：所有這種形式的陳述：「我問，是否……」，「我命令或期望……」，以及如此等等。需要注意的是：即使在這些如此被闡述的主語判斷中也不能進行實事的反駁。它們儘管是眞或是假，但**眞在這裡與眞實性相聚為一**。在以「客觀之物」為目的的其他陳述那裡，實事的問題涉及**含義**；但眞實性的問題與虛假陳述的可能性相關，在這裡缺乏本眞的和規範的意指行為。在這裡所進行的根本不是判斷，而是對那個與一個欺騙意向相關的陳述含義的表象。

附錄　外感知與內感知。物理現象與心理現象

A694
$B_2$222

1[1]

「外感知」與「自身感知」、「感性感知」與「內感知」，這些概念對於素樸的人來說具有以下內涵。外感知是對外在事物、它們的性質和狀況、它們的變化和相互作用的感知。自身感知是每個人對他自己的自我及其特性、狀態、活動所能夠具有的感知。誰是這個被感知的自我，對於這個問題，素樸的人會透過對他的身體現象的指明，透過對他過去的和當下的體驗的列舉來加以回答。所有這些是否在自身感知的過程中都一同被感知到，對於這個進一步的問題，素樸的人當然會回答說，正如被感知的外在事物具有許多特性，而且是在那些暫時還沒有「進入感知」的變化的過程中具有許多特性一樣，被感知的自我的情況也完全與此相應。隨情況的不同，會有這種或那種對自我的表象、這種或那種對自我的感受、願望、這種或那種關於自我的切身活動等等進入到自身感知的變化行為之中，就像對一棟房屋，時而它的外部或內部、時而這個面或那個面、時而這個部分或那個部分會進入到外感知中一樣。因此，素樸的人認為，自我和房屋在兩種情況中都是被感知的對象。

對於素樸的人來說，感性感知和內感知這另一對概念並不完全與以上所述的外感知和自身感知這對概念相對應。感性地被感知的東西，是透過眼睛和耳朵、氣味和口味被感知到的東西，簡言之，是透過感官被感知到的東西。對於每一個人來說，在這個領域中都不僅包

[1] 在A版和B版的目錄中為：第1節。通俗的和傳統哲學的外感知與內感知概念。

A695
$B_2$223

含著外在事物，而且也包含著自己的身體和自己切身的活動，如走與吃、看與聽。另一方面，人們所說的被內部地（innerlich）感知到的東西主要是一些「精神體驗」，如思維、感覺、意願，當然也包含所有那些處在身體內部的、與外部感官無關的東西。

在哲學用語中，這兩種術語——人們在這裡通常偏愛「外感知和內感知」這對術語——只表達了同一對概念。在笛卡兒對「精神」（mens）和「物體」（corpus）做了截然劃分之後，洛克在「感覺」（sensation）與「反省」（reflexion）的標題下將這兩個相應的感知組引入到近代哲學中。這個劃分至今為止仍然是決定性的。在洛克看來，外感知是我們對物體的感知，內感知是我們「精神」或「心靈」對自身活動（這也就是笛卡兒意義上的思維〔cogitationes〕）所具有的感知。這樣，對感知的區分是由對感知對象的區分所決定的。同時，感知在其產生方式上的區別也被歸諸於感知對象的區別。在外感知這方面，它產生於物理事物透過官能對精神所發揮的作用；而在內感知這方面，它產生於在透過感覺已經獲得的「觀念」的基礎上，精神對活動所做的反思。

2[2]

最近，人們竭力想對洛克所做的這些顯然是粗糙而模糊的規定進行適當改變和深化。

[2] 在A版和B版的目錄中為：第2節和第3節。對傳統區分進行深化的現象學的動機和心理學動機；布倫塔諾的觀點。

這種努力一方面是由普遍的認識論興趣所驅動的。我們可以回憶一下對這兩種感知的相對認識價值的傳統評價：外感知是虛假的，內感知是明見的。認識的一個基本支柱就在這種明見性中，它是懷疑論所無法動搖的一個支柱。內感知也是唯一的一種在其中感知對象與感知行為眞實相符合的感知，是唯一一種感知對象寓居於感知行為之中的感知。因而確切地說，它是唯一一個名副其實的感知。——所以，出於感知理論的興趣，我們還必須對內感知所具有的與外感知相區別的本質進行更為仔細的研究。

另一方面，導致這種努力產生的還有心理學的興趣。這裡所指的是人們對經驗心理學領域所做的那些引起了眾多爭議的確定，尤其是指心理學透過對它所固有的現象領域的劃分而做出的、它相對於關於自然的科學而言所固有的權利的證明。人們喜歡將心理學作為哲學基本學科而賦予它以認識論的地位，這個地位在這裡已經要求人們對心理學的客體做出一個定義，這些客體以往在認識論上是無關緊要的，也就是說，它們不涉及超越的實在，尤其是不以自明的被給予方式涉及像心靈與物體這類有爭議的實在。洛克對感知的劃分正是依據了這個前提，因而這個前提對於論證心理學的定義以及滿足上述興趣而言便立即是不合適的（當然它本來也就不是被用於這個目的）。除此之外，很明顯的是：如果感知的區別是建立在事先被接受的物體事物和精神事物之區別的基礎上，那麼前一個區別就不能夠被用來劃分在關於物體現象的科學與關於精神現象的科學之間的界限。而如果能夠在保留種類範圍的情況下獲得區分各個感知，或者說，區分與這些感知相應的軀體現象和心靈現象的純粹描述性質，也就是說，獲得那些不需要任何認識論前提的性質，那麼情況就會有所不同。

A696 B$_2$224

A697 B$_2$225

笛卡兒的懷疑考察借助於在它之中得到突出的內感知的認識論特徵似乎在這裡開闢了一條可行之路。我們已經多次接觸到這一特徵。這裡所展示的思路是這樣的：

無論我將認識論的懷疑擴展得有多遠，我在、我懷疑，以及我表象、我判斷、我感覺，或者其他任何被內感知到的現象——我在體驗這些現象的同時，無法對它們進行懷疑；在這種情況下進行懷疑是明見的悖理。因此，關於內感知的對象存在，我們具有「**明見性**」，它是最明晰的認識，是標誌著最嚴格意義上的知識的無可反駁的確然性。外感知的情況則與此完全不同。它缺乏明見性，事實上，在以它為依據所做的陳述中確實含有多種矛盾，這些矛盾表明，外感知能夠給我們造出假象。因此我們從一開始就沒有權利相信，外感知的對象會如同它們對我們所顯示出來的那樣眞正地和現實地存在著。甚至我們有一定的[3]理由可以認為，它們實際上根本不存在，也就是，它們只能要求一種現象的或「意向」的存在。如果人們認為，在感知這個概念中包含著被感知對象的現實存在，那麼外感知在這個嚴格的意義上就根本不是感知。無論如何，**明見性**這個性質已經為我們提供了一個**描述性**的特徵，這個特徵將一種感知與另一種感知區分開來並且擺脫了所有關於形上學實在的前提。這是一個隨感知體驗本身一同被給予的特徵，或者說，是一個隨感知體驗的消失而一同消失的特徵，並且唯有它在規定著這個對感知的劃分。

[3] 在A版中為：充分的。

A698 $B_2$226

如果我們現在也來考察一下在這一個或那一個感知中展示給我們的**現象**，那麼它們也顯然是**本質上各不相同的種類**。這並不是說，對象自身，即我們合理或不合理地所假設的心靈和物體，在本質上是不同的；而是指，**純粹描述地**看，在不去考慮所有超越的情況下可以察覺，在現象之間有一個不可消除的區別。另一方面，我們可以發現那些自身已經構成一個描述性封閉統一的**感官質性**（Sinnesqualität），無論感性和官能這類東西是否存在。這是一個在嚴格的亞里斯多德詞義上的屬（Gattung）。此外，我們還可以發現有一些與整個感官質性或與個別質性範圍［也是嚴格的亞里斯多德的類（Art）］必然相連結的因素，並且我們還可以發現另一些相反的因素，這些因素以必然的質性為前提，並且只有在與必然的質性相結合的情況下才能成為具體的存在。這裡可以考慮一些著名的命題，例如：沒有一個直觀的空間事物不帶有質性；有些人認為，相反的命題也成立：沒有一個質性不帶有空間事物。另一些人認為，這裡只有一些特殊命題是有效的：沒有一種顏色、沒有一種觸覺質性是不帶有空間事物的，以及如此等等。這類命題還包括：沒有一個音質不帶有強度，沒有一個音色不帶有音質等等。[1]

1　引人注目的是，人們從未試圖在這種直觀的相關性的基礎上建立起對「物理現象」的積極規定。在指出這一點時，我顯然已經有些脫出了報告人的角色之外。為了嚴肅地運用「物理現象」這個說法，人們當然必須適當地注意它所具有的雙重意義，我們很快將對這個雙重意義做出解釋。

另一方面，我們發現有像表象、判斷、猜測、願望、希望等等這樣一些現象。我們在這裡可以說是進入到了另一個世界之中。這些現象有可能與感性事物有關，但它們本身與感性事物是「不可比的」；更確切地說，它們與感性事物不是同一個（眞正的）屬。如果人們首先根據這些例子來說明這個種類的描述性統一，那麼我們略做關注也可以發現這個種類所具有的積極特徵，即「非意向存在」的特徵。

上面所做的對內感知和外感知的描述區分當然也可以用在這兩種現象上。現在我們做出一個好的定義：心理現象是內感知的現象，物理現象是外感知的現象。[2]以這種方式，對這兩種感知的更仔細的考察不僅僅導致對它們本身的描述性的和認識論上重要的特徵闡述，而且還導致了根本性地和描述性地將現象劃分為兩個種類，即物理現象和心理現象。同時，對心理學和自然科學進行定義的目的似乎已經達到，這個定義擺脫了形上學，它不是以超越世界的誤想的被給予性為依據，而是以現象[4]的眞實被給予性為依據。

A699 $B_2$227

---

2 所以，布倫塔諾（《出自經驗立場的心理學》第一卷，第一一八頁及以後各頁）認為，所有心理現象的「區分特徵」在於，「它們只能在內意識中被感知到，而在物理現象那裡則只有外感知才是可能的。」在第一一九頁上，布倫塔諾明確地說，這個定義已經對心理現象的性質「做了足夠的描述」。內意識在這裡只是對內感知的另一種表達。

[4] 在A版中為：顯現（Erscheinung）。

現在，物理現象不再被定義為那種由物體透過官能對我們心靈的作用而產生出來的現象；心理現象不再被定義為那種我們在我們精神活動的感知中所發現的現象。對於這兩方面來說，現在唯一具有決定性的東西是現象——即我們所體驗到的現象——所具有的描述性質。據此，心理學現在可以被定義為關於心理現象的科學，自然科學可以被定義為關於物理現象的科學。

但是，只有在對這些定義做出某些限制之後，它們才能眞正地符合上述科學的現狀，這些限制暗示著解釋性的形上學假設；但它們僅僅只是解釋性的假設，而具有各種描述性差異的現象則始終顯現為眞正的出發點並且顯現為須做解釋的客體。

「首先需要對自然科學的定義進行限制性的規定。因為它所涉及的並不是所有物理現象；它與那些被想象的現象無關，而僅僅與那些在感覺中出現的現象有關。即使對於這些現象而言，這個定義所確定的規律也只是一些依賴於官能的物理刺激的規律。人們幾乎可以這樣來表達自然科學的任務：自然科學是這樣一門科學，它設想一個在空間上三維伸展、在時間上一維延續的世界在對我們的官能起作用，在這個設想的基礎上，它試圖解釋那些正常地和純粹地（不受特殊心理狀況和過程影響地）被感覺到的物理現象的前後秩序。它沒有去說明這個世界的絕對狀況，而是滿足於將那些引發感覺並且在其作用中相互影響的力量歸諸於這個世界，並且確定這個力量在並存和相繼方面的規律。然後，在這些規律中，自然科學間接給出被感覺到的物理現象的前後秩序規律，透過科學的抽象，即從心理的共同條件中抽象出來，這些規律被想象為是純粹的、在感覺能力不變的情況下成立的規律。——因此，如果

A700
$B_2$228

人們要將『關於物理現象的科學』這個表達與『自然科學』的表達同義使用，那麼人們就必須以這種複雜的方式來解釋『關於物理現象的科學』這個表達」。[3]

「在對心理學概念的規定方面，儘管人們還抱有這樣一種印象，即：心理現象的概念似乎不是應當被縮小，而毋寧說應當被擴大，因為被想象的物理現象至少和在前面所規定意義上的心理現象一樣，完全屬於心理學的考察範圍，並且，在關於感覺的學說中，人們也不能不顧及到那些在感覺中出現的現象。但只有這一點是顯而易見的，即：這些現象只能作為心理現象的內容在對心理現象特性的描述過程中受到考察。同樣的情況也適用於所有那些只具有現象性存在的心理現象。我們只能將在現實狀況意義上的心理現象視為是心理學的對象。這個意義上的心理現象僅僅是這樣一種東西，我們在談到它們時會說，心理學是關於心理現象的科學。」[4]

A701
B₂229

3　布倫塔諾：《出自經驗立場的心理學》，第一卷，第一二七—一二八頁。
4　布倫塔諾：《出自經驗立場的心理學》，第一卷，第一二九—一三〇頁。

3[5]

從上面的長段引文中已經可以看出，我在這裡所陳述的這一系列有趣的思想代表了布倫塔諾的立場，[5]並且也代表了一大批在科學上與他相近的研究者的立場。此外，如所周知，內感知在布倫塔諾的心理學中也仍然具有重要的作用。我在這裡僅僅想指出他的關於內意識的學說：每一個心理現象都不僅僅是意識，而且本身同時也是一個意識內容，並且也在狹義的感知中被意識到。內體驗之流因而同時是一條內感知的連續流，但這些內感知與有關的心理體驗以特別緊密的方式結合為一體。內感知不是附加到有關心理現象上的第二個獨立行為，相反，這個心理現象除了包含著它與一個原初客體的關係之外，例如：與那個被外在地（äußerlich）感知到的內容的關係，它「根據其總體性還將它自身作為被表象的和被認識的包含在自身中」。[6]由於行為直接地指向它的原初客體，以此方式，它同時也順帶地指

5　直至第二二六頁〔邊碼 A 698/B_2 226〕為止，所陳述的物理現象的積極特徵代表著布倫塔諾的思想。此外，我在這裡竭力把握對於我所崇敬的思想家的學說來說舉足輕重的主導觀點，我希望這些把握是準確的。

6　布倫塔諾：《出自經驗立場的心理學》，第一卷，第一八二頁。

[5]　參閱此項補充的版本注[2]。

A702
$B_2$230

向了它本身。這樣就可以避免這個伴隨著所有心理現象的意識（根據三個基本種類的劃分，在這個繁雜的意識中也包含著內感知）所面臨的無限糾紛。內感知的明見性和無欺性也應當成為可能。[7]此外，在這裡，布倫塔諾在一個重要之點上是與較早時期的大思想家們相一致的，這就是：他將意識解釋為連續的內感知。甚至洛克這個經驗的忠實學生也將意識定義為對在一個人的自身精神中發生之事的感知。[8]

布倫塔諾的理論遭到了各種各樣的反抗。這些反抗不僅是針對在這裡最後提到的關於內意識的學說，這個學說具有極為細膩地構造起來的、但至少在現象學上還有待論證[7]的繁雜

7 布倫塔諾：《出自經驗立場的心理學》，第二卷，第三章，第一八二頁及以後各頁。

8 洛克：《人類理解論》，第二卷，第三章，19。當然，洛克將感知（perception）明確地標誌為對觀念的理解，然後又使這種對觀念的理解依賴於心理活動，依賴於那些僅僅是偶爾附加到這些活動上的**特殊**反思（reflexion）行為，就此而言，洛克並沒有保持其本身的一致性。這種不一致顯然與觀念（idea）這個不幸的雙重概念有關，它在自身中混雜地（promiscue）包含著關於[6]被體驗內容的**表象**，然後又包含著被體驗的內容本身。參閱《邏輯研究》第二卷，第二研究，第10節，第一二七頁。

[6] 在A版中加有重點號。

[7] 在A版中為：無法透過經驗而得到論證。

性；而且這些反抗也是針對布倫塔諾的感知劃分和現象劃分，尤其是針對他在這種劃分基礎上所做的對心理學任務和自然科學任務的定義。[9]在前十年中，這個關鍵性的問題一再地成為嚴肅討論的對象，而應當抱怨的是，儘管這些問題對於心理學和認識論具有根本性的重要意義，人們在這些問題上卻並沒有能夠達到一致。

人們在總體上必須做出這樣的判斷：對布倫塔諾的批判不夠深入，沒有能夠切中要害，沒有能夠將布倫塔諾思想動機中那些無疑是重要的成分與在這些思想動機的組織中的謬誤成分區別開來。其原因在於，那些在這個層次內有爭議的心理學和認識論的基本問題沒有得到足夠的澄清，這是由於現象學分析的缺乏而造成的當然結果。布倫塔諾和他的反對者這兩方面所運用的概念都始終是多義的，因而他們兩方面都陷入了錯誤的混淆。下面對布倫塔諾的那些富有教益的觀點的批判將會表明這一點。 A703 $B_2$231

9 我覺得，人們在對布倫塔諾的批判中常常只抓住他對心理學和自然科學的最初的、也是暫時性的定義不放——心理學作為關於心理現象的科學，自然科學作為關於物理現象的科學——，而不去考慮他本人以其特有的明晰性和尖銳性所表達出來的那種「默默的限制」。正因為如此，我在這裡更想用詳細的引文來提醒人們注意它。

4[8]

在布倫塔諾看來，內感知與外感知的區別在於：一、明見性和無欺性，以及二、具有本質差異的現象。在內感知中我們僅僅經驗到心理現象，在外感知中我們僅僅經驗到物理現象。借助於這個嚴格的平行，在第一點中所述的明見性區別也可以作為性質特徵被用來劃分可感知的現象。

與此相對，我覺得，**只要人們在自然的意義上來理解內感知和外感知這兩個術語，它們就具有完全相同的認識論性質**。更詳細地說：儘管在**明見的和不明見的**、無欺騙性的和有欺騙性的感知之間存在著一個言之有理的差異，但如果人們自然而然地像布倫塔諾所做的那樣，將外感知理解為對物理事物、物理特性、物理過程等等的感知，並且將內感知理解為除此之外所有其他的感知，那麼這個劃分與前一個劃分便完全不一致了。這樣的話，如果按照人們通常的觀點，即按照人們在自我感知中所相信的那樣，自我被理解成一個本己的經驗人格，那麼任何一個對自我的感知，或者說，任何一個與自我有關對心理狀態的感知肯定都是不明見的。同樣很明顯的是，大多數對心理狀態的感知都不可能是明見的，因為它們是在定

A704
$B_2$232

[8] 在A版和B版的目錄中為：第4節。批評。在對外感知與內感知概念的通常理解中，它們都具有同一個認識論特徵；感知與闡釋。

在B版的目錄中，闡釋被改作統覺。

位於身體（leiblich lokalisiert）的狀況下被感知的。一方面，我感知到：「恐懼扼住了我的脖子」、「疼痛在鑽我的牙齒」、「悲哀在咬齧著我的心」；另一方面，我感知到：「風在搖撼著樹」、「這個盒子是方的和棕色的」等，這兩種感知的意義是完全相同。顯然，內感知在這裡是與外感知一同進行的，但這並不影響這一事實，即：被感知的心理現象，正如它們被感知那樣，是不存在的。心理現象也可以被超越地感知到，這一點難道還不明顯嗎？更確切地看，所有在自然觀點和經驗科學觀點中被把握到的心理現象都受到超越的統攝。純粹的體驗被給予性以純粹現象學的觀點為前提，現象學的觀點禁止所有超越的設定。[9]

我知道人們在這裡會提出什麼樣的指責：我們是否忽視了在感知與統覺[10]之間存在著的區別。內感知意味著對心理行為的素樸的—有意識的體驗，這些心理行為在感知中被看作就是它之所是，而不是被看作那種被立義（aufgefaßt）、被統攝（apperzipiert）[11]的東西。人們還應當考慮到，對於內感知來說合理的東西，對於外感知來說必定也是合理的。如果感

A705
$B_2$233

[9] 在A版中為：或者我們應當說，心理現象也可以被外在地感知到？這樣說實際上也不會有多少收益。因為即使在感性之物不起作用的地方，對一個心理現象的感知也可能是錯誤的。每一個虛假明見性都是一個例子。我們感知到它，儘管它根本就不存在。

[10] 在A版中為：闡釋。

[11] 在A版中為：被闡釋。

知的本質不在於統覺[12]，那麼所有那些與外物有關的感知，例如與山、林、屋等等有關的感知的說法便都是悖謬的了，那麼感知所具有的並且在這些事例中清楚地表現出來的正常詞義便完全被放棄掉了。外感知是統覺[13]，因而概念的統一性就要求，內感知也是統覺[14]。感知意味著，有某物在它之中顯現出來；而**統覺**[15]**則構成我們稱之為顯現的東西**，無論它正確與否，無論它是忠實地和相即地依據直接被給予之物的範圍，還是以假設未來感知的方式超越出這個範圍。這間房屋顯現給我——我以某種方式對現實地被體驗到的官能內容加以統攝[16]。我聽手搖風琴——我把被感覺到的聲音解釋為手搖風琴聲。與此完全相同，我統攝地[17]感知我的心理現象，感知那激動著「我」的喜悅、心中的悲哀等等。它們都叫做「現象」，或者更好是叫做顯現的內容，也就是統覺[18]內容。

[12] 在A版中為：闡釋。

[13] 在A版中為：闡釋。

[14] 在A版中為：闡釋。

[15] 在A版中為：**闡釋**。

[16] 在A版中為：闡釋。

[17] 在A版中為：闡釋地。

[18] 在A版中為：知覺的闡釋。

5[19]

當然，「顯現」（Erscheinung）這個術語帶有歧義性，[10]這些歧義性恰恰在這裡是極為不利的。我們在前面的研究的文字中已經順帶地接觸到了這些歧義性，在這裡對它們加以明確的排列，這將會是一件有益的工作。顯現這個表達首先與直觀表象有關，即：它一方面關係到感知，另一方面則關係到**當下化**，[11]例如回憶、[20]想象表象或（與感知交織在一起的）通常意義上的圖像表象。因而顯現意味著：

一、具體的直觀體驗（對一個對象的直觀當下的或當下化的擁有）；例如當我們在感知我們面前的一盞燈時所具有的具體體驗。只要行為的質性，即我們是否將這個對象看做是存

---

10 「Erscheinung」是動詞的名詞化，因而帶有雙重含義。它既可譯作「顯現」，以表示一個活動，也可譯作「現象」，以表示一個實體。這兩個含義與胡塞爾在下面所歸納的第一含義和第二含義是相符合的。這裡為了避免混亂和誤解，我將「Erscheinung」統譯作「顯現」。——中譯注

11 「當下化（Vergegenwärtigung）」與「當下擁有（Gegenwärtigung）」是兩個相對的概念，它們在胡塞爾那裡基本上與「想像」和「感知」這對概念同義。——中譯注

[19] 在A版和B版的目錄中為：第5節。顯現這個術語的歧義性。

[20] 在A版中為：**想像**，即。

在的，在這裡無關緊要，我們就可以將它完全忽略不計，這樣，顯現就與我們在前一項研究中[12]定義為「**代現**（Repräsentation）」的東西相一致了。

二、被直觀的（顯現的）對象，也就是在此時此地顯現出來的那個對象；例如在剛剛進行的這個感知中被看作是燈的這個東西。

三、狹義的顯現，即**具體的顯現行為**或**直觀行為**所具有**實項的**（reell）**組成部分**，但它們本身又以一種令人迷惑的方式同樣被稱之為顯現。在這個意義上的顯現首先意味著體現性的**感覺**，也就是**被體驗到**的顏色、形狀等等因素，人們沒有將它們與那些與它們相應並在「解釋」行為中**顯現的**（有顏色的、有形狀的）**對象特徵**區別開來。我們已經多次強調：對這兩者的區分是非常重要的，不能將顏色感覺與顯現的物體色彩[21]、形狀感覺與物體[22]形狀等等混為一談。誠然，非批判的認識論無視這個區別。那些不贊成叔本華「世界是我的表象」這種說法的人通常也會認為，顯現的事物就是感覺內容的複合。人們當然可以說，構造**顯現**的事物本身的材料，構造單純感官事物的材料，與那些作為感覺被我們視之為意識內容的東西是相同的。但這並不改變這樣一個事實，即：事物的顯現特徵本身並不是感覺，而

12　參閱本書第26節，第九十頁〔邊碼A 563/$B_2$90〕。

[21]　在A版中還有：的特性。

[22]　在A版中為：對象。

僅僅顯現為與感覺相似的東西。因為它們並不像感覺那樣存在於意識之中，毋寧說它們僅僅是在意識中被展示為顯現的特性，被超越地誤認為是顯現的特性。[23]據此，被感知的外在事物也不是感覺的複合；它們毋寧說是顯現的對象，這些對象作為特徵的複合顯現出來，在眞正意義上的特徵的屬與感覺特徵的屬是相同的[24]。我們也可以換一種說法來表達：在感覺的標題下面，我們具有某些屬，這些屬是一個意識統一的在實事上具有這樣或那樣規定性的體驗屬。如果現在在一個意識統一中，相同屬的實在特徵作為外在於和超越於這個意識統一的特徵顯現出來[25]，那麼，即使人們可以根據它們的屬[26]來稱呼它們，它們也絕不會是感覺。我們強調「外在」（äußerlich）[27]這個詞，它當然不是指空間上的外在。儘管這些在現象上外在的事物的存在與不存在問題是多麼關鍵，確定無疑的是，各個被感知的事物的實在不能

B$_2$235
A707

[23] 在A版中為：人們當然可以合理地說，顯現的世界事物連同其所有屬性都是由同一個材料構造起來的，我們將這個作為感覺的材料看作是意識內容。但這並不改變這樣一個事實，即：事物的顯現特徵本身並不是感覺，而僅僅顯現為與感覺同類的東西。因為它們並不像那些感覺那樣存在於意識之中，毋寧說它們僅僅是在意識中單純地被意指為顯現的特性，被表象、被認作是顯現的特性。

[24] 在A版中為：正是作為像感覺那樣同一類的內容顯現出來。

[25] 在A版中：如果同一個屬的實在出現在一個意識統一之外，或者毋寧說是作為外部出現的而存在。

[26] 在A版中加有重點號。

[27] 在A版中為：「外面」（außerhalb）。

被理解為是一個在感知意識中被感知的感覺複合的實在。因為很顯然，並且在每一個事例上都可以透過現象學分析證明，感知事物，這個所謂的感覺複合，無論在其個別的特徵因素方面，還是作為整體，都與在有關感知中事實地被體驗的感覺複合不同[28]，而且在任何情況下都不同；只有當後一種感覺複合受到了客觀統攝之後，感知意義，即顯現的事物，才會被這個統覺意向地構造起來。[29]

也許人們可以說，原初的顯現概念是前面在第二點中所列出的概念：也就是說，顯現物的概念，或者說，可能的顯現物的概念、直觀之物本身的概念。如果我們注意到，每個體驗（也包含外直觀的體驗，這種體驗的對象叫做**外**顯現）都能夠成為反思的、內直觀的對象，那麼所有在自我的體驗統一中的體驗都叫做「現象」。據此，**現象學**便意味著一門關於體驗一般的學說，並在其中還包含著，現象學是一門關於所有那些在體驗中明見地可證明的、不僅是實項的，而且也是意向的被給予性的學說。而純粹現象學則是一門關於「**純粹現象**」的本質學說，一門關於「**純粹自我**」的「**純粹意識**」的「**純粹現象**」的本質學說。——這就是說，它不立足於那種透過超越的統覺而被給予的物理的和動物的自然，亦即心理物理自然的基礎之上，它不做任何與超越意識的對象有關的經驗設定和判斷設定；也就是說，它不確定任何關於物理的和心理的自然現實的眞理（即不確定任何在歷史意義上的心理學眞理），並

[28] 在A版中為：這個應當被感知為事物的所謂感覺複合體作為**整體**有別於在有關感知中事實地被體驗的感覺複合。

[29] 在A版中為：的、對象化的統攝之後，感知顯現的本質才得以構造出來。

且不把任何眞理作為前提、作為定律接受下來。毋寧說，它將所有那些超越出相即的、純粹內在直觀被給予性（即超越出純粹體驗流）的統覺和判斷設定純粹地作為體驗自身之所是接受下來，並且對它們進行純粹內在的、純粹「描述性」的本質研究。它所進行的這種本質研究還在第二種意義上是純粹的，即在「本質直觀」的意義上是純粹的；它在眞正的意義上是一種先天研究。這樣理解的話，那麼在這部《邏輯研究》中的所有研究，只要它們不具有本體論的課題——也就是說，只要它們不是像在第三和第六研究中那樣致力於對可能的意識對象的先天確定——便都是純粹現象學的研究。這些研究不討論一個「客觀」自然的心理學事實和規律，而只討論屬於某個純粹「我思」形態的純粹可能性和必然性：在觀念可能的一般意識關係中討論這些可能性和必然性的實項的和意向的內涵，或者討論它們與其他這類形態的先天可能的聯繫。[30]

[30] 在A版中為（未以小號字體排出，另起一行）：如果我們現在清楚地看到，必須在直觀中區分感覺與現象的規定性，前者是體驗，並且因此而是主體之組成部分，後者則是意向客體的組成部分；它們兩者只能在相即感知的理想情況中（我們不考慮這個情況）才相合：那麼我們也就可以很容易明察到，這些被織入的感覺本身不能被看作是顯現，既不是在行為意義上的顯現，也不是顯現著的對象意義上的顯現。它之所以不是前者，乃是因為我們將某種非—行為概括在感覺的標題之下，這些非—行為在行為中才經歷客體化的立義；而它之所以不是後者，其原因在於，在感覺的現象對象性中必定包含著那些將其意向指向它們［感覺］的行為。這種行為雖然是可能的，但我們既不能透過描述分析，也不能透過發生的理由來證明，它們必然從屬於每一個

A708

正如顯現這個術語是多義的一樣，並且也正因為它是多義的，感知這個術語以及其他與感知有關的術語也是多義的。這種多義性使感知理論充滿了混淆的錯誤。例如：「被感知的」東西被稱作在感知中「顯現的」東西，即感知的對象（房屋），然後，被感知的東西又被稱作在感知中被體驗的**感覺內容**，即那些在其複合中作為房屋，個別地作為這房屋的特徵被「立義」的體現性的內容的總和。

6[31]

布倫塔諾的理論根據明見性質和不同的現象組來劃分內感知與外感知，這正表明，這種多義性給人造成的迷惑有多大。我們來聽一下布倫塔諾是怎麼說的：

外感知是不明見的，甚至是虛假的。——如果我們將外感知所感知的「物理現象」理解為物理事物，或者說，理解為物理事物的特性、變化等等，那麼這種說法無疑是正確的。由

感知的組成，而且這也涉及它們的體現性感覺。所有這些自然也適用於想像性直觀連同其想像再現的內容。如果人們能夠做到將第一個意義上的顯現之組成部分本身看作是顯現，那麼人們也就會幾乎是無意識地進一步將所有心理之物、所有在自我之體驗統一之中的**體驗**看作是現象。

[31] 在A版和B版的目錄中為：第6節。因此而混淆在認識論上無關緊要的外、內感知之對立與在認識論上根本性的相即、不相即感知之對立。

$B_2$237

於布倫塔諾將「被感知」這個本真的和唯一可靠的詞義與它的非本真詞義相混淆，後者所涉及的不是外在事物，而是實項地屬於感知的體現性內容；並且，由於布倫塔諾前後一致地不僅將那些外在事物、而且也將這些內容稱之為「物理現象」：這樣，外感知的虛假性也就涉及「物理現象」。我認為在這裡必須[32]做出更嚴格的區分。如果一個外在對象被感知（房屋），那麼在這個感知中，體現性的感覺是被體驗到，而不是被感知到。我們對房屋的存在會做出錯誤的判斷，但我們卻不會對被體驗到的感性內容[33]做出錯誤的判斷，因為我們根本不對它們做判斷，或者說，[34]我們在這個感知中根本不感知它們。如果我們在事後注意這些感性內容，並且沒有人否認我們具有這種能力（即在一定範圍內的能力），那麼我們就從我們剛才以及通常透過這些內容所意指的東西中抽象出來，我們只將它們看作是它們所是，然後我們當然要感知它們，但現在我們不再是透過它們而感知到那個外在的對象。這個新的感知顯然和任何一個「內感知」一樣具有無欺性和明見性的要求。懷疑一個內在存在的以及如其所是地內在被意指的東西，這是一種明見的背理。我可以懷疑，究竟是否有一個外在對象

A709 $B_2$238

[32] 在A版中為：可以。

[33] 在A版中的「被體驗到的感性內容」為單數（des erlebten sinnlichen Inhalts），在B版中改作複數（der erlebten sinnlichen Inhalte）。

[34] 在A版中為：因為。

存在，一個與外在對象有關的感知是否正確；但我不能懷疑**被體驗到的**[35]這個感知的**感性內涵**——當然，只要我對它進行「反思」並且**直觀它本身所是**。因此，我們有對「物理」內容的明見感知，同樣也有對「心理」內容的明見感知。

如果人們指責說，感性內容始終是並且必然是被對象性地加以立義的；它們始終是一個外感知的載者，因此我們只能將它們作為一個直觀的內容來加以關注，這樣我們才能注意到它們；那麼我們在這裡無須爭論，這對這個實事狀態並無影響。即使在行為意義上的「心理現象」的明見性不存在，這些感性內容之此在的明見性仍然是無可爭議的。在整個心理現象的存在明見性中儘管蘊含著它的每一個部分的明見性，但對部分的感知卻是一個新感知，它帶有新的明見性，這種明見性與整體現象的明見性是不同的。

如果在概念的把握上前後一致，那麼在心理[36]現象的概念中也可以發現與**物理**現象概念所帶有的那種雙重意義相似的東西。在布倫塔諾那裡則並非如此。他僅僅將心理現象理解為一種現實存在的行為體驗，並且將內感知理解為一種將這種行為體驗如其所是地加以接受的感知。但布倫塔諾沒有看到，他在內感知的標題下僅僅放置了一種對心理現象的感知，於是現在就不可能將所有感知僅僅劃分為外感知和內感知這兩組。他也沒有看到，他認為他所

[35] 在A版中未加重點號。
[36] 在A版中加有重點號。

$B_2$239　A710

說的內感知具有明見性上的優先地位，但這種優先地位所涉及的並不是被內部地感知的「現象」的特殊性，而只是與他所使用的內感知概念有關，這個概念已經根本偏離了感知的概念。如果布倫塔諾在「物理」現象方面也從一開始就僅僅將那些相即地直觀著其對象的立義和把握[37]理解為本眞的感知，那麼他就必須承認，被他看作是外感知的[38]那種對感性體驗的感知也具有明見性，他就不能說，在他的意義上的內感知是「實際上唯一在本眞詞義上的感知」。[13]

完全可以肯定，內感知和外感知、明見的感知和不明見的感知這兩對概念是不相一致的。第一對概念是對物理之物和心理之物的規定，無論人們現在如何來劃分它們；第二對概念則帶有認識論的基本對立的性質，我們在本書第六研究中已經探討過這一對立，它是指在**相即**感知（或最狹窄意義上的直觀）與僅只是誤想的、**非相即**感知之間的對立，前者的感知意向僅僅朝向對它來說眞正在場（präsent）的內容，後者的意向則不是在體現性的內容中

13　布倫塔諾：《出自經驗立場的心理學》，第一卷，第一一九頁。

[37]　在A版中為：如其現實所是地接受著它們的對象的把握或立義。

[38]　在A版中為：在外感知意義上的。

A711

找到充實，而毋寧說是穿過這個內容去構造一個超越之物的切身被給予性，這個被給予性始終是單面的和預設性的。在相即直觀的情況中，被感覺的**內容**同時也是感知的**對象**。這個內容不意味著其他任何東西，它本身是自為存在的。而在非相即感知的情況中，內容與對象相分離。內容所體現的是一種不包含在它本身之中，但卻在它之中「被展示」的並因此（如果我們只限制在直觀之物的範圍內）而在某種意義上與它相似的東西，就像感覺顏色與物體顏色在某種意義上是相似的一樣。[39]

在**這個**劃分中包含著人們所尋找的在內感知和外感知之間**認識論**差異的本質。這個差異在笛卡兒的懷疑考察中就已經起著規定性的作用。我可以懷疑非相即的、僅僅是映射性的（abschattend）感知的眞實性；被意指的對象，或者也可以說，意向對象對於顯現的行為來說不是內在的；這個意向在此，但最終要充實這個意向的對象本身與這個意向並不一

B$_{2}$240

[39] 在A版中為：前者的感知意向僅僅朝向對它來說體現性（präsent）的內容，而後者的意向則是在體現性的內容中找到一個僅只是部分的、類比的、不完善的充實並且透過這個內容而進行超越出被給予之物以外的指明。在相即直觀的情況中，被感覺的**內容**同時也是感知的**對象**。這個內容不意味著其他任何東西，它只是它本身。而在不相即感知的情況中，內容與對象相分離。內容所展現的是一種不包含在或不完全包含在它本身之中，但卻完全地或部分地與它相似的東西。

致[40]。我怎麼會明見地知道這個對象是存在的呢？而我另一方面卻不能懷疑相即的、純粹內在的感知，這正是因為在它之中不含有任何尚需得到充實的意向殘餘。所有意向都得到了充實，或者說，意向所包含的所有因素都得到了充實。或者我們也可以這樣來表達：客體在感知中不僅被意指為是此在的，而且它同時也是在感知之中自身地、並且是現實地被給予，並且恰恰是作為被意指的這個客體而被給予。如果相即感知的本質在於，被直觀的客體本身眞實地和現實地寓居於感知之中，那麼用另一種表達來說就是：只有對本己的、現實的體驗的感知才是無疑的、明見的。並不是每一個這樣的感知都是明見的。例如在對牙疼的感知中，一個現實的體驗被感知到，但這種感知常常也帶有欺騙性：疼痛似乎是在鑽著健康的牙齒而疼痛。這種虛假的可能性[41]是很明顯的。被感知的對象並不是那個如此[42]被體驗到的疼痛，而是超越地被解釋的疼痛，並且是被超越地解釋為屬於牙齒的疼痛。但相即的感知卻在於，在這種感知中，被感知之物就像它被感知的那樣（就像感知所意指、所立義的那樣）被體驗到。顯然，我們在這個意義上只能對我們的體驗具有明見的感知，並且只有在我們純粹地接受這種體驗，而不是統攝地[43]超越這種體驗的情況下才能具有明見的感知。

[40] 在A版中為：並不是這個意向。
[41] 在A版中為：原因。
[42] 在A版中加有重點號。
[43] 在A版中為：簡單地接受這種體驗，而不是解釋地。

7[44]

在現在人們會指責說：體驗與心理現象不是一回事嗎？因而又有什麼可爭論的呢？對這個指責，我將回答說：如果人們將**心理現象**理解為我們意識的實在組成部分，理解為各種此在的體驗，並且如果人們又將**對心理現象的感知**[45]或**內**感知理解為相即感知，它們的意向在有關的體驗中找到內在的充實；**那麼內感知**[46]的範圍當然就與**相即**感知的範圍**相合**。但極為重要的是須注意以下幾點：

一、在這個意義上的心理現象與布倫塔諾意義上的心理現象是不同一的，與笛卡兒的思維（cogitationes）以及與洛克的行為或精神活動（acts or operations of mind）也是不同一的；因為在一般體驗的[47]領域中也包含著全部感性內容、感覺內容[48]。

二、**非**—**內**感知（補充種類）**與**通常詞義上的**外感知不一致**，而與在範圍上要寬泛得多的**超越的**、**非相即的**感知相一致。如果一個感性內容、一個感性複合或一組感性內容被立義

[44] 在A版和B版的目錄中為：第7節。這個爭論不是語詞爭論。

[45] 在A版中未加重點號。

[46] 在A版中未加重點號。

[47] 在A版中還有：有限。

[48] 在A版中為：（感覺與想像材料）。

為一個此在的事物，或被立義為一個事物的集合、一個事物的多層次連結[49]，或被立義為[50]一個事物的變化、一個外在的事件等等，那麼這裡就進行著一個通常意義上的外感知。但非感性的內容也屬於超越性感知的展示內涵，尤其是當非感性內容與感性內容相結合時。這樣，帶有被感知到的心理規定性的外部對象（例如：以各種不同的方式將自己的和他人的身體立義為「人」）或者（例如在心理物理的統覺中）內部對象、主觀體驗連同在這個體驗中被感知到的物理規定性，它們都同樣可以作為被感知的對象而存在於此。[51]

三、如果我們在作為關於動物心靈生活之科學的心理學的範圍之內將心理現象的感知或將內感知理解為對本己體驗的感知，這些體驗被感知者立義為他自己的、這個人自己的體驗，那麼所有內感知就只能是一種對外感知進行超越統攝的感知。這樣，在這種感知中儘管也包含著——透過一定的抽象——可以被視作相即感知的感知，只要它們是在其純粹自身性中接受有關的本己體驗：但只要這種「相即的」內感知將那些在它們之中被把握到的體驗統

A713

[49] 在A版中還有：關係。

[50] 在A版中還有：一個事物性的屬性。

[51] 在A版中為：這樣，帶有被誤認為是感知到的心理規定性的外部對象——我們偏好於將美的、舒適的、好的、誘人的東西等等感知地加入到事物之中去——或者內部對象、主觀體驗連同在這個體驗中被誤認為是感知到的物理規定性，它們都同樣可以作為被感知的對象而存在於此。

攝為一個感知著的心理物理的人—自我的體驗（即屬於現有客觀世界的體驗），那麼在這個方向上，它們便在本質上帶有一種不相即性。另一方面，與外感知一樣，在內感知中也包含著這樣一種感知，在這種感知的過程中，被感知的對象在感知所賦予它的那個意義上是不存在的。[52]在**相即感知和不相即的感知之間的區別對於心理學來說也是一個根本性的區別**——**對心理學的相即性必須加以抽象的理解**——**這個區別與內感知和外感知之間的區別相互交叉**並且同時也穿越了內感知的領域。

8[53]

「現象」這個詞所帶有的各種歧義性允許人們時而將顯現的對象和特徵標誌為現象，時而將構造著顯現行為的體驗（尤其是在感覺意義上的內容）標誌為現象，並且最後還將所有體驗都統稱為現象。正是這些歧義性才誘使人們常常將**兩種本質不同的心理學的現象劃分混**為一談：

[52] 在A版中為：如果我們所理解的對心理現象的感知或內感知準確地說就是所有對本己體驗的感知，那麼在這些感知中完全就像在外感知中一樣會包含著一些其被感知的對象根本不存在的感知，例如：感知的意向雖然部分地切中一個相關的對象，但這個對象在整體上並不符合這個意向（「被感知的對象存在著，但並不完全像它被感知的那樣存在」）。**因此人們可以感知根本不存在的本己體驗**。

[53] 在A版和B版的目錄中為：第8節。對「現象」的兩個根本不同劃分的混淆。「物理」內容不僅「現象地」存在，而且也「現實地」存在。

一、對體驗的劃分；例如將體驗劃分為行為和非行為。這種劃分當然完全屬於心理學的領域，心理學作為這樣一門科學與所有體驗——這些體驗在心理學中被自然超越地統攝為動物自然生物的體驗——有關。

二、對現象對象的劃分[54]；例如將這些對象劃分為兩種：一種是作為屬於自我意識的東西而顯現出來的對象，另一種是不作為屬於自我意識的東西而顯現出來的對象；換言之，將現象對象劃分為心理對象和物理對象（內容、特徵、關係以及如此等等）。

在布倫塔諾那裡，這兩種劃分實際上是相互交錯的。他簡單地將物理現象和心理現象對立起來，並把它們明確地定義為一種劃分，即將體驗劃分為行為和非行為。但他隨後就在物理現象的標題下混淆了感覺內容[14]和顯現的外在對象或者說這些對象的現象性質，以至於這 B_2243

14 布倫塔諾將感覺理解為感覺的行為，並將這些行為，與被感覺的內容相對立。據前所述，這種區別在我們的用語中是不存在的。我們只是將感覺稱之為這樣一種事實，即：一個感性內容以及一個非行為當場地存在於體驗複合中。無論如何，我們可以在與顯現相關或與顯現相對的意義上運用感覺這個說法來指明這些內容的統攝性作用（即：它們可以作為立義的載體來發揮作用，或是作為感知、或是作為想象的顯現就是在這種立義中進行的）。

[54] 在A版中「劃分」為複數（Einteilungen），在B版中改作單數（Einteilung）。

種劃分同時也（根據通常的詞義或根據一種與通常詞義相近的詞義）把**現象客體**[55]劃分為物理客體和心理客體；在這裡，後一種劃分甚至還提供了名稱。

與這種混淆密切相關的是這樣一個錯誤的、並且被布倫塔諾用來劃分這兩種現象的定義：**物理**現象「**只是現象地和意向地**」存在著，而心理現象卻除了「意向存在之外[56]」還具有「**現實的存在**」。[15]如果我們將物理現象理解為現象事物，那麼可以肯定，它們至少不需要存在。創造性想象的構成物、大多數在繪畫中得到藝術展示的客體、塑像、詩歌等等，幻覺性的和臆想性的客體，它們都是現象地和意向地存在著，也就是說，它們**實際**上根本不存在，它們只是有關的**顯現**行為連同它們的實項的和意向的內涵。而如果我們將物理現象理解為被感覺的內容，那麼這種物理現象的情況則完全不同。在對伯克林[16]的「極樂園」這張 A715 B₂244

15 參閱布倫塔諾：《出自經驗立場的心理學》，第一卷，第7節，第一一九頁。他舉例說：認識、喜悅、欲望是現實的，顏色、聲音、熱僅僅是現象的和意向的。在同書的第一〇四頁，他又列舉了物理現象的例子：我所看到的形狀、風景……我所感覺到的熱、冷、氣味。

16 伯克林（A. Böcklin, 1827-1901），瑞士畫家。也可以參閱《邏輯研究》中譯本第一卷，第四章，第40節中譯者的說明。——中譯注

[55] 在A版中加有重點號。

[56] 在A版中加有重點號。

畫進行圖像直觀的過程中，我們具有那些處在不斷變化之中的被感覺的（被體驗的）顏色內容、形狀內容等等，在透過圖像化的行為性質而被啟動之後，這些被感覺的內容擴展成關於圖像客體的意識，這裡所說的這種被感覺的內容是這個關於圖像客體意識所具有的實項組成部分。這些內容在這裡絕不只是現象地和意向地存在著（作為顯現的和僅僅被意指的內容），而是現實地存在著。人們當然不能忽視這一點：「現實」在這裡並不意味著「存在於意識之外」，而是意味著「不僅僅是被臆指的」。

作者本人告示[1]

1 載於《科學哲學研究季刊》，第二十五期，一九〇一年，第二六〇—二六三頁。

埃德蒙德·胡塞爾：《邏輯研究》。
第二部分：《現象學與認識論研究》，馬克斯·尼邁耶出版社，哈勒/薩爾河畔，*一九〇一年，前言XVI頁，正文七一八頁。

這一卷包含六個相互關聯的論述，它們是對在邏輯行為中形成的思維與認識統一的現象學澄清。在此之前是一個引論，作者試圖在這個引論中闡釋這些研究的目的，更一般地說，闡釋對認識的現象學澄清所具有的相對於對認識之發生—心理學解釋而言的特殊性。

理論思維和認識是在陳述中進行的，亦即在某種表達活動（Ausdrücken）以及在與它們密切交織的行為中進行的，人們通常將這些表達活動和行為稱作「含義」或「意義」。澄清認識的努力當然首先要朝向對那些從屬於「表達活動」之本質的區別的分析。這便是第一項研究所從事的工作，它每前進一步都會遇到深層的現象學困難，並且因此而在總體上具有準備性的特徵。

與在這項研究中得到闡釋的含義之觀念性（或與含義相關的認識之統一性）相銜接，第二研究所探討的，並且首先在第一章中所探討的是更為普遍的種類觀念性（「普遍對象」的

* 由於在一八九九年十二月和一九〇〇年七月寄出的幾冊書上標明的是萊比錫的法伊特公司出版社，因此我在此還要明確地指出，此書在出版前已經更換了出版社。

觀念性）問題，然後在以後的各章中分析近代的抽象理論：第二章探討洛克以心理學方式對普遍之物所做的實在設定，第三章探討抽象的注意力理論，第四章探討普遍代表的學說，第五章探討休謨關於「理性的區分」的學說。結尾一章則將各個不同的「抽象」和「抽象的」概念聚置在一起。

在各個「抽象」概念中有一個涉及抽象因素——斯圖姆夫的「部分內容」或「不獨立內容」。與此相銜接，第三研究是對獨立內容與不獨立內容的一般區別之闡釋。它試圖指明，每一個不獨立性都與一個建基於相關內容的種類本性之中的關係規律相符合，與此同時，在這些質料的和「分析的」或範疇的規律之間的區別也得到顯露。在對這裡湧現出的思想的進一步關注中，這項研究成為一種關於實在的整體和部分之學說的設想，這種構想是按這些整體和部分的純粹的（即具有純粹範疇特徵的）類型來進行的。這樣，我們便獲得了一個認識澄清的領域，這個領域至此為止極少受到關注，但卻具有至關重要的意義。

這裡所獲取的結論在後面的第四研究中得到了重要的運用：它們被用來澄清那個起初並不引人注目的在「自義的」與「合義的」表述之間，或者說，在獨立的與不獨立的含義之間的語法區別。對從屬於這種特殊的不獨立性的規律的探問將我們導向一個至此為止幾乎未被涉及、在內容上還相當平凡、但卻對理解邏輯最為重要的規律群。它排斥形式的無意義（Unsinn），這與通常所理解的純粹邏輯規律恰恰相反，後者所排斥的是悖謬（Widersinn）；它規定，哪些含義僅僅根據它們的形式便可以先天地與一個含義相連結，不論這個含義是真實的還是虛假的，是在實事上一致的還是爭執的。正是因為有了這些「純粹

限的合法領域。•語•法•規•律」，關於一門普遍而且先天語法的古老觀念才獲得了一個確定的、當然也是非常有

接下來是這一卷的兩項現象學主要研究。它們的目的在於分析地獲取現象學的區別，這些區別是最原始的邏輯區別的起源。第五研究回溯到意識這個多義的概念之上，並且選擇了對於認識澄清來說至關重要的三個概念：作為自我體驗之現象學統一的意識、作為內感知的意識和作為「意向體驗」或作為「心理行為」的意識。這裡所關涉的尤其是最後一個意識概念，因而第二章被專門用來討論這個概念。除了其他的作用以外，對多義的「內容」之說法的分析還導致對質性和質料（＝立義意義）的區分。這個區分引發了一系列與這樣一個定理有關的艱難思考，即：每一個心理行為或者是一個表象，或者以一個表象為基礎。如果在通常的意義上理解這個定理，它會顯得不清楚，甚至不正確。它的不清楚的根源在於表象這個術語的多義性，對這些多義性的展開會一步一步地表明這種展開的重要性和困難性。作者在這裡提供了表象現象學和判斷現象學的片段，從這些片段中或許可以看出，我們在能夠達到一門科學上充分的「判斷理論」之前，還有多少分析性的工作需要完成。這一項研究在某些關節點上還有待延續和改善，結尾一章則為此項研究附加了一個概括，即對表象和表象內容這兩個術語所具有的最重要的歧義性的概括。

第六研究是整部著作所提供的範圍最廣、實事上最成熟、而且可能也是成果最豐富的一項研究。它的標題是：「現象學的認識澄清之要素」。它以一個特殊問題——非客體化行為，諸如問題、期望、命令等等，是否能夠像表象和判斷那樣在相同的意義上經歷「表

達」——為出發點，第一篇闡釋客體化「意向」和「充實」的本質並且澄清，認識就是對客體化充實的綜合。第一章「含義意向與含義充實」所關注的是在這個首先透過標題而指明的、較為狹窄的領域中的基本關係。第二章試圖透過對充實綜合的現象學區分來間接地描述客體化意向以及它們的本質變種。這些區分涉及符合（象徵性的）表象與直觀表象的區別以及在直觀表象之內的想象表象與感知表象的區別。

第三章是對一門認識階段現象學的構想。一系列基本概念在這裡得到確定。只須提及以下概念便可：一個表象的「直觀內涵」或一個表象的「充盈」的概念；純粹符號行為和純粹直觀行為、純粹想象和純粹感知的概念；代現或立義的概念；立義意義、立義形式與被立義的內容之間的區別；完整的直觀與疏漏的直觀之間、合適的與客觀完整的直觀化之間的區別等等。

第四章是對相容性與不相容性之間的現象學關係和觀念關係的論述，而第五章則探討相應性的理想並隨之而探討明見性與眞理（或眞理意義上的存在）這兩個概念的起源。

這項研究的第二篇以「感性與知性」為標題。第一章（或整個研究的第六章）證明，有必要將感知與直觀概念做出一個根本性的、至此為止尚未進行的擴展，從而使這兩個概念不僅包括外感性與內感性（內感知與想像）領域，而且也包括範疇行為領域。不僅存在著對「實在」客體的「感知」，而且也存在著對「範疇」或「觀念」客體的「感知」，例如對集合的感知、對同一性與非同一性的感知、對任何一種實事狀態的感知、對一般對象的感知等等。作者相信在這一章中揭示出了任何一門未來現象學和認識論的基石。

如果我們跳過用於做補充說明的下一章，那麼在這裡只需要指明第三章（或者說，第八章）便可：這一章運用先前的分析而將「本眞思維」與「非本眞思維」的先天規律對置，前者與範疇直觀有關，後者與範疇的符號行為，或者說，與符號混濁的表象行為有關。

第三篇具有附錄的性質。它在一個短章中提供了對前面已提到的引導問題的澄清。

這一系列的研究還附加了一個簡短的論述「外感知與內感知，物理現象與心理現象」，在這個論述中，在對布倫塔諾學說的批判考察中，已經在標題中得到展示的那些區別之間的相關關係以及它們與相應感知與不相應感知的認識論基本區別的關係得到了昭示。

將一部帶有如此程度之缺陷並且在一些想法中尚未完全明晰地得到澄清的著作交付於公眾，這是一件——作者自己也意識到這一點——相當冒險的事情。原初根本沒有打算將這些研究以目前展示給讀者的狀態加以發表；作者只是將它們作為基礎來為認識論進行更系統的奠基，或者說，為對邏輯學的認識論澄清進行更系統的奠基。可惜作者無法在這部耗時多年的著作上再花費更多的時日。顯而易見，可以相信，儘管存在著一些易於發現的並且為作者本人深深感受到的不完善性，這部著作仍然會因為分析研究的獨立性、現象學方法的純粹性以及一系列並非微不足道的新見解而不會不受到認識論朋友的歡迎。在對認識論的系統嘗試上並不存在缺陷，但也許在分析性的基礎研究上還缺乏嚴格描述性的、不屈從於任何歷史流傳之偏見的精神態度。

參考文獻

Bergmann, J.（貝格曼）：

1.《哲學史》，兩卷本，柏林，一八九二／一八九三年。

Geschichte der Philosophie, 2 Bände, Berlin, 1892/93.

2.《邏輯學的基本問題》，第二版，經過全新加工，柏林，一八九五年。

Grundprobleme der Logik, 2., völlig neue Bearbeitung, Berlin, 1895.

Berkeley, G.（柏克萊）：

1.《人類知識原理》：《喬治・柏克萊著作集》三卷本，由弗萊瑟選編，附有序言和注釋，牛津，一八七一年，第一三一－二三八頁。

A Treatise Concerning the Principles of Human Knowledge: The Works of George Berkeley, in 3 volumes, collected and edited with Preface and Annotations by A. C. Fraser, volume I, Oxford, 1871, S. 131-238.

2.《人類知識原理》，由宇伯維克譯成德文並附加解釋的和校勘的說明，柏林，一八六九年。

Abhandlungen über die Prinzipien der menschlichen Erkenntnis, in's Deutsche übersetzt und mit erläuternden und prüfenden Anmerkungen versehen von F. Überweg, Berlin, 1869.

Bolzano, B.（鮑爾查諾）：

《科學論。對邏輯學進行詳細的和大部分全新的闡述的嘗試，始終顧及到至此為止的邏輯學加工者》，由他的幾個朋友出版，附有海因羅特博士的前言，四卷本，蘇爾茲巴赫，一八三七年（簡稱為：《科學論》）。

Wissenschaftslehre. Versuch einer ausführlichen und grösstentheils neuen Darstellung der Logik mit steter Rücksicht auf deren bisherige Bearbeiter, hrsg. von mehren seiner Freunde, mit einer Vorrede des Dr. J. Ch. A. Heinroth, in 4 Bänden, Sulzbach, 1837, Band. I.

Brentano, Fr.（布倫塔諾）：

《出自經驗立場的心理學》，第一卷，萊比錫，一八七四年。

Psychologie vom empirischen Standpunkt, I. Band, Leipzig, 1874.

Cornelius, H.（科內利烏斯）：

1.《心理學作為經驗科學》，萊比錫，一八九七年（簡稱為：《心理學》）。

Psychologie als Erfahrungswissenschaft, Leipzig, 1897.

2.〈論「構形質」〉，載於《心理學與感官生理學雜誌》，第二十二期（一八九九年），第一〇一—一二一頁。

"Über 'Gestaltqualitäten'":*Zeitschrift für Psychologie und Physiologie der Sinnesorgane, 22* (1899), S. 101-121.

Ehrenfels, Chr. von（埃倫菲爾斯）：

1.〈論構形質〉，載於《科學哲學季刊》，第十四期（一八九〇年），第二四九—二九二頁。

"Über Gestaltqualität":*Vierteljahrsschrift für wissenschaftliche Philosophie, XIV*（1890）, S. 249-292.

2. 〈感情的強度。對弗蘭茲・布倫塔諾的新強度學說的反駁〉，載於《心理學與感官生理學雜誌》，第十六期（一八九八年），第四十九－七十頁。

"Intensität der Gefühle. Eine Entgegnung auf Franz Brentano's neue Intensitätslehre": *Zeitschrift für Psychologie und Physiologie der Sinnesorgane*, *16*（1898）, S. 49-70.

Erdmann, B.（埃德曼）：

1. 〈統覺理論〉，載於《科學哲學季刊》，第十期（一八八六年），第三〇七－三四五、第三九一－四一八頁。

"Zur Theorie der Apperception": *Vierteljahrsschrift für wissenschaftliche Philosophie*, *10* (1886), S. 307-345, 391-418.

2. 《邏輯學》，第一卷，《邏輯基礎學》，薩爾河畔的哈勒，一八九二年。

Logik 1. Band, Logische Elementarlehre, Halle an der Saal, 1892.

3. 〈類型劃分理論〉，載於《哲學月刊》第三十卷（一八九四年），第一、二冊，第十五－四十九頁，第三、四冊，第一二九－一五八頁。

"Theorie der Typen-Eintheilungen": *Philosophische Monatshefte*, *30*（1894）, Hefte 1 und 2, S.15-49; Hefte 3 und 4, S.129-158.

Frege, G.（弗雷格）：

〈論意義與含義〉，載於《哲學與哲學批判雜誌》，第一〇〇卷（一八九二年），第二十五－五十頁。

"Über Sinn und Bedeutung": *Zeitschrift für Philosophie und philosophische Kritik, 100* (1892), S. 25-50.

Hamilton, W.（漢彌爾頓）：

《邏輯學講座》，第三版，第一冊，載於《形上學和邏輯學講座》，主編：曼則爾、韋奇，共四冊，第三冊出版於：愛丁堡／倫敦，一八七四年。

Lectures on Logic, volume I, 3rd edition, revisted: *Lectures on Metaphysics and Logic*, ed. by H.L. Mansel and J. Veitch in 4 volumes, volume III, Edinburgh and London, 1874.

Höffding, H.（赫甫丁）：

〈論再認識，聯想和心理主動性（第一篇論文）〉，載於《科學哲學季刊》，第十三期（一八九九年），第四二〇—四五八頁。

"Über Wiedererkennen, Assoziation und psychische Aktivität.（Erster Artikel）": *Vierteljahrsschrift für wissenschaftliche Philosophie, 13*（1889）, S. 420-458.

Höfler, A. u. Meinong, A.（赫夫勒和邁農）：

《邏輯學。哲學概論》，在邁農的參與影響下由赫夫勒撰寫，上半部分，維也納，一八九〇年（簡稱為：《邏輯學》）。

Logik. Philosophische Propädeutik, unter Mitwirkung von A. Meinong verfaßt von A. Höfler, I. Theil, Wien, 1890.

Hume, D.（休謨）：

1. 《人性論。在精神科學和關於自然宗教的對話中採用實驗推理方法的一個嘗試》，附有引論和注釋，主編：格林、格羅瑟，兩卷本，新版，倫敦，一八八二年，第一卷，第三〇一－五六五頁（簡稱為：《人性論》）。

   A Treatise of Human Nature: being an Attempt to Introduce the experimental Method of Reasoning into moral Subjects and Dialogues concerning Natural Religion, edited, with preliminary Dissertations and Notes, by T. H. Green an T. H. Grose. In two vol. New edition, London 1882, volume I, S. 301-565.

2. 《人性論》，第一部分：《論知性》，德譯本：科特根，譯文經利普斯加工並附有注釋和一個索引，漢堡和萊比錫，一八九五年。

   Traktat über die menschliche Natur, I. Teil. *Über den Verstand*, übersetzt von E. Köttgen, die übersetzung überarbeitet und mit Anmerkungen und einem Register versehen von Theodor Lipps, Hamburg und Leipzig, 1895.

3. 《人類理解研究：文章、道德、政治與文學》，主編：格林、格羅瑟，第二卷，倫敦，一八八二年，第一－一三五頁。

   An Enquiry concerning Human Understanding: Essays, Moral, Political and Literary, ed. by T. H. Green and T. H. Grose, vol. II, London, 1882, S. 1-135.

Husserl, E.（胡塞爾）：

1. 《算術哲學。心理學與邏輯學研究》，第一卷，薩爾河畔的哈勒，一八九一年（簡稱為：《算術哲學》）；新近由艾勒主編：《算術哲學。附有補充文字（一八九〇—一九〇一年）》，《胡塞爾全集》，第XII卷，海牙，一九七〇年。

   Philosophie der Arithmetik. Psychologische und logische Untersuchungen, I. Band, Halle-Saale 1891; Neu hrsg. von L. Eley: *Philosophie der Arithmetik. mit ergänzenden Texten*（1890-1901）: *Husserliana XII*, Den Haag, 1970.

2. 〈對基礎邏輯學的心理學研究〉，載於《哲學月刊》，第三十期（一八九四年），第一一六—二四四頁。新近出版於由讓克主編的《論文與書評（一八九〇—一九一〇年）》，《胡塞爾全集》，第二十二卷，海牙，一九七九年，第九十二—一二三頁。

   "Psychologische Studien zur elementaren Logik": *Philosophische Monatshefte, 30*（1894）, S. 159-191; Neu hrsg. von B. Rang: *Aufsätze und Rezensionen*（1890-1910）: *Husserliana XXII*, Den Haag, 1979, S. 92-123.

3. 〈關於一八九四年德國邏輯學著述的報告〉，載於《系統哲學文庫》，第三卷（一八九七年），第二一六—二四四頁；新近出版於由讓克主編的《文章與書評（一八九〇—一九一〇年）》：《胡塞爾全集》第二十二卷，海牙，一九七九年，第一二四—一五一頁。

   "Bericht über deutsche Schriften zur Logik aus dem Jahre 1894": *Archiv für systematische Philosophie, 3*（1897）, S. 216-244; Neu hrsg. von B. Rang: *Aufsätze und Rezensionen*（1890-1910）: *Husserliana XXII*, Den Haag, 1979, S. 124-151.

4. 《邏輯研究》第一卷，《純粹邏輯學導引》，薩爾河畔的哈勒，一九〇〇年（簡稱為：《導引》）；新近由霍倫斯坦主編：《邏輯研究》第一卷，《純粹邏輯學導引》，第一版和第二版的文字，《胡塞爾全集》第 XVIII 卷，海牙，一九八〇年。

Logische Untersuchungen. Erster Theil, Prolegomena zur reinen Logik, Halle-Saale 1900; Neu hrsg. von E. Holenstein, *Logische Untersuchungen*, Erster Band: *Prolegomena zur reinen Logik, Text der 1. und der 2. Auflage, Husserliana XVIII*, Den Haag, 1980.

5. 《純粹現象學與現象學哲學的觀念》第一卷，《純粹現象學概論》，載於《哲學與現象學研究年刊》，第一卷，第一部分，第一—三二三頁；薩爾河畔的哈勒，一九一三年（簡稱為：《觀念》）；新近由舒曼主編：《純粹現象學與現象學哲學的觀念》，《胡塞爾全集》第 III/1 卷：第一版至第三版的文字，《胡塞爾全集》第 III/2 卷：補充文字（一九一二—一九二九年），海牙，一九七六年。

Die Ideen zu einer reinen Phänomenologie und Phänomenologischer Philosophie, I. Buch, *Allgemeine Einführung in die reine Phänomenologie*, Jahrbuch für Philosophie und Phänomenologische Forschung, I. Band, I. Teil, S. 1-323; Neu. hrsg. von K. Schuhmann, *Husserliana III/1; Texte der 1.-3. Auflage; Husserliana III/2, Ergänzende Texte (1912-1929)*, Den Haag, 1976.

James, W.（詹姆斯）：

《心理學原理》，兩卷本，倫敦，一八九〇年。

The Principles of Psychology, in two volumes, London, 1890.

Kant, I.（康德）：

《純粹理性批判》：《康德全集。按年代順序排列》，哈滕斯坦主編，第三卷，萊比錫，一八六七年。

Kritik der reinen Vernunft: Sämtliche Werke in chronologischer Reihenfolge, hrsg. von G. Hartenstein, III. Band, Leipzig, 1867.

Lambert, J. H.（蘭貝特）：

《新工具或關於對眞實以及它與錯誤和虛假的區別之研究與標識》，第二卷，萊比錫，一七六四年（簡稱為：《新工具論》）。

Neues Organon oder Gedanken über die Erforschung und Bezeichnung des Wahren und dessen Unterscheidung vom Irrthum und Schein, II. Band, Leipzig, 1764.

Leibnitz, G.F.W.（萊布尼茲）：

1. 〈關於認識、眞理和觀念的考察〉，載於《萊布尼茲短篇文章集》，由哈布斯譯成德文，附有引論和解釋，萊比錫，一八八三年。

   "Betrachtungen über die Erkenntnis, die Wahrheit und die Ideen": *Kleinere Schriften*, mit Einleitung und Erläuterungen deutsch von R. Habs, Leipzig, 1883.

2. 《人類理智新論》（一七〇三年），載於《萊布尼茲哲學著作集》，埃德曼主編，柏林，一八六四年，第一九四－四一八頁（簡稱為：《新論》）。

   Nouveaux essais sur l'entendement humain（1703）: *Opera philosophica*, Pars prior, hrsg. von J. E. Erdman, Berlin 1840, S. 194-418.

3. 《人類理智新論》，由沙爾施密特譯成德文，附有引論、作者生平和解釋性說明，柏林，一八七三年。

Neue Abhandlungen über den menschlichen Verstand, ins Deutsche übersetzt, mit Einleitung, Lebensbeschreibung des Verfassers und erläuternden Anmerkungen versehen von C. Schaarschmidt, Berlin, 1873.

Lipps, Th.（利普斯）：

《心靈生活的基本事實》，波恩，一八八三年。

Grundtatsachen des Seelenlebens, Bonn, 1883.

Locke, J.（洛克）：

1. 《人類理解論》：《洛克哲學著述集》兩卷本（簡稱為《哲學著述》），附有聖約翰撰寫的序論和按語，倫敦，一八八二/八三年。

An Essay Concerning Human Understanding: Lock's philosophical works, in 2 volumes, with a Preliminary Essay an Notes by J. A. St. John, London, 1882/83.

2. 〈與沃克斯特主教的爭論〉，載於《洛克哲學著述集》，第二卷，附錄一。

"Controversy with the Bishop of Worcester": *Lock's philosophical works*, volume II, Appendix, No. 1.

3. 《人類理解論》兩卷本，由 Th. 舒爾策從英文譯成德文，第二卷附有《論對理解的引導》，萊比錫，一八九七年。

Über den menschlichen Verstand. Eine Abhandlung, in zwei Bänden, aus dem Englischen übersetzt von Th. Schultze; zweiter Band mit der Schrift *Über die Leitung des Verstand als Anhang*, Leipzig, 1897.

Lotze, H.（洛采）：

《邏輯學。關於思維、研究、認識的三部書：哲學體系》，第一部分，第二版，萊比錫，一八八〇年（簡稱為：《邏輯學》）。

Logik. Drei Bücher vom Denken, vom Untersuchen, vom Erkennen: System der Philosophie, I. Theil, 2. Auflage, Leipzig, 1880.

Mally, E.（馬里）：

〈抽象與相似性認識〉，載於《系統哲學文庫》，第六卷（一九〇〇年），第二九一—三一〇頁。

"Abstraktion und Aehnlichkeits-Erkenntnis": *Archiv für systematische Philosophie*, *6*（1900）, S. 291-310.

Marty, A.（馬爾蒂）：

1. 〈論語法與邏輯的關係〉，載於《符號論文集》。為維也納一八九三年第四十二屆語言學家和教師大會出版的布拉格德國古代文化研究學會紀念文集，維也納、布拉格和萊比錫，一八九三年。

"Über das Verhältnis von Grammatik und Logik": *Symbolae Pragenses*. Festgabe der deutschen Gesellschaft für Altertumskunde in Prag zur 42. Versammlung deutscher Philologen und Schulmänner in Wien 1893, Prag, Wien und Leipzig, 1893.

2. 〈論無主語語句以及語法與邏輯學和心理學的關係（第三篇文章）〉，載於《科學哲學季刊》，第八期（一八八四年），第二九二—三四〇頁。
"Über subjektlose Sätze und das Verhältnis der Grammatik zu Logik und Psychologie（Dritter Artikel）": *Vierteljahrsschrift für wissenschaftliche Philosophie*, *8*（1884）, S.292-340.
3. 〈論無主語語句以及語法與邏輯學和心理學的關係（第五篇文章）〉，載於《科學哲學季刊》，第十八期（一八九四年），第四二一—四七一頁。
"Über subjektlose Sätze und das Verhältnis der Grammatik zu Logik und Psychologie（Fünfter Artikel）": *Vierteljahrsschrift für wissenschaftliche Philosophie*, *18*（1894）, S. 421-471.
4. 〈論無主語語句以及語法與邏輯學和心理學的關係（第六篇文章）〉，載於《科學哲學季刊》，第十九期（一八九五年），第十八—八十七頁。
"Über subjektlose Sätze und das Verhältnis der Grammatik zu Logik und Psychologie（Sechster Artikel）": *Vierteljahrsschrift für wissenschaftliche Philosophie*, *19*（1895）, S. 19-87.
5. 《普遍語法學與語言哲學基礎研究》第一卷，薩爾河畔的哈勒，一九〇八年。
Untersuchungen zur Grundlegung der allgemeinen Grammatik und Sprachphilosophie, I. Band, Halle a.S. 1908.

Meinong, A.（邁農）：
1. 《休謨研究》，兩卷本合一，維也納，一八七七年和一八八二年，第一卷：《現代唯名論的歷史與批判》，一八七七年，特印本出自《皇家科學院哲學歷史類會議文獻》，第八十七卷，一八七七年，第一八五頁以後。

Hume-Studien, 2 Bände in einem Band, Wien 1877 und 1882, I. Band, *Zur Geschichte und Kritik des modernen Nominalismus*, 1877, Sonderdruck aus: *Sitzungsberichte der phil.-hist. Classe der kais. Akademie der Wissenschaften*, Band LXXXVII, 1877, S. 185ff.

2. 書評：希勒布蘭特，《範疇推理的新理論。一個邏輯研究》，維也納，一八九一年，載於《哥廷根學報》，一八九二年，第四四三—四六六頁。

Rezension von: F. Hillebrand, *Die neuen Theorien der kategorischen Schlüsse. Eine logische Untersuchung, Wien 1891: Göttingische gelehrte Anzeigen*（1892）, S. 443-466.

3. 〈心理分析理論文獻〉，載於《心理學與感官生理學雜誌》，第六期（一八九三年），第三四〇—三八五頁、第四一七—四五五頁。

"Beiträge zur Theorie der psychischen Analyse": *Zeitschrift für Psychologie und Physiologie der Sinnesorgane, 6*（1893）, S. 340-385 und S. 417-455.

4. 〈論更高序列的對象以及它們與內感知的關係〉，載於《心理學與感官生理學雜誌》，第二十一卷（一八九九年），第一八七—二七二頁。

"Über Gegenstände höherer Ordnung und deren Verhältnis zur inneren Wahrnehmung": *Zeitschrift für Psychologie und Physiologie der Sinnesorgane, 21*（1899）, S. 182-272.

5. 〈抽象與比較〉，載於《心理學與感官生理學研究雜誌》第二十四卷（一九〇〇年），第三十四—八十二頁。

"Abstrahiren und Vergleichen": *Zeitschrift für Psychologie und Physiologie der Sinnesorgane*, *24*（1900）, S. 34-82.

Mill, J. St.〈彌爾〉：

1. 《演繹的和歸納的邏輯學體系。對證明學說的原理和科學研究方法的原理之闡述》，經作者同意並在其參與影響下由貢佩爾茲譯成德文並加注，萊比錫，一八七二／七三年（簡稱為：《邏輯學》）。

   System der deductiven und inductiven Logik. Eine Darstellung der Grundzüge der Grundsätze der Beweislehre und der Methoden wissenschaftlicher Forschung, mit Genehmigung und unter Mitwirkung des Verfassers übersetzt und mit Anmerkung versehen von Th. Comperz. Leipzig, 1872/73.

2. 《對威廉・漢彌爾頓爵士哲學以及在他著述中所討論的原則哲學問題的考察》，第五版，倫敦，一八七八年（簡稱為：《考察》）。

   An Examination of Sir William Hamilton's Philosophy and of the Principal Philosophical Questions discussed in his Writings, 5th ed., London, 1878.

Natorp, P.〈納托普〉：

1. 《根據批判方法而做的心理學引論》，布賴斯高地區的弗萊堡，一八八八年（簡稱為：《心理學引論》）。

   Einleitung in die Psychologie nach kritischer Methode, Freiburg i. Br. 1888.

2.〈關於一八九四和一八九五年間德國認識論著述的報告〉，載於《系統哲學文庫》，第三卷（一八九七年），第一〇一—一二一頁、第一九三—二一五頁、第三九一—四〇二頁、第四五七—四八二頁。
"Berichte über deutsche Schriften zur Erkenntnistheorie aus den Jahren 1894 und 1895": *Archiv für systematische Philosophie, 3*（1897）, 101-121, 193-215, 391-402, 457-482.

3.《根據批判方法進行的普通心理學》，第一冊，《心理學的客體與方法》，圖賓根，一九一三年（簡稱為：《普通心理學》）。
Allgemeine Psychologie nach kritischer Methode, I. Buch, *Objekt und Methode der Psychologie*, Tübingen, 1913.

Paul, H.（保羅）：
《語言史原理》，第三版，薩爾河畔的哈勒，一八九八年。
Prinzipien der Sprachgeschichte, 3. Auflage, Halle-Saale, 1898.

Rickert, H.（李凱爾特）：
〈論自然科學概念構成的理論〉，載於《科學哲學季刊》，第十八期（一八九四年），第二七七—三一九頁。
"Zur Theorie der naturwissenschaftlichen Begriffsbildung": *Vierteljahrsschrift für wissenschaftliche Philosophie, 18* (1894), S.277-319.

Riehl, A.（里爾）：

《哲學的批判主義和它對實證科學的意義》三卷本，第二卷，第一部分，《認識的感性基礎與邏輯基礎》，萊比錫，一八七九年（簡稱為：《哲學的批判主義》）。

Der philosophische Kritizismus und seine Bedeutung für die positive Wissenschaft, 3 Bände, II. Band, I. Theil, Die sinnlichen und logischen Grundlagen der Erkenntnis, Leipzig, 1879.

Schlick, M.（石里克）：

《普通認識論：自然科學的專論與教程》，第一卷（簡稱為：《普通認識論》），柏林，一九一八年。

Allgemeine Erkenntnislehre: Naturwissenschaftliche Monographien und Lehrbücher, I. Band, Berlin, 1918.

Schumann, F.（舒曼）：

〈論時間直觀的心理學〉，載於《心理學與感官生理學雜誌》，第十七卷（一八九八年），第一〇六－一四八頁。

"Zur Psychologie der Zeitanschauung": *Zeitschrift für Psychologie und Physiologie der Sinnesorgane, 17*（1898）, S. 106-148.

Schwarz, H.（施瓦茲）：

《意願心理學。倫理學的奠基》，萊比錫，一九〇〇年（簡稱為：《意願心理學》）。

Psychologie des Willens. Zur Grundlegung der Ethik. Leipzig, 1900.

Serret, J. A.（塞里特）：
《高等代數學手冊》，由韋特海姆譯成德文，第二版，萊比錫，一八七八／七九年（簡稱為：《代數學》）。
Handbuch der höheren Algebra, deutsche Übersetzung von G. Werthheim, 2. Auflage, Leipzig, 1878/79.

Sigwart, Chr.（西格瓦特）：
1. 《無人稱動詞。一個邏輯研究》，弗萊堡，一八八八年（簡稱為：《無人稱動詞》）。
Die Impersonalien. Eine logische Untersuchung, Freiburg, 1888.
2. 《邏輯學》，第一卷，《關於判斷，關於概念、關於推論的學說》，經過審核和擴展後的第二版，布萊斯高的弗萊堡，一八八九年。
Logik, I. Band, *Die Lehre vom Urteil, vom Begriff, vom Schluß*, 2., durchgesehene und erweiterte Auflage, Freiburg i. Br. 1889.

Spencer, H.（斯賓塞）：
1. 《心理學原理》，第三版，兩卷本，倫敦，一八九〇年。
The Principles of Psychology, 3rd edition, in 2 volumes, London, 1890.
2. 《心理學原理》，第二卷，德文版由費特根據英文第三版翻譯並經作者親自審核的：綜合哲學體系，第五卷，斯圖加特，一八八六年（簡稱為：《心理學》）。
Die Prinzipien der Psychologie, II. Band, autorisirte deutsche Ausgabe, nach der dritten englischen Auflage übersetzt von B. Vetter: System der synthetischen Philosophie, V. Band, Stuttgart, 1886.

Steinhal, H.（施泰因哈爾）：

《心理學與語言科學引論：語言科學概要》（簡稱：《心理學與語言科學引論》），第一部分，《語言概論》，柏林，一八七一年。

Einleitung in die Psychologie und Sprachwissenschaft: Abriß der Sprachwissenschaft, I. Teil, *Die Sprache im Allgemeinen*, Berlin, 1871.

Stumpf, C.（斯圖姆夫）：

1. 《論空間表象的心理學起源》，萊比錫，一八七三年。
   Über den psychologischen Ursprung der Raumvorstellung, Leipzig, 1873.
2. 《聲音心理學》，第一卷，萊比錫，一八八三年；第二卷，萊比錫，一八九〇年。
   Tonpsychologie, Erster Band, Leipzig 1883; Zweiter Band, Leipzig, 1890.
3. 〈現象與理性功能〉，載於《一九〇六年皇家普魯士科學院論文集》，柏林，一九〇七年。
   "Erscheinungen und psychische Funktionen": *Abhandlungen der Königlichen Preußischen Akademie der Wissenschaften vom Jahre 1906*, Berlin, 1907.

Twardowski, K.（特瓦爾多夫斯基）：

《關於表象的內容和對象的學說》，維也納，一八九四年。

Zur Lehre vom Inhalt und Gegenstand der Vorstellungen, Wien, 1894.

Überweg, F.（宇伯維克）：

《哲學史基本概要》，第二部分，《中世紀或教父學和經院論時期》，第八版，新近得到加工並附有索引，柏林，一八九八年。

Grundrißder Geschichte der Philosophie, II. Teil, *Die mittlere oder die patristische und scholastische Zeit*, 8. Auflage, neu bearbeitet und mit Register versehen, Berlin, 1898.

Volkelt, J.（福爾克特）：

1. 〈被發明的感覺〉，載於《哲學月刊》，第十九期（一八八三年），第五一三－五二四頁。

   "Erfundene Empfindungen": *Philosophische Monatshefte*, *19*（1883）, S. 513-524;

2. 《經驗與思維。認識論的批判奠基》，漢堡和萊比錫，一八八六年（簡稱為：《經驗與思維》）。

   Erfahrung und Denken. Kritische Grundlegung der Erkenntnistheorie, Hamburg und Leipzig, 1886.

人名索引

（人名後的數字為原書A、B版頁碼，即本書邊碼）

五畫

六畫

七畫

八畫

九畫

十畫

十一畫

十二畫

十三畫

十四畫

十五畫

十六畫

十七畫

二十一畫

概念索引

（概念後的數字為原書A、B版頁碼，即本書邊碼）

五畫

$B_1$430, A407/$B_1$433, A424/$B_1$453, A439/$B_1$470, A442/$B_1$474, A445/$B_1$477, A463/$B_1$499, A470/$B_1$506, A474/$B_2$2, A536/$B_2$64, A548/$B_2$76, A562/$B_2$90, A567/$B_2$95, A647/$B_2$175, A678/$B_2$206.

本質內涵（Wesensgehalt） A8/$B_1$7, A12/$B_1$11.

本質分析（Wesensanalyse） $B_1$121, $B_1$216.

本質明察（Wesenseinsicht） A326/$B_1$348.

本質狀況（Wesensverhalt） $B_1$10.

本質直觀（Wesensintuition） A4/$B_1$2.

本質研究（Wesensforschung） $B_2$236.

本質眞理（Wesenswahrheit） A282/$B_1$290.

本質區分（Wesensunterscheidung） $B_1$351.

本質規律（Wesensgesetz） A236/$B_1$240, $B_1$250, $B_1$283, A675/$B_2$203.

本質陳述（Wesensaussage） A4/$B_1$2.

本質普遍性（Wesensallgemeinheit） A4/$B_1$2.

本質概念（Wesensbegriff） A4/$B_1$2.

本質領域（Wesenssphäre） A246/$B_1$252, A282/$B_1$291.

本質學說（Wesenslehre） A8/$B_1$7, $B_1$10.

本體論（Ontologie） A223/$B_1$226, A248/$B_1$256, A282/$B_1$290.

—形式本體論與質料本體論（formale und materiale Ontologie） A223/$B_1$226, A246/$B_1$253.

正確性（Richtigkeit） A595/$B_2$123, A671/$B_2$199.

矛盾（Widerspruch） A583/$B_2$111, A664/$B_2$191.

立義（Auffassung） A74-75/$B_1$74-75, A193/$B_1$194, A327/$B_1$349, A329/$B_1$351, A361/$B_1$382, A370/$B_1$392, A467/$B_1$503,

六畫

七畫

八畫

九畫

映射（Abschattung） A522/$B_2$51, A529-531/$B_2$57-59, A555/$B_2$83, A589/$B_2$117.

—感知性映射與想像性映射（perzeptive und imaginative Abschattung） A528-531/$B_2$56-60.

映射充盈（Abschattungsfülle） A589/$B_2$117.

流形論（Mannigfaltigkeitslehre） A657/$B_2$185.

相互關係（Relation） A102/$B_1$102, A583/$B_2$111, A631/$B_2$159.

相即狀態（Adäquatsein） A595/$B_2$123.

相容性（Verträglichkeit） A574/$B_2$102, A592/$B_2$120, A671/$B_2$199.

相容性相互關係（Verträglichkeitsrelation） A583/$B_2$111.

相應性，相即性（Adäquation/Adäquatheit） A92/$B_1$92, A94/$B_1$94, A129-130/$B_1$130, A132/$B_1$133, A161/$B_1$162, A167/$B_1$168, A476/$B_2$4, A507/$B_2$35, A530/$B_2$58, A539/$B_2$67, A555/$B_2$83, A587/$B_2$115, A590-591/$B_2$118-119, A593/$B_2$121, A595/$B_2$123, A643-644/$B_2$172-173, A648/$B_2$176, A671/$B_2$199, A673-674/$B_2$201, A697-698/$B_2$225-226, A713/$B_2$242.

相應的，相即的（adäquat） A8/$B_1$7, A21-22/$B_1$21-22, A34/$B_1$34, A333-335/$B_1$354-357, A343/$B_1$363, A363-364/$B_1$385-386, A376/$B_1$400, A386/$B_1$410, $B_1$440, A524/$B_2$52, A529/$B_2$57, A593-595/$B_2$121-123, A596/$B_2$124, A598/$B_2$126, A606/$B_2$134, A625/$B_2$153, A635-636/$B_2$163-164, A648/$B_2$176, A653-654/$B_2$181-182, A660-661/$B_2$188-189, A665/$B_2$193, A672-675/$B_2$200-203, A680/$B_2$208, A705/$B_2$233, A708/$B_2$236, $B_2$239, A711/$B_2$240, A713/$B_2$242.

十畫

十一畫

十二畫

十三畫

十四畫

十五畫

十七畫

十八畫

十九畫

二十畫

二十一畫

二十三畫

二十五畫

譯後記一

在《邏輯研究》第二卷中譯本的〈導讀〉中曾有這樣的文字：「回顧自己對《邏輯研究》的多年翻譯，捫心自問已盡了可能之力。雖無良心之累，卻難作才疏學淺的託辭。譯文中能力所不及之處以及可能存在的疏漏偏差，還懇盼讀者朋友、專家同行來函指點。在此預先致謝！」

《邏輯研究》中譯本初版於一九九九年全部出版之後，的確受到了各方人士的關心。最早收到的是北京大學的張祥龍先生發來的修訂建議，而後是上海譯文出版社趙月瑟女士轉來康宏達先生的修改意見。此後還有復旦大學的丁耘先生在《讀書》（二〇〇一年九月）上發表的評論文字：「知其不可而譯之。」接下來是方向紅先生的修改建議；此後又收到靳希平先生轉來的鄭辟瑞先生的「《邏輯研究》漢譯勘誤」。在即將修訂完畢時，收到了丁耘先生蒐集的翻譯問題和修改建議。所有這些建議和意見，譯者都在修訂過程中認眞的考慮和必要的採納。值此機會，譯者要向這些朋友和同道再次表示由衷的謝意！

在此期間，譯者自己也陸續發現了《邏輯研究》中譯本中存在的一些問題，簡言之：發現中譯本的各類「缺失」。其中的一些，甚至每每會使譯者產生最終放棄一切翻譯工作的念頭。這主要是因為哲學翻譯的責任實在重大，弄不好就會謬種流傳，妨礙讀者對思想家思想的正確理解。

為了盡可能地避免以訛傳訛的可能性，譯者於一年前（即二〇〇四年）在「中國現象學網站」上刊登了「《邏輯研究》中譯本補正」。這個做法帶有兩個目的：其一是盡可能早地告知《邏輯研究》中譯本持有者在該書中已經發現的「缺失」，以免誤導讀者。其二是希望以網路宣傳為開端，傳告各地的朋友：把各自所發現的和認為可討論的問題繼續刊登出來，以便日後再版時修正。

譯者原本還計畫把這些「補正」正式刊登在《中國現象學與哲學評論》上，但考慮到《邏輯研究》缺貨已久，讀者和出版社都在催促再版，因此，還不如一步到位，出版修訂本。特別是在完成《現象學的始基——對胡塞爾《邏輯研究》的理解與思考》（廣東人民出版社，二〇〇四年）之後，有了一段空檔，於是便把連續進行的修訂加以系統化，並一一整理出來。

這裡所說的「一步到位」，實在也只能是相對而言、只能是說說而已。我曾在「《邏輯研究》中譯本補正」的〈引言〉中期盼《邏輯研究》中譯本的讀者能夠繼續加入補正的行列，為日後能夠出版一部盡可能理想的《邏輯研究》中譯本而一同努力。現在看來，即使在修訂之後，距離理想的譯本的目標仍然很遠，遠非一步可及。以這次的修訂為例：在自己完成了所有的補正，並認真通讀一遍之後，我又請朱剛博士以及我的碩士生和博士生張偉、高松、肖德生、夏宏、高維杰等人分別通讀了整個中譯本。其間仍然發現許多問題和差誤。我的感覺是裡面藏著挑不完的問題，於是也就會有做不完的修訂。僅就這點而言，理想的譯本就和理想的軟體一樣，不只是不可望，而更不可及的。

雖不能至，卻心嚮往之。現在反省起來，憑一人之力來做此事，難免會捉襟見肘。十年前在翻譯此書時的豪氣，現在則更多化為了一種思慮。從英譯本看，類似的問題也還存在，而合作完成的日譯本就聽說稍微好一些。因此曾想把陳嘉映先生精品精譯的想法付諸施行：選十本已經譯成中文的當代西學經典，請十位高水準的專家進行校對，並附以對譯名、譯法、內容理解的評議和解釋。但由於種種原因，沒有完全按原計畫到位，因此這個設想最終未能付諸實現。可能得以實施的僅剩《邏輯研究》一部：在這個修訂本完成後，我將請張祥龍先生對這個修訂本再作一次嚴格的校對。希望借他的眼光、經驗與領悟，可以彌補我這方面的不足，從而能夠在不遠的將來提供一個更為準確和到位的中譯本。

接下來還有幾個與翻譯有關的問題需要在此一併說明：

一、對翻譯中的「信」、「達」、「雅」標準，陳康先生的理解，也是我的翻譯信條，或被我用來做自己翻譯的託詞：

> 「信」可說是翻譯的天經地義：「不信」的翻譯不是翻譯，不以「信」為理想的人可以不必翻譯。
>
> 「達」只是相對於的。譯文的「達」與「不達」，不能普遍地以所有可能的讀者為標準，乃只相對於一部分人，即這篇翻譯的理想讀者。
>
> 「雅」可視為哲學著作翻譯中的脂粉，只有在不妨害「信」的情形下才能講究。「雅」與「不雅」，只是表面上的問題。

這當然也可以被視為是對譯筆缺乏「雅」的一個藉口。事實上，胡塞爾的文筆很難說是雅的。他一生中大概有一、兩篇文字可以算得上是所謂的「美文」。但正如要求一個數學家在寫作中注意文筆的優雅的做法，可以說是不著邊際一樣，要求胡塞爾的《邏輯研究》如散文一般通暢也是一種「媚雅」的俗套。

二、「Satz」一詞，若始終統一譯作「定律」的確有不妥之處。但如果要統一譯成「命題」，也是問題，一來與胡塞爾的另一個常用概念「These」相衝突，二來在遇到「Satz von Widerspruch」（矛盾律）時也不能統一。這裡涉及在翻譯中是否需要以及能否做到一字一詞地對應的問題。在《邏輯研究》新版中，我會根據情形來選擇不同的翻譯，一般盡可能統一在「命題」或「定律」或「定句」下。

三、第五研究的第10節（A349/$B_1$399）中出現的一個詞「Artung」較難翻譯。它的上下文為：「gibt uns die rein Phänomenologische Gattungsidee intentionales Erlebnis oder Akt wie dann weiter auch deren reine Artungen」。這裡譯作：「為我們提供了純粹現象學的屬觀念（Gattungsidee）『意向體驗』或『行為』，而後也進一步提供了它們的純粹本性（Artung）」。「Artung」一詞如今在德文中很少出現，一般解釋為本性、資質、天資、生性。英譯本譯作「species」，似乎是將它乾脆等同於「類」（Art）了。但在胡塞爾時代，這個詞所指究竟是什麼？偶爾發現在里爾克的詩「Der Auszug des verlorenen Sohnes」中有「出於本性」的說法（「fortzugehn: warum? Aus Drang, aus Artung, aus Ungeduld, aus dunkler Erwartung, aus Unverständlichkeit und Unverstand」），看起來這是胡塞爾時代的通常含義，因此仍然譯作「本性」，至少不能譯作「類」。

四、中譯本初版中所有注腳均為章末注。修訂版中則全部改為當頁注腳，以方便讀者閱讀。

對《邏輯研究》中譯本修訂版的通讀和校訂是由以下幾位同事和同學完成的：張偉通讀和校訂了第一卷和第二卷的第二部分，並完成了全書邊碼的補登；高松通讀和校訂了第二卷第一部分的第一研究；朱剛通讀和校訂了第二研究；肖德生通讀和校訂了第三研究；夏宏通讀和校訂了第四研究；高維杰通讀和校訂了第五研究。

這裡要對他們的耐心和仔細表示衷心的感謝！

最後還是一個希望：願這個修訂本能夠更有助於讀者對胡塞爾現象學的理解和領悟！

倪梁康

二〇〇五年九月二十二日於廣州

譯後記二

自己在多年的現象學教學與研究中一再發現原譯本還存在許多疏漏差誤，故而不想在未修改之前再刷出版一些已經意識到不盡完善的版本，正如我在給一位來函索書的朋友的回信中所說：「但此譯乃十多年前手筆，疏漏謬誤甚多。或信而不達，或達而不信，或應信時不信，應達時不達。（至於雅的缺失，因學術著作，屬可有可無，且胡塞爾本人也不在意，這裡也就不再自責。）當時雖已盡力，如今看來，實有潤飾、修改、訂正之必要。故始終未做再版之推動，或許幾年之後方可著手。」

按照自己的計畫，這個「幾年之後」應當是指二〇一三年，因為二〇一二年是獻給亦師亦友的耿寧先生七十五歲誕辰的。該年應當編輯出版他的一個文章與演講集，並完成他的《人生第一等事》巨著的中文翻譯，但這兩件事的進展比我計畫得更為迅速。龍年未至，我已經可以開始《邏輯研究》的再次校訂了！

此次校對，沒有時間的壓迫、沒有非學術因素的干擾，甚至少了學術好奇心或求知欲的驅使（這是在翻譯耿寧《人生第一等事》過程中的常態），剩下的應當主要是從容的心態了。校訂是對照德文本（常常也參照英文本）逐段進行的，改動之處甚多。原先的疏漏與誤解，此次得到了大幅度的修訂與補正，尤其是第一卷。已經很難確定此次改動的比例有多大，只能大致估測第一卷約三分之一，第二卷第一部分約五分之一以內，第二卷第二部分的改動則更多是修飾性的。

整體而言，原先第一卷的翻譯，過多偏重於「達」，亦即通順。若只讀中文會覺得不錯，甚至覺得比現在譯得還好，但對照德文便發現偏離之處甚多；而原先第二卷的翻譯則偏重於「信」，亦即忠實，中文讀來不順，但對照原文卻發現差誤相對較少。可能我覺得重要的和有趣的部分，這次的校對就會做得比較仔細。我覺得不重要和不有趣的部分，這次的校對仍然可能留有疏漏，這是我感到慚愧的地方。一般說來，第一卷、第二卷的第一、二、五研究得到了更為仔細的校訂，其餘的部分則相反；整個正文部分得到更為仔細的校對，編者引論和各類注釋則相反。看起來這次系統的修訂應當是最後一次，至少是我自己經手的最後一次。

有幾個概念翻譯方面的修訂在這裡需要特別說明：

一、Allgemeinheit、allgemein：原譯「一般性、一般」；現譯「普遍性、普遍的」。胡塞爾通常用它來標示廣義、籠統的普遍性。

二、Universalität、universell：普全性、普全的。它被胡塞爾用來指稱範圍的普遍性、經驗的普遍性，例如：類似所有人、所有天鵝這樣的普遍性。

三、Generalität、generell：總體性、總體的。它在胡塞爾那裡大多是指形式的普遍性、種類的普遍性，如：紅色、一、三角形等等。

四、überhaupt：一般，包括個別對象與普遍對象在內的全體。

五、Charakteristik、Charakterisierung：原譯「特徵描述」；現譯「刻畫、特徵刻畫」，以區別於「Beschreibung、Deskription」（描述）。

六、Merkmal：原譯「特徵」；現譯「標記」，以區別於「Charakter」（特徵）。

七、Disposition、dispositionell：這個詞在心理學中大都被譯作「素質」、「氣質」，但在胡塞爾的意識現象學中卻常常無法統一作此翻譯，我根據情況，更多選擇譯為「心境」。

在此次修訂期間，王鴻赫提供了一份相當詳細的「《邏輯研究》若干補正」，列出約兩百個可以考慮修改的地方，朱剛也提供了一些對第三研究的補正建議。全書修改完後，于濤十分仔細地通讀了全部的修訂稿，並標明了邊碼。此後高松與張偉又提出一些修改建議。所有這些，都對該譯稿的修訂有所助益。在此我想一併表達我對他們由衷的感激之情！

倪梁康

二〇一三年二月二十五日於廣州中山大學園西區

補記：

目前這個版本相當於中譯本的第三版，但對一些在此期間發現的數十個錯誤做了修正。這裡要特別感謝李云飛、朱剛提供的修改建議，同時也期待本書的書友們一起參與修訂，使之在將來逐步臻於完善。

倪梁康
二〇一六年八月二十四日

埃德蒙德・胡塞爾年表

Edmund Gustav Albrecht Husserl, 1859-1938

年分	記事
一八五九	出生於奧地利帝國摩拉維亞（Moravia）普羅斯尼茲（Prossnitz，今捷克普羅斯捷約夫Prostějov）的一個猶太家庭。
一八七六—一八七八	進入萊比錫大學，研讀數學、物理學、天文學和哲學。
一八七八—一八八一	進入柏林大學，研讀數學。
一八八一	進入維也納大學，研讀數學。
一八八三	獲維也納大學數學博士學位，胡塞爾的博士論文討論的是「微積分的變分理論」。
一八八四	一、父親去世。 二、聽了弗蘭茲·布倫塔諾的課，其中關於休謨、彌爾的課和倫理學、心理學及邏輯學問題的研究，對胡塞爾的哲學發展有極其重大的影響。之後，胡塞爾聽從弗蘭茲·布倫塔諾的建議，至哈勒大學。
一八八六	一、在哈勒大學，胡塞爾成為心理學家卡爾·斯圖姆夫的助理。 二、在卡爾·斯圖姆夫的指導下，撰寫第一部著作《算術哲學》（*Philosophy of Arithmetic*）。
一八八七	一、與馬爾維娜結婚。 二、以論文《論數的概念：心理學的分析》獲得哈勒大學任教資格。
一九〇〇	發表《邏輯研究》第一部分：《純粹邏輯學導引》。

一九〇一	一、發表《邏輯研究》第二部分：《現象學與認識論研究》。 二、九月，哥廷根大學聘胡塞爾為編外哲學教授。
一九〇六	哥廷根大學聘胡塞爾為編內教授。
一九一一	發表長文〈哲學作為嚴格的科學〉。
一九一三	與其他現象學代表人物，如馬克斯·舍勒等人一起出版並主編《哲學與現象學研究年鑑》第一輯，該刊物日後成為現象學運動的重要標誌。第一輯刊載了胡塞爾重要著作《純粹現象學與現象學哲學的觀念》第一卷。
一九一六	一、轉至弗萊堡大學任教。 二、次子沃爾夫岡於法國凡爾登戰死。
一九一七	一、長子格哈特於戰爭中受重傷。 二、母親去世。
一九一九	發表〈回憶布倫塔諾〉。
一九二三	被選為亞里斯多德科學院「通信院士」。
一九二七—一九二八	與海德格合作撰寫《大英百科全書》的「現象學」條目。
一九二八	一、海德格主編出版胡塞爾《內時間意識的現象學講座》。 二、退休。
一九二九	一、發表《形式的與超越論的邏輯學》。 二、收到海德格呈交的「胡塞爾七十壽辰紀念文集」。

一九三〇	發表《純粹現象學與現象學哲學的觀念》的〈後記〉。
一九三一	發表《笛卡兒式的沉思》。
一九三六	將《歐洲科學的危機與先驗現象學》第一部分寄往布拉格，交由A.利伯特主編的貝爾格勒《哲學》雜誌發表。
一九三七	申請參加在巴黎舉行的第九屆國際哲學大會，但未得到允許。
一九三八	逝世，享壽七十九歲。

經典名著文庫 177

邏輯研究　第二卷

現象學與認識論研究　第二部分

Logische Untersuchungen：Zweiter Band, Zweiter Teil
Untersuchungen zur Phänomenologie und Theorie der Erkenntnis

作　　者 —— 埃德蒙德・胡塞爾（Edmund Gustav Albrecht Husserl）
譯　　者 —— 倪梁康
發 行 人 —— 楊榮川
總 經 理 —— 楊士清
總 編 輯 —— 楊秀麗
文庫策劃 —— 楊榮川
本書主編 —— 蔡宗沂
特約編輯 —— 張碧娟
封面設計 —— 姚孝慈
著者繪像 —— 莊河源
出 版 者 —— 五南圖書出版股份有限公司
地　　址 —— 臺北市大安區 106 和平東路二段 339 號 4 樓
電　　話 —— 02-27055066（代表號）
傳　　眞 —— 02-27066100
劃撥帳號 —— 01068953
戶　　名 —— 五南圖書出版股份有限公司
網　　址 —— https://www.wunan.com.tw
電子郵件 —— wunan@wunan.com.tw
法律顧問 —— 林勝安律師事務所　林勝安律師
出版日期 —— 2022 年 10 月初版一刷
定　　價 —— 480 元

國家圖書館出版品預行編目資料

邏輯研究 . 第二卷 , 現象學與認識論研究 (第二部分) / 埃德蒙德・胡塞爾 (Edmund Gustav Albrecht Husserl) 著 ; 倪康譯 . -- 初版 . -- 臺北市 : 五南圖書出版股份有限公司, 2022.10
面 ;　公分 . -- (經典名著文庫 ; 177)
譯自 : Logische Untersuchungen : Zweiter Band, Zweiter Teil, Untersuchungen zur Phänomenologie und Theorie der Erkenntnis
ISBN 978-626-343-049-5(平裝)

1.CST: 邏輯 2.CST: 現象學 3.CST: 知識論

150　　111010772